독자의 1초를 아껴주는 정성!

세상이 아무리 바쁘게 돌아가더라도

책까지 아무렇게나 빨리 만들 수는 없습니다.

인스턴트 식품 같은 책보다는

오래 익힌 술이나 장맛이 밴 책을 만들고 싶습니다.

길벗이지톡은 독자여러분이 우리를 믿는다고 할 때 가장 행복합니다.

나를 아껴주는 어학도서, 길벗이지톡의 책을 만나보십시오.

독자의 1초를 아껴주는 정성을 만나보십시오.

미리 책을 읽고 따라해본 2만 베타테스터 여러분과 무따기 체험단, 길벗스쿨 엄마 2% 기획단,

시나공 평가단, 토익 배틀, 대학생 기자단까지!

믿을 수 있는 책을 함께 만들어주신 독자 여러분께 감사드립니다.

홈페이지의 '독자마당'에 오시면 책을 함께 만들 수 있습니다.

(주)도서출판 길벗 www.gilbut.co.kr

길벗 이지톡 www.eztok.co.kr

길벗 스쿨 www.gilbutschool.co.kr

: QR 코드로 음성 자료 듣는 법 :

1

스마트 폰에서
'QR 코드 스캔'
애플리케이션을 다운
받아 실행합니다.
[앱스토어나 구글
플레이 스토어에서
'QR 코드'로 검색하세요]

2

애플리케이션의 화면과
도서 각 unit 시작
페이지에 있는 QR 코드
를 맞춰 스캔합니다.

3

스캔이 되면
'음성 강의 듣기',
'예문 mp3 듣기'
선택 화면이 뜹니다.

4

원하는 음성 자료를
터치해서 학습을
시작합니다.

: 길벗이지톡 홈페이지에서 자료 받는 법 :

1

길벗이지톡 홈페이지(www.eztok.co.kr) 검색창에서
《생활 속 영어회화 무작정 따라하기》를 검색합니다.
[자료에 따라 로그인이 필요할 수 있습니다]

2

검색 후 나오는 화면에서 해당 도서를 클릭합니다.

3

해당 도서 페이지에서 '자료실'을 클릭합니다.

4

다운로드 아이콘을 클릭해 자료를 받습니다.

지나 김 지음

생활 속 영어회화 무작정 따라하기

The Cakewalk Series - Everyday English

초판 1쇄 발행 · 2016년 3월 30일
초판 6쇄 발행 · 2023년 12월 20일

지은이 · 지나 김(Gina Kim)
발행인 · 이종원
발행처 · (주)도서출판 길벗
브랜드 · 길벗이지톡
출판사 등록일 · 1990년 12월 24일
주소 · 서울시 마포구 월드컵로 10길 56(서교동)
대표 전화 · 02)332-0931 | **팩스** · 02)323-0586
홈페이지 · www.gilbut.co.kr | **이메일** · eztok@gilbut.co.kr

기획 및 책임편집 · 신혜원, 임명진(jinny4u@gilbut.co.kr) | **디자인** · 장기춘 | **제작** · 이준호, 손일순, 이진혁
마케팅 · 이수미, 장봉석, 최소영 | **영업관리** · 김명자, 심선숙 | **독자지원** · 윤정아, 최희창

원고정리 및 편집진행 · 이정선 | **표지 일러스트** · 삼식이 | **전산편집** · 연디자인
CTP 출력 및 인쇄 · 북토리 | **제본** · 금강제본 | **녹음 및 편집** · 영레코드

ISBN 979-11-5924-012-6 (03740) (길벗 도서번호 300818)

정가 15,000**원**

베타테스터의 한마디

오두영 | 30세, 회사원

일상에서 마주치는 모든 상황이 담겨 있어요!

외국인 친구들과 대화할 때 간단한 감정 표현만 할 수 있는 수준이었어요. 그런데 이 책에는 **집에서 밥을 먹을 때, 회사에서 동료와 잡담을 할 때처럼 내가 늘 가는 장소에서 자주 접하는 상황과 표현이 모두 담겨 있죠.** 어떤 상황에서든 필요한 표현을 바로 찾아서 익힐 수 있다는 것이 이 책의 매력입니다. 이제 외국인 친구들과 어떤 상황에서도 자신 있게 대화할 수 있어요!

하준서 | 38세, 재취업준비

속이 뻥 뚫리는 사이다 같은 책을 만났어요!

Take out your eye booger.(눈곱 좀 떼라.)로 시작하는 책의 도입 부분부터 흥미를 자아냅니다. 이 책에는 **딱딱하고 정형화된 표현이 아닌 일상에서 자주 쓰는 솔직하고 현실적인 표현들이 담겨 있습니다.** 그 표현들을 흥미로운 에피소드가 있는 대화문으로 익히니 마치 소설을 읽는 듯 재미가 있어요. 그동안 영어를 배우고도 써먹지 못해 답답했었는데 속이 뻥~ 뚫리는 느낌이네요!

이주연 | 32세, 공무원

내 하루를 영어로 말하니 미국 환경이 부럽지 않아요!

올해엔 기필코 영어를 정복하자는 다짐으로 이 책을 펼쳤어요. 이 책의 학습법대로 **'나는 지금 미국이다!'라고 주문을 걸고, 아침에 일어나서부터 회사에서 업무를 하고 퇴근 후 여가 시간까지 하루 종일 영어로 말하고 생각하는 습관을 들였죠.** 혼잣말로라도 책에 나온 표현을 쓰려 하다 보니 어느덧 한결 영어가 자연스러워졌어요! 이러다 꿈도 영어로 꾸는 것 아닐까요?

김윤희 | 28세, 편집 디자이너

그림과 함께 학습하니 학습 효과가 두 배!

평소 자주 쓰는 표현이 상황별로 정리된 매력 만점의 책! 하지만 제가 가장 좋았던 것은 학습을 돕는 그림이었습니다. 핵심 표현과 함께 제시되는 아기자기한 그림들이 독학의 가장 큰 적인 지루함을 줄여 주었죠. **그림을 보고 오늘은 어떤 내용을 공부할지 추측하며 학습 내용에 집중할 수 있고, 영어 표현도 더 오래오래 기억에 남는답니다!**

베타테스트에 참여해 주신 모든 분께 감사드립니다.

이 책을 만드는 동안 베타테스터 활동을 해 주시고 여러 가지 좋은 의견을 주신 오두영 님, 하준서 님, 이주연 님, 김윤희 님께 감사드립니다.

스스로 만드는 24시간 영어 환경! 매일 쓰는 말, 매일 하는 행동을 영어로 해 보세요!

모든 언어를 배울 때 그러하듯 영어도 습관화하여 말하는 것이 중요합니다. 그래서 영어회화 실력을 키울 수 있는 가장 효과적인 방법은 스스로를 24시간 영어 환경에 노출하는 것이죠. 하지만 이것은 유학이나 이민을 가지 않는 한 현실적으로 불가능한 일입니다. 이 한계를 어떻게 극복할 수 있을까 고민을 거듭하여 찾은 해답은 바로 '발상의 전환'입니다. 스스로 24시간 영어 환경을 만드는 거죠!

나의 일상을 영어로 말해 보세요

영어회화의 시작은 일상을 영어로 말하는 것입니다. 매일 하는 말도 영어로 하지 못하면서 사회 이슈에 대해 토론을 한다는 것은 걸음마도 떼지 않은 아이가 뛰려고 하는 것이나 다름없죠. '눈곱 좀 떼!', '손톱 정리를 좀 해야겠네.'처럼 우리가 평소에 하는 말 을 영어로 표현해 보는 것부터 시작하세요. 또 일상에서 늘 겪는 일과 늘 하는 행동을 어떻게 영어로 표현하는지, 더 나아가 혼잣말이나 혼자 하는 생각까지 영어로 말하는 훈련을 하세요. 아침에 눈을 떠 잠들 때까지 하는 말과 행동을 영어로 옮기는 연습을 하다 보면 자연스럽게 나만의 24시간 영어 환경이 조성될 거예요.

내가 평소에 쓰는 말 그대로 영어로 말하세요

'우리말은 정말 재미있게 하는데 영어로 말할 땐 다른 사람이 되는 것 같아!'하는 분들 있죠? 책에 나오는 정형화된 표현, 평생 한 번 쓸까말까한 딱딱한 표현으로 영어를 익혔기 때문이에요. 다른 사람이 쓰는 말이 아닌, 내가 평소에 자주 하는 말로 영어를 익히면 훨씬 자연스러운 영어를 구사할 수 있습니다. 이 책에 우리가 자주 쓰는 말을 우리말의 느낌을 최대한 살린 영어 표현들로 담았습니다. 영어로도 얼마든지 우리말의 감칠맛을 살려 말할 수 있다는 것을 보여 주기 위해 약간은 과장되고 때로는 까칠한(?) 예문도 종종 볼 수 있습니다. 평소에 쓰는 자연스러운 표현으로 회화에 도전해 보세요!

이미지와 함께 익히세요

무엇이든 텍스트로만 익혀서는 금방 잊어버리기 쉽습니다. 하지만 이미지와 함께 익히면 연상 작용에 의해 훨씬 오래 기억할 수 있죠. 그림을 보면 표현을 직관적으로 이해하기도 쉽고요. 핵심 표현을 한눈에 쉽게 이해할 수 있도록 그림을 함께 담았습니다. 핵심 표현을 익힐 때 눈으로는 그림을 보고 입으로는 소리 내어 말하며 학습해 보세요. 영어 표현이 머릿속에 각인되며 학습 효과가 배가 될 거예요.

이제 노하우를 모두 알려드렸으니, 책을 최대한 활용하여 '24시간 영어 환경 만들기'에 도전해 보세요! 영어 말하기의 자신감이 향상될 거예요!

개정판에 부쳐

중학교 시절, 50점이라는 충격적인 영어 점수를 받고 이 악물고 교과서를 달달 외운 기억이 있습니다. 그 결과 훨씬 좋은 성적을 받았고 처음으로 영어에 재미를 느끼게 되었어요. 그 후 영어회화 클럽에 가입하며 영어에 친숙해지게 되고 어느덧 시간이 흘러 배움의 위치에서 가르침의 길에 서게 된 지 15년이 되어 가네요. 2008년 초판 발행 이후 12쇄 발행으로 다양한 연령층의 독자 분들의 사랑을 받아 온 〈생활 속 영어회화 무작정 따라하기〉의 개정판을 집필하게 되어 정말 영광입니다. 단순히 우리가 일상생활에서 하는 말을 영어로 어떻게 표현하는지 알리고 싶은 마음으로 집필하게 된 이 책을, 새로운 마음으로 1년이 넘는 시간 동안 재집필했습니다. 기존 책의 내용을 시대의 흐름에 맞게 고치고 새로운 영어 표현들을 보충했습니다. 독자분들이 이 책을 통해 영어를 외국어가 아닌 모국어처럼 느낄 그날을 기약하며, 저자인 저는 앞으로도 열심히 도서 집필 및 다양한 강의 활동을 펼쳐 나가겠습니다.

2015년 첫눈 내린 오후에

지나 김

시리즈 활용법

500만 명의 독자가 선택한 〈무작정 따라하기〉 시리즈는 모든 원고를 독자의 눈에 맞춰 자세하고 친절한 해설로 풀어 냈습니다. 또한 저자 음성 강의, 예문 mp3 파일 무료 다운로드, 길벗 독자 지원팀 운영 등 더 편하고 쉽게 공부할 수 있도록 아낌없는 서비스를 제공합니다.

1 음성 강의

모든 과에 음성강의를 넣었습니다. QR 코드를 스캔해 핵심 내용을 먼저 들어보세요.

2 본 책

쉽고 편하게 배울 수 있도록 단계별로 구성했으며 자세하고 친절한 설명으로 풀어냈습니다.

3 예문 mp3

홈페이지에서 mp3 파일을 무료로 다운 받을 수 있습니다. 듣고 따라하다 보면 저절로 말을 할 수 있게 됩니다.

4 무료 학습자료

홈페이지에서 생활 속 영어회화 무작정 따라하기 "스피킹 워크북 PDF" 파일을 무료로 다운받을 수 있습니다.

5 홈페이지

공부를 하다 궁금한 점이 생기면 언제든지 홈페이지에 질문을 올리세요. 저자와 길벗 독자 지원팀이 신속하게 답변해 드립니다.

음성 자료 활용법

일단 책을 펼치긴 했는데 어떻게 공부를 시작해야 할지 막막하다고요? 그래서 준비했습니다. 무료로 들을 수 있는 저자의 음성 강의와 베테랑 원어민 성우가 녹음한 예문 mp3 파일이 있으면 혼자 공부해도 어렵지 않습니다.

음성 강의 · 예문 mp3 활용법

모든 과에 저자의 친절한 음성 강의와 네이티브의 음성으로 녹음된 예문 mp3 파일이 수록되어 있습니다. 먼저 음성 강의를 듣고 전반적인 내용을 이해한 후 예문 mp3 파일을 활용하여 책으로 학습하세요. 음성 강의와 예문 mp3 파일은 본 책의 QR 코드를 찍거나 홈페이지에서 다운로드 받을 수 있습니다.

❶ QR 코드로 확인하기

스마트폰에서 QR 코드 앱으로 각 과 상단의 QR 코드를 스캔하세요. 저자의 음성 강의와 예문 mp3를 바로 확인할 수 있습니다.

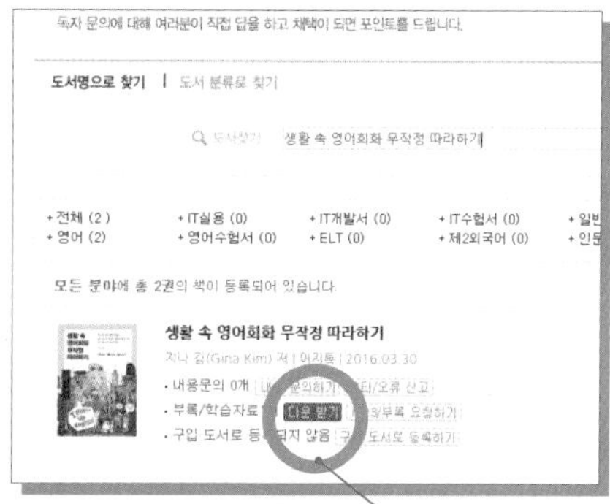

❷ 홈페이지에서 다운로드 받기

이지톡 홈페이지(www.eztok.co.kr)에 접속한 후, 자료실에 있는 〈생활 속 영어회화 무작정 따라하기〉를 검색하면 음성 강의와 예문 mp3를 무료로 다운로드 받을 수 있습니다.

예문 mp3 파일 두 배로 활용하기

1단계 핵심 표현 파헤치기

처음에는 텍스트를 가리고, 눈으로는 그림을 보고 귀로는 오디오를 들으세요. 이미지와 소리로 익히면 표현을 더 오래 기억할 수 있습니다. 두 번째 들을 때는 텍스트를 보며 입으로 따라해 보세요. 점차 책을 보지 않고 듣고 따라 하다 보면 어느새 자연스럽게 표현이 입에 붙게 됩니다.

2단계 실전 회화 적용하기

처음에는 스크립트를 가리고 소리에만 집중하세요. 모르는 단어나 표현은 그냥 넘어가도 좋습니다. 두 번째 들을 때는 책을 보며 들으세요. 안 들렸던 부분은 펜으로 체크해 두세요. 체크해 둔 부분은 책을 펼 때마다 복습해서 완벽히 내 것으로 만드세요. 세 번째 들을 때는 따라 말해 보세요. 원어민의 억양, 발음을 그대로 따라 하며 반복하다 보면 어느새 자연스러운 영어가 입에 붙게 됩니다.

이 책의 구성

전체 마당

이 책은 총 네 개 마당, 40과로 이루어져 있습니다. 첫째 마당과 둘째 마당은 매일 하는 행동이나 혼잣말을, 셋째 마당과 넷째 마당은 주변 사람들과 나누는 대화를 연습할 수 있습니다.

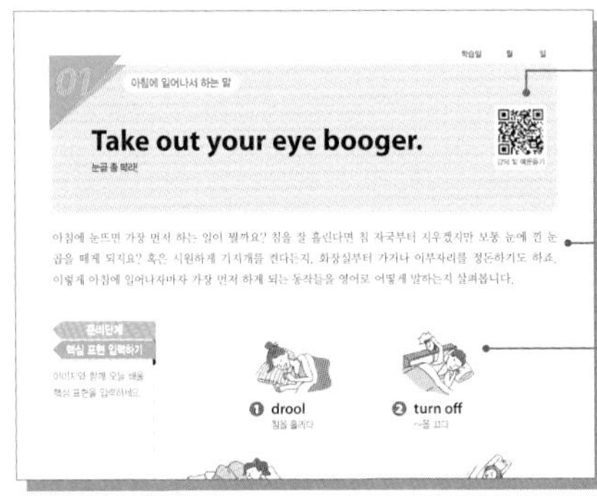

본격적인 학습에 앞서 저자의 음성 강의를 들으며 오늘 배울 내용을 확인해 보세요.

오늘 배울 표현에 대한 간략한 설명을 훑어보세요.

준비단계 핵심 표현 입력하기

그림을 보고 핵심 표현의 뜻을 머리에 입력하세요. 그림과 함께 익히면 연상 작용으로 더 오래 기억할 수 있습니다.

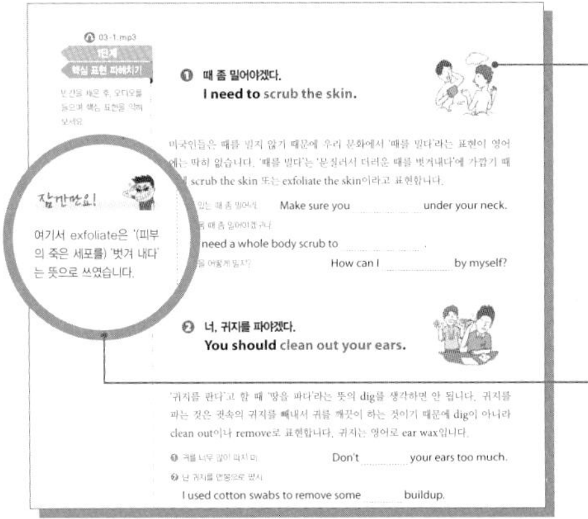

1단계 핵심 표현 파헤치기

친절한 설명 및 예문과 함께 핵심 표현의 의미를 익혀 보세요. 빈칸을 채운 후 mp3를 들으며 핵심 표현을 제대로 익혔는지 점검할 수 있습니다.

잠깐만요

핵심 표현과 예문에 관련된 부가적인 설명을 실었습니다.

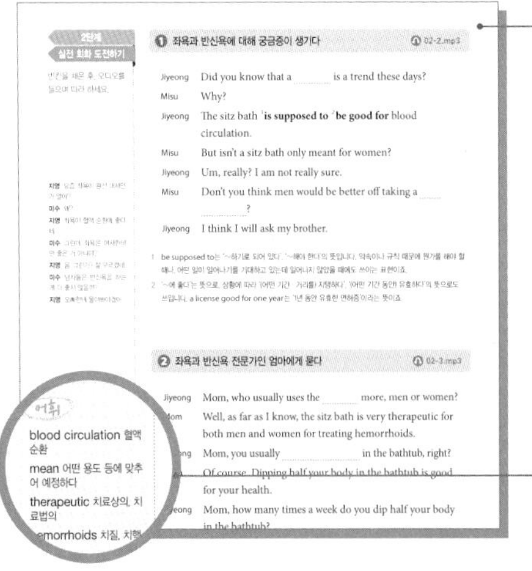

2단계 실전 회화 도전하기

앞에서 배운 표현을 실제 상황에서는 어떻게 쓰는지 대화문으로 확인하세요. 문맥에 맞게 빈칸을 채우고, 오디오 파일을 들으며 따라 말해 보세요.

어휘

혹시 모르는 어휘가 있다면 참고하세요.

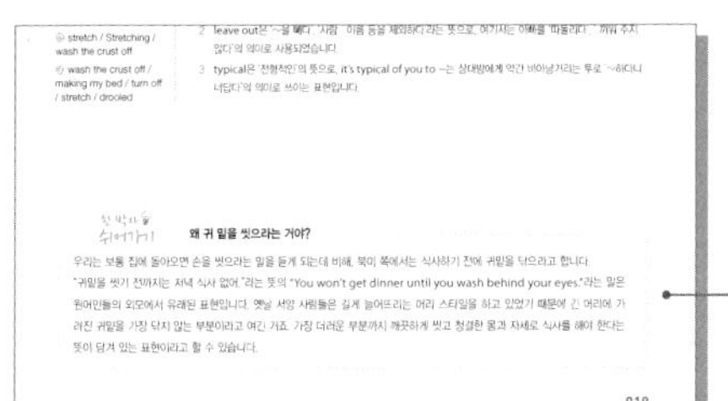

한 박자 쉬어가기
주제와 관련된 재미있는 읽을거리로 한 걸음 쉬어가세요.

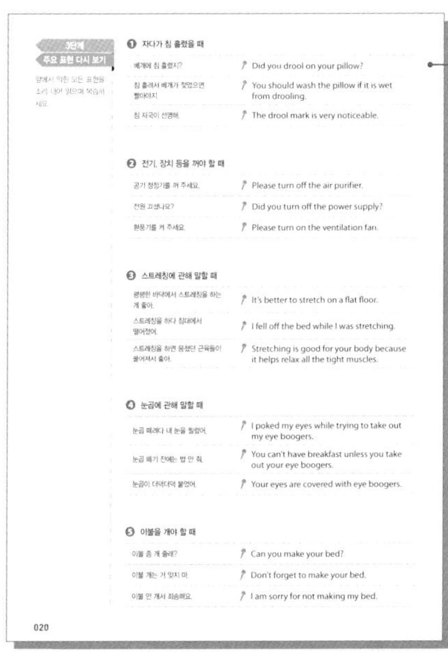

3단계 주요 표현 다시 보기

앞에서 익힌 모든 표현을 소리 내어 읽으며 복습하세요.

❶ 자다가 침 흘렸을 때

베개에 침 흘렸지?	Did you drool on your pillow?
침 흘려서 베개가 젖었으면 빨아야지.	You should wash the pillow if it is wet from drooling.
침 자국이 선명해.	The drool mark is very noticeable.

❷ 전기, 장치 등을 꺼야 할 때

공기 청정기를 꺼 주세요.	Please turn off the air purifier.
전원 끄셨나요?	Did you turn off the power supply?
환풍기를 켜 주세요.	Please turn on the ventilation fan.

❸ 스트레칭에 관해 말할 때

평평한 바닥에서 스트레칭을 하는 게 좋아.	It's better to stretch on a flat floor.
스트레칭을 하다 침대에서 떨어졌어.	I fell off the bed while I was stretching.
스트레칭을 하면 뭉쳤던 근육들이 풀어져서 좋아.	Stretching is good for your body because it helps relax all the tight muscles.

❹ 눈곱에 관해 말할 때

눈곱 떼려다 내 눈을 찔렀어.	I poked my eyes while trying to take out my eye boogers.
눈곱 떼기 전에는 밥 안 줘.	You can't have breakfast unless you take out your eye boogers.
눈곱이 더덕더덕 붙었어.	Your eyes are covered with eye boogers.

❺ 이불을 개야 할 때

이불 좀 개 줄래?	Can you make your bed?
이불 개는 거 잊지 마.	Don't forget to make your bed.
이불 안 개서 죄송해요.	I am sorry for not making my bed.

020

3단계 주요 표현 다시보기

앞에서 익힌 모든 표현을 한눈에 볼 수 있게 정리했습니다. 우리말을 영어로 바꾸는 연습을 한 후, 오디오 파일을 들으며 따라 하세요.

부록 워크북

본책에 수록된 생활속 영어회화 핵심표현이 입 밖으로 술술 나올 수 있도록 2단계 스피킹 훈련으로 구성한 〈스피킹 워크북〉이 PDF로 제공됩니다.
(길벗이지톡 홈페이지에서 해당도서 페이지의 "자료실" 클릭)

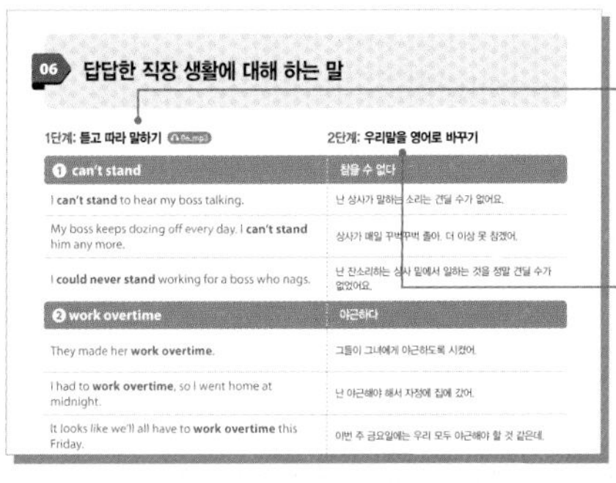

06 답답한 직장 생활에 대해 하는 말

1단계: 듣고 따라 말하기	2단계: 우리말을 영어로 바꾸기
❶ can't stand	참을 수 없다
I **can't stand** to hear my boss talking.	난 상사가 말하는 소리는 견딜 수가 없어요.
My boss keeps dozing off every day. I **can't stand** him any more.	상사가 매일 꾸벅꾸벅 졸아. 더 이상 못 참겠어.
I **could never stand** working for a boss who nags.	난 잔소리하는 상사 밑에서 일하는 것을 정말 견딜 수가 없었어요.
❷ work overtime	야근하다
They made her **work overtime**.	그들이 그녀에게 야근하도록 시켰어.
I had to **work overtime**, so I went home at midnight.	난 야근해야 해서 자정에 집에 갔어.
It looks like we'll all have to **work overtime** this Friday.	이번 주 금요일에는 우리 모두 야근해야 할 것 같은데.

1단계 듣고 따라 말하기
mp3를 듣고 소리 내어 따라 말해 보세요.

2단계 우리말을 영어로 말하기
우리말 해석을 보고 영어로 바꿔 말해 보세요. 3초 안에 영어가 나오면 성공!

차례

첫째마당 : 매일 하는 행동, 영어로 어떻게 말할까?

01 아침에 일어나서 하는 말
Take out your eye booger. ∙∙ 015

02 목욕에 관해 하는 말
Aren't you going to shave your armpits? ∙∙ 021

03 몸의 청결 관리에 관해 하는 말
You should clean out your ears. ∙∙ 027

04 밥 먹을 때 하는 말
Don't skip breakfast. ∙∙ 033

05 귀가가 늦어질 때 하는 말
Please don't wait up for me. ∙∙ 039

06 답답한 직장 생활에 대해 하는 말
I can't stand my boss. ∙∙ 045

07 사무실에서 자주 하는 말
I'm leaving for the day. ∙∙ 051

08 직장 동료와 잡담으로 하는 말
I am scared of being fired. ∙∙ 057

09 컴퓨터와 관련된 상황에서 하는 말
I think my computer has been hacked. ∙∙ 063

10 이메일을 쓸 때 하는 말
Clean out your inbox, please. ∙∙ 069

둘째마당 : 수시로 하는 혼잣말, 영어로 어떻게 말할까?

11 컨디션이 안 좋을 때 하는 말
I look awful! ∙∙ 077

12 아픈 증세를 표현할 때 하는 말
I feel like throwing up. ∙∙ 083

13 짜증나고 불만스러울 때 하는 말
Things have gone awry all day today. ∙∙ 089

14 남을 칭찬할 때 하는 말
He is very meticulous to detail. ∙∙ 095

15 위로하거나 격려할 때 하는 말
There will always be another opportunity. ∙∙ 101

16 동조하거나 공감할 때 하는 말
I am totally on your side. •• 107

17 상대 의견에 반대할 때 하는 말
I have nothing more to say! •• 113

18 아쉽거나 후회할 때 하는 말
I was well off in those days. •• 119

19 비판하거나 비난할 때 하는 말
How could anyone be like that? •• 125

20 이성을 묘사할 때 하는 말
She is the total package. •• 131

셋째마당 : 매일 나누는 대화, 영어로 어떻게 말할까?

21 외모를 묘사할 때 하는 말
You haven't changed at all. •• 139

22 휴대 전화를 이용할 때 하는 말
Did you get my text message? •• 145

23 휴대 전화의 사용 및 문제에 대해 하는 말
The screen is cracked. •• 151

24 대중교통을 이용할 때 하는 말
You have three stops left before you get off. •• 157

25 TV 프로그램에 관해 수다 떨며 하는 말
There was a fly in the ointment. •• 163

26 주말에 한 일에 대해 하는 말
I was cooped up at home all day. •• 169

27 약속을 잡을 때 하는 말
When is it the most convenient for you? •• 175

28 음식을 주문할 때 하는 말
Please give me one more bottle of soju. •• 181

29 술 마신 다음날에 하는 말
He drank like a fish. •• 187

30 미용실에서 하는 말
What's the latest perm? •• 193

넷째마당 : 자주 나누는 대화, 영어로 어떻게 말할까?

31 옷 가게에서 하는 말
Does it look a little out of style? ·· 201

32 세탁소에서 하는 말
Can I get my sneakers dry-cleaned here? ·· 207

33 커피숍에서 하는 말
Please add some cream. ·· 213

34 도서관에서 하는 말
Do I need my library card to check out books? ·· 219

35 학원에서 하는 말
What is the deadline to cancel a class? ·· 225

36 택배 · 우편물을 맡기고 찾을 때 하는 말
Could you please hold onto my mail for me? ·· 231

37 여행을 예약할 때 하는 말
Do you have one-day tour packages? ·· 237

38 환불 · 교환을 요청할 때 하는 말
I would like to exchange this for a new one. ·· 243

39 몸의 이상 증세를 설명할 때 하는 말
My stomach often gets bloated with gas. ·· 249

40 말다툼할 때 하는 말
You have betrayed my trust. ·· 255

: 첫째마당 :

매일 하는 행동, 영어로 어떻게 말할까?

01 아침에 일어나서 하는 말

02 목욕에 관해 하는 말

03 몸의 청결 관리에 관해 하는 말

04 밥 먹을 때 하는 말

05 귀가가 늦어질 때 하는 말

06 답답한 직장 생활에 대해 하는 말

07 사무실에서 자주 하는 말

08 직장 동료와 잡담으로 하는 말

09 컴퓨터와 관련된 상황에서 하는 말

10 이메일을 쓸 때 하는 말

01 아침에 일어나서 하는 말

Take out your eye booger.

눈곱 좀 떼라!

강의 및 예문듣기

아침에 눈뜨면 가장 먼저 하는 일이 뭘까요? 침을 잘 흘린다면 침 자국부터 지우겠지만 보통 눈에 낀 눈곱을 떼게 되지요? 혹은 시원하게 기지개를 켠다든지, 화장실부터 가거나 이부자리를 정돈하기도 하죠. 이렇게 아침에 일어나자마자 가장 먼저 하게 되는 동작들을 영어로 어떻게 말하는지 살펴봅니다.

준비단계 핵심 표현 입력하기

이미지와 함께 오늘 배울 핵심 표현을 입력하세요.

❶ **drool**
침을 흘리다

❷ **turn off**
~을 끄다

❺ **make one's bed**
잠자리를 정돈하다

❸ **stretch**
스트레칭을 하다

❹ **take out one's eye booger**
눈곱을 떼다

V 이 표현은 어떻게 말할까요?

❶ 밤에 침 흘려서 베개가 다 젖었어.

❷ 매일 아침 알람을 꺼.

❸ 스트레칭을 해야겠어.

❹ 눈곱 좀 떼라!

❺ 이불 좀 개라.

01-1.mp3

1단계
핵심 표현 파헤치기

빈칸을 채운 후, 오디오를 들으며 핵심 표현을 익혀 보세요.

❶ 밤에 침 흘려서 베개가 다 젖었어.
I woke up with a wet pillow from drooling at night.

침은 saliva 또는 spit이라고 하며, '침을 흘리다'라는 동사로는 dribble, slobber가 있습니다. 잠 자면서 '침을 질질 흘린다'고 할 때는 drool을 사용합니다. drool mark는 '침 자국'입니다.

❶ 베개에 침 흘렸지? Did you ______ on your pillow?

❷ 침 흘려서 베개가 젖었으면 빨아야지. You should wash the pillow if it is wet from ______.

❸ 침 자국이 선명해. The ______ is very noticeable.

❷ 매일 아침 알람을 꺼.
I turn off the alarm every morning.

turn off는 '알람이나 TV의 전원을 끄다', '수도나 가스를 잠그다' 등의 뜻으로 쓰입니다. 대명사 it을 사용하여 말할 경우에는 turn off it이라고 하지 않고 turn it off라고 합니다. 반대로 '켜다'라고 할 때는 turn on을 씁니다. 참고로 goes off는 '알람이 울리다'라는 표현이므로 구분해서 알아 두세요.

❶ 공기 청정기를 꺼 주세요. Please ______ the air purifier.

❷ 전원 끄셨나요? Did you ______ the power supply?

❸ 환풍기를 켜 주세요. Please ______ the ventilation fan.

❸ 스트레칭을 해야겠어.
I think I need to stretch.

기지개를 편다거나 스트레칭을 한다고 할 때는 외래어로도 많이 쓰고 있는 stretch를 쓰면 됩니다.

❶ 평평한 바닥에서 스트레칭을 하는 게 좋아. It's better to ______ on a flat floor.

| 정답 |
❶ 1 drool
2 drooling
3 drool mark
❷ 1 turn off
2 turn off
3 turn on

❷ 스트레칭을 하다 침대에서 떨어졌어. I fell off the bed while I was ______.

❸ 스트레칭을 하면 뭉쳤던 근육들이 풀어져서 좋아.

______ is good for your body because it helps relax all the tight muscles.

❹ 눈곱 좀 떼라!
Take out your eye booger!

booger는 주로 코딱지를 일컫고 '눈곱'이라고 할 때는 eye booger라고 합니다. 비슷한 표현으로 Wash the crust off your eyes! / Wash the sand off your eyes! 등이 있는데, take out 대신 wash off를 사용해서 '닦아 내다', 즉 '제거하다'라는 뜻을 나타내고, booger 대신 crust 또는 sand를 쓰기도 합니다.

take out은 옆의 표현에서 '~을 떼다', '~을 제거하다'라는 의미로 쓰였지만, 상황에 따라 to go처럼 '음식을 싸 가다'라는 뜻으로도 쓰입니다.

❶ 눈곱 떼려다 내 눈을 찔렀어.

I poked my eyes while trying to ______.

❷ 눈곱 떼기 전에는 밥 안 줘.

You can't have breakfast unless you ______.

❸ 너 눈곱이 더덕더덕 붙었어. Your eyes are covered with ______.

❺ 이불 좀 개라.
Make your **own** bed.

우리는 이부자리를 '개다', '깔다', '펴다' 등으로 다양하게 표현하지만, 영어는 make를 사용해 '침대를 정리하다'라는 한 가지 표현으로 나타냅니다. 주의할 것은 make bed가 아니라 make one's bed나 make the bed, 또는 make a bed로 표현한다는 것이죠.

❶ 이불 좀 개 줄래? Can you ______?

❷ 이불 개는 거 잊지 마. Don't forget to ______.

❸ 이불 안 개서 죄송해요. I am sorry for not ______.

| 정답 |

❸ 1 stretch
2 stretching
3 Stretching

❹ 1 take out my eye boogers
2 take out your eye boogers
3 eye boogers

❺ 1 make your bed
2 make your bed
3 making my bed

2단계
실전 회화 도전하기

빈칸을 채운 후, 오디오를 들으며 따라 하세요.

❶ 진수, 아침 기상 시간에 엄마와 씨름하다

01-2.mp3

Mom	You are going to be late again, Jinsu! Get up now!
Jinsu	[1]**I wish I could** sleep for one more hour. Then I don't have to wash my face or ______________. (*yawning*)
Mom	Get up at once! And please try and make your bed properly.
Jinsu	Oh my! I [2]**am going to** be late again. I [3]**must have** ______________ the alarm while asleep.
Mom	Oh, no! I don't know how you got such bad sleeping habits.
Jinsu	Mom, did you know that I even grind my teeth at night?
Mom	Yes. Wow! Look at your pillow. It's wet from all that ______________ during the night.

엄마 진수야, 너 또 늦겠어! 어서 일어나!
진수 한 시간만 더 자면 좋겠다. 그럼 지금 세수도, 침대 정리도 안 해도 되는데. (하품하며)
엄마 빨리 벌떡 일어나! 그리고 이불 좀 제대로 개라.
진수 아이쿠! 또 늦겠네. 자면서 알람을 꺼 버렸나봐요.
엄마 맙소사! 넌 왜 그렇게 험하게 잠을 자는지 모르겠다.
진수 엄마, 밤에 자면서 제가 이 가는 걸 알고 있었어요?
엄마 그래. 와! 베개 좀 봐라. 밤새 흘린 침으로 다 젖었어.

1 〈I wish+주어+과거형 동사 ~〉의 형태입니다. 현재와는 다른 상황이나 조건을 바랄 때 쓰는 말이죠.
2 be going to는 주어의 의지가 담겨 있는 표현입니다. '작정하고 ~할 것이다'라는 의미입니다.
3 must have p.p.는 '~했음에 틀림없다'라는 뜻의 표현입니다.

❷ 진수의 기상 후 일과: 스트레칭, 방귀, 하품

01-3.mp3

Jinsu	The first thing you should do when you wake up in the morning is to ______________ your body. (*sound of passing gas*)
Jiyeong	[1]**How disgusting!** How can you break wind like that first thing in the morning?
Jinsu	Jiyeong, make sure that you stretch your body, too. ______________ is good for your health.
Jiyeong	Jinsu, can you please stop talking? I can't stand your bad morning breath.
Jinsu	Huh! [2]**Speak for yourself!**
Jiyeong	[3]**I am starving!** I am going downstairs to make some breakfast. Jinsu, you should come down after you make your bed, ______________ your eyes and take a shower.

진수 아침에 깨면 제일 먼저 스트레칭을 해 줘야 해. (방구 소리)
지영 으이그, 더러워! 아침부터 방귀를 껴대?
진수 지영아, 너도 스트레칭 꼭 해라. 건강에 정말 좋아.
지영 오빠, 말 좀 그만할래? 오빠 입 냄새는 참을 수 없어.
진수 참! 깨끗한 척하기는!
지영 배고프다! 난 아래층에 내려가서 아침 차려야지. 오빠는 침대 정리하고 그 눈곱부터 떼고 샤워한 후에 내려와.

grind one's teeth 이를 갈다
break wind 방귀를 뀌다

1 How disgusting!은 여기서 '역겨워!'라는 뜻의 감탄문입니다.
2 '사돈 남 말하시네!'라는 뜻으로 Look who's talking!과 같은 표현입니다.
3 I am hungry.(배고프다)보다 강도가 높은 표현입니다.

❸ 가족과 아침 식사 중에 담소를 나누다

01-4.mp3

진수 엄마, 국물 좀 주세요.
엄마 가서 눈곱부터 떼지 않으면 아침 밥 없을 줄 알아.
진수 아, 엄마! 어제 아침에 이불 안 개서 죄송해요.
엄마 제시간에 일어났으면 됐어. 가서 얼굴 씻고 눈곱 좀 떼라. 그리고 왜 너 매일 계속 자명종 끄는 걸 잊어버리니?
진수 이제부터는 절대 잊지 않을게요. 학교 가기 전에 알람 끄는 거 꼭 잊지 않을게요.
엄마 참, 아침마다 스트레칭 하는 이유가 뭐니?
지영 오빠가 스트레칭을 하면 몸이 개운하대요.
엄마 그래? 그럼 아침에 모두 스트레칭 같이 하자. 아빠 빼고. (웃음)
진수 엄마, 잊을 뻔했어요! 베개 커버도 좀 세탁해 주세요. 침을 엄청 흘렸어요.
지영 오빠는 더러운 짓만 해.

Jinsu Mom, could I have some soup, please?

Mom Go and __________ your eyes first, or else there will be no breakfast.

Jinsu Oh, mom! I am sorry for not __________ yesterday morning.

Mom As long as you got up on time, that's all that matters. Go and wash your face and get the crust off your eyes. And why do you [1] **keep forgetting** to ______ your alarm clock every day?

Jinsu I promise not to forget from now on. I will remember to turn my alarm off before I leave for school.

Mom By the way, why do you ______ your body every morning?

Jiyeong Jinsu says that he feels better after he stretches his body.

Mom Really? Let's all do our morning stretches together. Let's [2] **leave dad out**. (*laughs*)

Jinsu Mom, I almost forgot! Can you please wash my pillowcase, too? I ______ on it a lot last night.

Jiyeong Jinsu, [3] **it's typical of you to** do such disgusting things.

from now on 앞으로는
pillowcase 베갯잇

| 정답 |
❶ make my bed / turned off / drooling
❷ stretch / Stretching / wash the crust off
❸ wash the crust off / making my bed / turn off / stretch / drooled

1 keep forgetting은 keep ~ing 패턴으로 '계속해서 깜빡하다'라는 뜻입니다.

2 leave out은 '~을 빼다', '사람 · 이름 등을 제외하다'라는 뜻으로, 여기서는 아빠를 '따돌리다', ' 끼워 주지 않다'의 의미로 사용되었습니다.

3 typical은 '전형적인'의 뜻으로, it's typical of you to ~는 상대방에게 약간 비아냥거리는 투로 '~하다니 너답다'의 의미로 쓰이는 표현입니다.

한 박자 쉬어가기

왜 귀 밑을 씻으라는 거야?

우리는 보통 집에 돌아오면 손을 씻으라는 말을 듣게 되는데 비해, 북미 쪽에서는 식사하기 전에 귀밑을 닦으라고 합니다. "귀밑을 씻기 전까지는 저녁 식사 없어."라는 뜻의 "You won't get dinner until you wash behind your eyes."라는 말은 원어민들의 외모에서 유래된 표현입니다. 옛날 서양 사람들은 길게 늘어뜨리는 머리 스타일을 하고 있었기 때문에 긴 머리에 가려진 귀밑을 가장 닦지 않는 부분이라고 여긴 거죠. 가장 더러운 부분까지 깨끗하게 씻고 청결한 몸과 자세로 식사를 해야 한다는 뜻이 담겨 있는 표현이라고 할 수 있습니다.

3단계
주요 표현 다시 보기

앞에서 익힌 모든 표현을 소리 내어 읽으며 복습하세요.

❶ 자다가 침 흘렸을 때

베개에 침 흘렸지?	Did you drool on your pillow?
침 흘려서 베개가 젖었으면 빨아야지.	You should wash the pillow if it is wet from drooling.
침 자국이 선명해.	The drool mark is very noticeable.

❷ 전기, 장치 등을 꺼야 할 때

공기 청정기를 꺼 주세요.	Please turn off the air purifier.
전원 끄셨나요?	Did you turn off the power supply?
환풍기를 켜 주세요.	Please turn on the ventilation fan.

❸ 스트레칭에 관해 말할 때

평평한 바닥에서 스트레칭을 하는 게 좋아.	It's better to stretch on a flat floor.
스트레칭을 하다 침대에서 떨어졌어.	I fell off the bed while I was stretching.
스트레칭을 하면 뭉쳤던 근육들이 풀어져서 좋아.	Stretching is good for your body because it helps relax all the tight muscles.

❹ 눈곱에 관해 말할 때

눈곱 떼려다 내 눈을 찔렀어.	I poked my eyes while trying to take out my eye boogers.
눈곱 떼기 전에는 밥 안 줘.	You can't have breakfast unless you take out your eye boogers.
눈곱이 더덕더덕 붙었어.	Your eyes are covered with eye boogers.

❺ 이불을 개야 할 때

이불 좀 개 줄래?	Can you make your bed?
이불 개는 거 잊지 마.	Don't forget to make your bed.
이불 안 개서 죄송해요.	I am sorry for not making my bed.

02 목욕에 관해 하는 말

Aren't you going to shave your armpits?

겨드랑이 털 안 밀어?

몸에 좋은 반신욕이나 좌욕처럼 건강에 도움이 되는 다양한 목욕법이 일반화되어 가고 있죠. 여름에는 특히 자신의 몸을 항상 청결히 유지하는 방법 중 발바닥이나 겨드랑이 관리는 필수인 것 같습니다. 발바닥 각질을 제거하거나 겨드랑이 털을 밀 때 어떻게 영어로 표현하는지 배워 볼까요?

준비단계
핵심 표현 입력하기

이미지와 함께 오늘 배울 핵심 표현을 입력하세요.

❶ **take a sitz bath**
좌욕하다

❷ **dip half one's body in the bathtub**
반신욕하다

❺ **put on treatment**
트리트먼트를 하다

❸ **shave one's armpits**
겨드랑이 털을 밀다

❹ **peel the dead skin off**
각질을 벗기다

V 이 표현은 어떻게 말할까요?

❶ 좌욕이 몸에 그렇게 좋다네! ______

❷ 반신욕을 일주일에 몇 번 해? ______

❸ 겨드랑이 털 안 밀어? ______

❹ 발바닥 각질을 벗겨야지. ______

❺ 머리를 감은 다음에 트리트먼트를 해야 하나? ______

02-1.mp3

1단계
핵심 표현 파헤치기 ·

빈칸을 채운 후, 오디오를 들으며 핵심 표현을 익혀 보세요.

❶ 좌욕이 몸에 그렇게 좋다네!
I heard taking a sitz bath is very therapeutic for you!

sitz bath는 '좌욕'을 의미하며, '좌욕하다'는 take a sitz bath라고 하면 되죠. therapeutic은 '치료상의', '긴장을 푸는 데 도움이 되는'의 의미가 있습니다.

❶ 좌욕하기 전에 꼭 물을 많이 마셔야 해.
You should drink lots of water before ______________.

❷ 좌욕할 때 온도를 확인하는 게 중요해.
It is important to check the temperature when ______________.

❸ 좌욕에는 쑥을 넣어야 해. You have to add some herbs to your ________.

❷ 반신욕을 일주일에 몇 번 해?
How many times do you dip half your body in the bathtub?

dip은 음식을 '~에 적시다'라는 의미 외에도 '몸을 담그다'라는 뜻으로도 사용됩니다. 반신욕은 half-body bathing이라고 하고요.

❶ 반신욕을 해 봐. Try ______________ in the bathtub.

❷ 반신욕이 체중 감량에 아주 효과적이라고 하던데.
I heard that ______________ is very effective for weight loss.

❸ 한 15분 정도 욕조에 몸을 담그고 있으면 땀이 날 거야.
You will start sweating after ________ in the bathtub for about 15 minutes.

❸ 겨드랑이 털 안 밀어?
Aren't you going to shave your armpits?

shave는 '밀다', '깎다'라는 뜻이 있으며, 겨드랑이 털, 다리 털, 수염 등을 밀거나 깎을 때 사용하는 동사입니다. '겨드랑이 털을 깎다'는 shave one's armpits 또는 shave (the hair) under one's arms입니다.

| 정답 |
❶ 1 taking a sitz bath
2 taking a sitz bath
3 sitz bath
❷ 1 dipping half your body
2 half-body bathing
3 dipping

❶ 겨드랑이 털 좀 밀어라. You should ________.

❷ 난 샤워할 때 겨드랑이 털을 밀어. I ____ under my arms while taking a shower.

❸ 어떻게 여자가 겨드랑이 털도 안 미니?

How can girls not shave ________?

❹ 발뒤꿈치 각질을 벗겨야지.
I'll **peel the dead skin off** my heel.

peel은 '손으로 껍질을 벗기다', pare는 '칼을 써서 껍질을 벗기다', skin은 방법 여하를 불문하고 '(동식물의) 껍질을 벗기다'라는 의미입니다.

발뒤꿈치 각질을 벗긴다고 할 때는 '~을 제거하다'라는 뜻의 peel off를 사용합니다.

❶ 게을러서 발뒤꿈치 각질을 벗기지 못했어.

I was too lazy to ____ the dead skin ____ my heel.

❷ 발뒤꿈치 각질 좀 벗기지 그래?

Why don't you ____ that ________ your heel?

❸ 난 샤워할 때마다 발뒤꿈치 각질을 제거해.

Every time I take a shower, I ________ my heel.

❺ 머리를 감은 다음에 트리트먼트를 해야 하나?
Should I **put on treatment** right after I wash my hair?

'머리를 감다'는 wash one's hair이고 shampoo나 conditioner와 같은 제품을 사용해 '감다', '린스하다'라고 말할 때는 wash one's hair with shampoo[conditioner]라고 표현합니다.

'트리트먼트를 한다'고 할 때는 put on treatment의 표현을 씁니다. shampoo나 condition을 동사로 쓰면 '샴푸하다', '린스하다'의 뜻이 됩니다.

❶ 린스 대신에 트리트먼트를 해 봐. ________ instead of conditioner.

❷ 트리트먼트를 하고 몇 분 후에 헹궈야 하니?

After I put ________ on my hair, how many minutes should I wait to rinse my hair out?

❸ 샴푸 언제 했니? When was the last time you ________ your hair?

| 정답 |

❸ 1 shave your armpits
2 shave
3 under their arms

❹ 1 peel / off
2 peel / dead skin off
3 peel the dead skin off

❺ 1 Put on treatment
2 treatment
3 shampooed

2단계 실전 회화 도전하기

빈칸을 채운 후, 오디오를 들으며 따라 하세요.

❶ 좌욕과 반신욕에 대해 궁금증이 생기다 02-2.mp3

Jiyeong Did you know that a ________ is a trend these days?

Misu Why?

Jiyeong The sitz bath [1]**is supposed to** [2]**be good for** blood circulation.

Misu But isn't a sitz bath only meant for women?

Jiyeong Um, really? I am not really sure.

Misu Don't you think men would be better off taking a ________ ?

Jiyeong I think I will ask my brother.

지영 요즘 좌욕이 완전 대세인 거 알아?
미수 왜?
지영 좌욕이 혈액 순환에 좋다네.
미수 그런데 좌욕은 여자한테만 좋은 거 아니야?
지영 음, 그런가? 잘 모르겠네.
미수 남자들은 반신욕을 하는 게 더 좋지 않을까?
지영 오빠한테 물어봐야겠어.

1 be supposed to는 '~하기로 되어 있다', '~해야 한다'의 뜻입니다. 약속이나 규칙 때문에 뭔가를 해야 할 때나, 어떤 일이 일어나기를 기대하고 있는데 일어나지 않았을 때에도 쓰이는 표현이죠.

2 '~에 좋다'는 뜻으로, 상황에 따라 '(어떤 기간 · 거리를) 지탱하다', '(어떤 기간 동안) 유효하다'의 뜻으로도 쓰입니다. a license good for one year는 '1년 동안 유효한 면허증'이라는 뜻이죠.

❷ 좌욕과 반신욕 전문가인 엄마에게 묻다 02-3.mp3

Jiyeong Mom, who usually uses the ________ more, men or women?

Mom Well, as far as I know, the sitz bath is very therapeutic for both men and women for treating hemorrhoids.

Jiyeong Mom, you usually ________ in the bathtub, right?

Mom Of course. Dipping half your body in the bathtub is good for your health.

Jiyeong Mom, how many times a week do you dip half your body in the bathtub?

Mom I usually ________ in the bathtub [1]**every other day**.

Jiyeong [2]**I think I should** dip myself in a half bathtub more often like you, mom.

지영 엄마, 보통 좌욕을 누가 더 많이 해요? 남자요, 여자요?
엄마 글쎄, 치질 치료를 위한 경우라면 남자나 여자 모두에게 좌욕이 도움이 될 거야.
지영 엄마는 주로 반신욕을 하시잖아요, 그렇죠?
엄마 당연하지, 반신욕을 하면 건강에 좋아.
지영 엄마, 일주일에 몇 번 반신욕을 하세요?
엄마 보통 하루걸러 한 번씩 해.
지영 나도 엄마처럼 더 자주 해야겠어요, 엄마.

1 '하루걸러'라는 의미입니다. 참고로 the day before yesterday는 '그저께', the day after tomorrow는 '내일모레'를 나타냅니다.

2 I think I should ~는 '내가 생각하기에 ~해야 한다'라는 의미의 표현입니다.

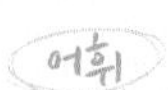

blood circulation 혈액 순환
mean 어떤 용도 등에 맞추어 예정하다
therapeutic 치료상의, 치료법의
hemorrhoids 치질, 치핵

❸ 미용에 대해 끝없이 얘기하다

02-4.mp3

Jiyeong	Misu, do you take a shower every day? I take a shower once in the morning and once in the evening.
Misu	If you take too many showers in this kind of dry weather, your skin will keep peeling off.
Jiyeong	Yes, you are right. That's why I ______________ my heel every day.
Misu	I heard about some new exfoliating products. I will tell you about them later.
Jiyeong	By the way, I always use conditioner after I ______________ and I still have poor hair texture.
Misu	Use treatment instead of the conditioner and make sure you put it on right after you ______________.
Jiyeong	I [1] **remember reading** about this in a magazine the other day. By the way, do you ______________ every day?
Misu	I only shave under my arms during the summer time and not during the winter time.
Jiyeong	Sometimes, I see women who don't shave the hair on their legs, even in the summer time.
Misu	I think that the majority of women probably shave the hair on their legs. Their legs would [2] **look disgusting** if they didn't.
Jiyeong	[3] **Tell me about it.**

1 remember ~ing는 '~한 것을 기억하다'의 뜻으로, remember 다음에 to부정사가 오면 '~해야 할 것을 기억하다'의 의미가 되므로 구분해서 사용하세요. Remember to lock the window.라고 하면 '창문 잠그는 것을 잊지 말고 해라.'라는 뜻이 됩니다.

2 disgusting은 '역겨운', '구역질나는', '지저분한'이란 뜻의 형용사이고, look 다음에 형용사를 쓰면 '~하게 보이다'라는 의미가 됩니다.

3 '그런 말을 듣지 않아도 알고 있다'는 뜻으로 상대방과 같은 생각이나 입장임을 나타낼 때 사용합니다. 비슷한 표현으로 You said it. / You can say that again. 등이 있습니다.

지영 미수야, 넌 매일 샤워하니? 나는 아침저녁으로 샤워를 해.
미수 요즘처럼 건조한 날씨에 너무 자주 샤워하면 피부에 각질이 일어날 텐데.
지영 네 말이 맞아. 그래서 난 매일 뒤꿈치 각질을 벗겨.
미수 새로 나온 각질 제품 있던데, 내가 나중에 알려 줄게.
지영 참, 난 머리 감고 난 후에 늘 린스를 쓰는데, 머리 결이 좋아지질 않아.
미수 린스 대신 트리트먼트를 사용해 봐. 머리 감고 난 바로 다음에 하도록 하고.
지영 나도 얼마 전에 잡지책에서 보긴 했어. 참, 너도 겨드랑이 털을 매일 밀어?
미수 난 여름에만 밀고, 겨울에는 안 해.
지영 어떨 때는, 여름에도 다리털을 밀지 않는 여자들이 있더라.
미수 그래도 요즘은 거의 여자들이 다리털을 밀 텐데. 밀지 않으면 좀 지저분해 보이잖아.
지영 그러게 말이야.

exfoliate (피부의 죽은 세포를) 벗겨 내다, 박피하다
texture 결, 질감
instead of ~ 대신에, ~을 하지 않고
majority 다수, 대부분

| 정답 |
❶ sitz bath / half-body bath
❷ sitz bath / dip half your body / dip half my body
❸ peel the dead skin off / wash my hair / shampoo your hair / shave under your arms

3단계
주요 표현 다시 보기

앞에서 익힌 모든 표현을 소리 내어 읽으며 복습하세요.

❶ 좌욕에 대해 말할 때

좌욕하기 전에 꼭 물을 많이 마셔야 해.	You should drink lots of water before taking a sitz bath.
좌욕할 때 온도를 확인하는 게 중요해.	It is important to check the temperature when taking a sitz bath.
좌욕에는 쑥을 넣어야 해.	You have to add some herbs to your sitz bath.

❷ 반신욕에 대해 말할 때

반신욕을 해 봐.	Try dipping half your body in the bathtub.
반신욕이 체중 감량에 아주 효과적이라고 하던데.	I heard that half-body bathing is very effective for weight loss.
한 15분 정도 욕조에 몸을 담그고 있으면 땀이 날 거야.	You will start sweating after dipping in the bathtub for about 15 minutes.

❸ 겨드랑이 털 제거에 대해 말할 때

겨드랑이 털 좀 밀어라.	You should shave your armpits.
난 샤워할 때 겨드랑이 털을 밀어.	I shave under my arms while taking a shower.
어떻게 여자가 겨드랑이 털도 안 미니?	How can girls not shave under their arms?

❹ 각질 제거에 대해 말할 때

게을러서 발바닥 각질을 벗기지 못했어.	I was too lazy to peel the dead skin off my heel.
발바닥 각질 좀 벗기지 그래?	Why don't you peel that dead skin off your heel?
난 샤워할 때마다 발바닥 각질을 제거해.	Every time I take a shower, I peel the dead skin off my heel.

❺ 헤어 관리에 대해 말할 때

린스 대신에 트리트먼트를 해 봐.	Put on treatment instead of conditioner.
트리트먼트를 하고 몇 분 후에 헹궈야 하니?	After I put treatment on my hair, how many minutes should I wait to rinse my hair out?
샴푸 언제 했니?	When was the last time you shampooed your hair?

03 몸의 청결 관리에 관해 하는 말

You should clean out your ears.

너, 귀지를 파야겠다.

강의 및 예문듣기

깔끔하게 샤워를 하거나 반신욕만 하면 외출 준비가 끝날까요? 아니죠. 기왕이면 귀지도 파고 손톱, 발톱까지 점검해야 완벽할 것 같습니다. 습도 높은 한여름에는 조금만 부주의해도 땀 냄새 풍기기 십상이니 데오도런트 바르는 센스도 잊지 마세요.

준비단계
핵심 표현 입력하기

이미지와 함께 오늘 배울 핵심 표현을 입력하세요.

❶ **scrub the skin**
때를 밀다

❷ **clean out one's ears**
귀지를 파다

❺ **clip one's nails**
손톱을 깎다

❸ **put on deodorant**
데오도런트를 바르다

❹ **dry one's hair**
머리를 말리다

V 이 표현은 어떻게 말할까요?

❶ 때 좀 밀어야겠다.

❷ 너, 귀지를 파야겠다.

❸ 겨드랑이에 데오도런트 바르는 게 좋아.

❹ 머리를 수건으로 말리는 게 좋아.

❺ 밤에 손톱 깎지 마.

03-1.mp3

1단계
핵심 표현 파헤치기

빈칸을 채운 후, 오디오를 들으며 핵심 표현을 익혀 보세요.

잠깐만요!

여기서 exfoliate은 '(피부의 죽은 세포를) '벗겨 내다'는 뜻으로 쓰였습니다.

❶ 때 좀 밀어야겠다.
I need to scrub the skin.

미국인들은 때를 밀지 않기 때문에 우리 문화에서 '때를 밀다'라는 표현이 영어에는 딱히 없습니다. '때를 밀다'는 '문질러서 더러운 때를 벗겨내다'에 가깝기 때문에 scrub the skin 또는 exfoliate the skin이라고 표현합니다.

❶ 목에 있는 때 좀 밀어라. Make sure you __________ under your neck.

❷ 너 온몸 때 좀 밀어야겠구나.
You need a whole body scrub to __________.

❸ 내 등을 어떻게 밀지? How can I __________ by myself?

❷ 너, 귀지를 파야겠다.
You should clean out your ears.

'귀지를 판다'고 할 때 '땅을 파다'라는 뜻의 dig를 생각하면 안 됩니다. 귀지를 파는 것은 귓속의 귀지를 빼내서 귀를 깨끗이 하는 것이기 때문에 dig이 아니라 clean out이나 remove로 표현합니다. 귀지는 영어로 ear wax입니다.

❶ 귀를 너무 많이 파지 마. Don't __________ your ears too much.

❷ 난 귀지를 면봉으로 팠지.
I used cotton swabs to remove some __________ buildup.

❸ 세상에! 귀지 좀 봐.
Oh, man! Look at all the __________ coming from your ears.

❸ 겨드랑이에 데오도런트 바르는 게 좋아.
I think you should put some deodorant on under your arms.

put on은 '입다', '걸치다', '뿌리다' 외에 '바르다'의 뜻으로도 쓰입니다. 겨드랑이(pits)를 직접적으로 거론하지 않고 You should put some deodorant on. 정도로만 이야기한다는 것도 알아 두세요.

| 정답 |
❶ 1 scrub the skin
2 exfoliate the skin
3 scrub my back
❷ 1 clean out
2 ear wax
3 ear wax

❶ 겨드랑이에 데오도런트 안 발랐어? Didn't you ______ any deodorant?

❷ 겨드랑이에 데오도런트 바르는 거 깜빡했니?

Did you forget to put on some ______?

❸ 여름에는 데오도런트 바르는 것을 잊지 말아야 해.

You should remember to ______ some ______ in the summer.

❹ 머리를 수건으로 말리는 게 좋아.
It's best if you dry your hair with a towel.

'머리를 말리다'는 dry one's hair로 표현하지만, 동사 blow-dry 또는 use a blowdryer를 사용해 나타내기도 합니다. '두피까지 다 말리다'는 let one's scalp dry completely입니다.

❶ 넌 머리도 안 말렸니? Didn't you get a chance to ______?

❷ 드라이어로 머리카락 말리면 푸석푸석해.

If you ______ to dry your hair, your hair will become brittle.

❸ 두피까지 머리를 다 말려야 해.

Let your hair including your scalp ______.

❺ 밤에 손톱 깎지 마.
Don't clip your nails at night.

clip은 '자르다'라는 뜻의 동사로 cut으로 바꿔 표현해도 좋습니다.

❶ 손톱 물어뜯지 말아라. 지금 손톱을 깎아.

Don't bite your fingernails. ______ now.

❷ 손톱 자를 때 살 안 자르게 조심해.

Be careful not to cut your skin when you ______.

❸ 야, 손톱 깎기 전에 신문지를 깔았어야지.

Hey, you should have placed a newspaper under your feet before you ______.

| 정답 |
❸ 1 put on
2 deodorant
3 put on / deodorant
❹ 1 dry your hair
2 use a blowdryer
3 dry completely
❺ 1 Clip your nails
2 clip your nails
3 clipped your nails

2단계
실전 회화 도전하기

빈칸을 채운 후, 오디오를 들으며 따라 하세요.

❶ 땀에 흠뻑 젖은 소희, 혹시 운동 중독?

03-2.mp3

Jieun	Sohui, it's important to ______ some ______ especially in the summertime. Didn't you put any deodorant on?
Sohui	I have just finished exercising. I am going to the public bathhouse so that I can get a whole body scrub. [1]**My whole body is stiff** because I exercised hard.
Jieun	You are completely drenched in sweat, Sohui. Are you addicted to exercise by any chance?
Sohui	[2]**That's ridiculous!** All I do is go to the fitness club five times a week to do aerobics. That's all.
Jieun	That's called addiction, Sohui!

지은 소희야, 특히 여름에는 데오도런트 바르는 게 중요해. 안 발랐지?
소희 막 운동이 끝났어. 목욕탕에 가서 때 좀 밀려고. 운동을 열심히 했더니 온몸이 뻐근해.
지은 너, 완전 땀에 젖었어, 소희야. 너 혹시 운동 중독 아니야?
소희 말도 안 돼! 난 일주일에 다섯 번 헬스 클럽에 가서 유산소 운동을 할 뿐이야. 그뿐이라구.
지은 소희야, 그게 중독이라니까!

1 one's whole body is stiff는 '몸 전체가 뻐근하다', 즉 '근육이 뭉쳐서 뻣뻣하다'는 의미입니다. 참고로 어깨가 뻐근하다'는 have stiff shoulders라고 합니다.

2 '말도 안 된다', '터무니없다', '웃기시네', '어이없다'라는 의미의 표현으로 That's weird.와 같습니다.

❷ 민철, 소개팅 위해 데오도런트 사기로 하다

03-3.mp3

Mincheol	Jeongmin, I completely forgot to ______ some ______. What am I going to do?
Jeongmin	We can stop and buy some deodorant on our way to the cafe. Anyway, look at all that dirt under your nails.
Mincheol	I [1]**was going to** cut my nails last night and then I remembered the old saying about not ______ at night.
Jeongmin	This is the first time I have ever heard of that old saying. [2]**Why don't you** also buy some nail clippers when you get your deodorant?
Mincheol	I think that's a great idea!
Jeongmin	Hurry up! We are going to be late for the blind date.

민철 정민아, 데오도런트 바르는 걸 까맣게 잊어버렸네. 어떡하지?
정민 카페 가는 길에 들러서 사면 돼. 그런데 너 손톱에 때 낀 것 좀 봐.
민철 어젯밤에 손톱 깎으려고 했는데, 옛말에 밤에 손톱 깎는 거 아니라고 해서.
정민 난 그런 소리 처음 듣네. 데오도런트 살 때 손톱깎이도 사지 그래?
민철 그래, 좋은 생각이다!
정민 서둘러! 소개팅에 늦겠다.

1 be going to를 과거 시제인 was[were] going to로 쓰면 '~하려고 했었다'는 의미로 뭔가를 할 작정이었는데 실제로는 아직 하지 않은 일에 대해 말할 때 사용합니다.

2 Why don't you ~?는 '~하는 게 어때?'라고 제안하는 말로 How about ~?과 바꿔 쓸 수 있습니다.

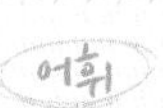

drenched in 흠뻑 젖은
be addicted to ~에 중독되다
by any chance 혹시
on one's way to ~으로 가는 길에
nail clippers 손톱깎이

❸ 몸에서 냄새 나는 기호, 미용 정보는 술술 ~ 03-4.mp3

혜란 뭔가 이상한 냄새가 나. 진짜 냄새 지독하다.

기호 나 같은데. 데오도런트를 안 발랐거든.

혜란 본색을 드러내는구먼. 어제 소개팅할 때는 완벽하더니. 사무실에서는 절대로 안 그런 다니까.

기호 화낼 만도 하지만, 그렇다고 이렇게 야단법석을 떨 필요는 없잖아. 아침에는 이거 저거 다 할 시간이 없다구.

지은 기회를 주자. 그래도 머리 감고 말리기는 했잖아.

기호 게다가 손톱 깎고 귀지도 팠어. 그러니 됐지? 그거 알아? 머리 감은 후에 머리카락 말리는 것도 중요하지만, 두피를 건강하게 만들고 싶으면 머리를 완전히 말리고 자는 것이 중요하다는 거.

혜란 와, 놀랍다. 넌 남자가 별걸 다 안다.

기호 내가 미용에 관심이 좀 많잖아.

Hyeran	Something smells bad. It really smells terrible.
Giho	It's probably me. I didn't ________ any ________.
Hyeran	Now you're showing your [1] **true colors**. When you went on your blind date yesterday, you looked flawless. You never dress up like that when you are at the office.
Giho	I understand that you are upset, but you don't need to [2] **make such a fuss** about it. I don't have much time to do this and that in the morning.
Jieun	Let's [3] **give him some slack**. At least Giho remembered to wash and dry his hair.
Giho	I also cut my nails and ________________. So give me a break, will you? You know something? Not only is it important to dry your hair after you wash it, but it is also important to ______________ completely before going to bed, if you want your scalp to be healthy.
Hyeran	Wow, that's impressive. You know so much about beauty in general.
Giho	As you know, I have a lot of interest in cosmetics.

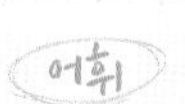

flawless 흠잡을 데 없는
dress up 잘 차려입다
impressive 인상 깊은

1 true colors는 진짜(모습)를 의미합니다. 이 때 show 또는 reveal을 써서 show[reveal] one's true colors라고 하면 '본색을 드러내다'라는 표현이 됩니다.

2 make a fuss는 '야단법석을 떨다'는 의미로 make a scene과 비슷한 표현입니다.

3 give ~ some slack은 '~에게 기회를 주다', '여유를 주다'라는 뜻의 표현으로 give 대신 cut을 쓰기도 합니다.

| 정답 |

❶ put on / deodorant

❷ put on / deodorant / cutting one's nails

❸ put on / deodorant / cleaned out my ears / dry your hair

한 박자 쉬어가기

북미의 여러 가지 미신들

우리나라에서는 밤에 손톱이나 발톱을 깎으면 재수가 없다, 혹은 귀신이 나온다는 미신이 있죠? 북미에는 이와 같은 미신은 없지만 아래와 같은 미신이 있다고 하네요.

Don't step on a crack, or you'll break your mother's back. 금을 밟지 마라, 안 그러면 엄마 허리가 부러질 것이다.

It is bad luck to walk under a ladder. 사다리 아래를 걷는 것은 운이 나쁜 것이다.

If you spill salt, throw it over your right shoulder. 소금을 엎지르면, 오른쪽 어깨 너머로 던져라.

3단계
주요 표현 다시 보기

앞에서 익힌 모든 표현을 소리 내어 읽으며 복습하세요.

❶ 때밀이에 대해 말할 때

목에 있는 때 좀 밀어라.	Make sure you scrub the skin under your neck.
너 온몸 때 좀 밀어야겠구나.	You need a whole body scrub to exfoliate the skin.
내 등을 어떻게 밀지?	How can I scrub my back by myself?

❷ 귀지를 팔 때

귀를 너무 많이 파지 마.	Don't clean out your ears too much.
난 귀지를 면봉으로 팠지.	I used cotton swabs to remove some ear wax buildup.
세상에! 귀지 좀 봐.	Oh, man! Look at all the ear wax coming from your ears.

❸ 데오도런트 사용에 대해 말할 때

겨드랑이에 데오도런트 안 발랐어?	Didn't you put on any deodorant?
겨드랑이에 데오도런트 바르는 거 깜빡했니?	Did you forget to put on some deodorant?
여름에는 데오도런트 바르는 것을 잊지 말아야 해.	You should remember to put on some deodorant in the summer.

❹ 머리를 말릴 때

넌 머리도 안 말렸니?	Didn't you get a chance to dry your hair?
드라이어로 머리카락 말리면 푸석푸석해.	If you use a blowdryer to dry your hair, your hair will become brittle.
두피까지 머리를 다 말려야 해.	Let your hair including your scalp dry completely.

❺ 손발톱을 깎을 때

손톱 물어뜯지 말아라. 지금 손톱을 깎아.	Don't bite your fingernails. Clip your nails now.
손톱 자를 때 살 안 자르게 조심해.	Be careful not to cut your skin when you clip your nails.
야, 손톱 깎기 전에 신문지를 깔았어야지.	Hey, you should have placed a newspaper under your feet before you clipped your nails.

04 밥 먹을 때 하는 말

Don't skip breakfast.

아침을 거르지 마.

강의 및 예문듣기

가족 또는 누군가와 함께 식사를 하다 보면 식습관이 참 다양합니다. 자기가 좋아하는 반찬만 골라먹는 사람도 있고 반찬 그릇을 헤집거나 흘리면서 지저분하게 먹는 사람도 있죠. 이에 고춧가루 끼는 정도야 누구든 경험해 보았을 거고요. 밥상을 차리는 것부터 이에 고춧가루 끼는 것까지 영어로는 어떻게 표현할까요?

준비단계
핵심 표현 입력하기

이미지와 함께 오늘 배울 핵심 표현을 입력하세요.

❶ **skip breakfast**
아침을 거르다

❷ **be picky**
(식성 등이) 까다롭다

❸ **side dish**
반찬

❹ **set the table**
상을 차리다

❺ **have something stuck in one's teeth**
이에 무언가 끼다

V 이 표현은 어떻게 말할까요?

❶ 아침을 거르지 마.
❷ 왜 그렇게 음식을 골라 먹니?
❸ 반찬을 골고루 먹어야지.
❹ 언제 밥상 차리는 거 도와줄 거야?
❺ 이에 고춧가루 꼈어.

04-1.mp3

1단계
핵심 표현 파헤치기

빈칸을 채운 후, 오디오를 들으며 핵심 표현을 익혀 보세요.

❶ 아침을 거르지 마.
Don't skip breakfast.

skip은 '거르다', '빼먹다', '건너뛰다'의 뜻으로 skip breakfast는 '아침을 거르다', skip meals라고 하면 '식사를 거르다'라는 의미가 됩니다.

❶ 난 하루 세끼 거르지 않고 먹지. I never ________, lunch or dinner.

❷ 적어도 하루 한 끼는 먹어야 해. 식사를 거르지 마.
You have to eat at least one meal a day. Please don't ______.

❸ 내가 저녁은 일부러 먹지 않을 때도 있지만 아침은 꼭 먹어.
Sometimes I might ________ on purpose, but I always make sure to eat breakfast.

❷ 왜 그렇게 음식을 골라 먹니?
Why are you so picky about your food?

이 표현은 Why are you such a picky eater?로 바꿔 말할 수 있습니다. '식성이 까다로운 사람'은 picky eater라고 합니다.

❶ 넌 음식을 골라 먹지 않았으면 좋겠어.
I wish you ______ so ______ about your food.

❷ 난 어릴 때부터 늘 골라 먹었어.
I have always been a ________ ever since I was a kid.

❸ 너, 음식 골라 먹으면 영양실조에 걸릴 수 있어.
You might suffer from malnutrition if you are such a ________.

❸ 반찬을 골고루 먹어야지.
You should try to eat a variety of side dishes.

반찬은 side dish라고 하는데 북미에는 반찬의 개념이 없기 때문에 북미에서 말하는 side dish는 '곁들여서 내는 요리'를 일컫습니다.

| 정답 |
❶ 1 skip breakfast
2 skip it
3 skip dinner
❷ 1 weren't / picky
2 picky eater
3 picky eater

❶ 반찬 투정하지 마라. Please don't complain about the ________.

❷ 대신에 반찬을 더 많이 먹도록 해 봐.

You should try to eat more of the ________ instead.

❸ 가장 맛있고 잘 알려진 반찬은 김치야.

The most delicious and well-known ________ is kimchi.

❹ 언제 밥상 차리는 거 도와줄 거야?

When are you going to help me set the table?

set the table은 '밥상을 차리다'라는 의미로 set이 '준비하다', '차리다'의 뜻으로 쓰였습니다. 반대로 '밥상을 치우다'는 clear the table로 표현합니다.

❶ 밥상 차리는 거 정말 귀찮아. ________ is a pain in the neck.

❷ 왜 나만 밥상을 차려야 하는 거야?

Why am I always the one who has to ________?

❸ 밥상 치우는 거 정말 싫어. ________ is a pain in the neck.

❺ 이에 고춧가루 꼈어.

You have red pepper stuck in your teeth.

have red pepper stuck in your teeth는 '치아에 고춧가루가 끼다'는 의미가 됩니다.

❶ 내 앞니에 고춧가루 꼈니?

Do I ________ some red pepper ________ my front teeth?

❷ 내 앞니에 시금치가 낀 것 같아.

I think I have some spinach ________ my front ________.

❸ 이빨에 고춧가루가 꼈네. 치실로 빼야겠어.

I ________ some red pepper ________. I am going to have to remove it with floss.

교통 상황에 대해 stuck in을 사용하면 '~에 갇힌', '오도 가도 못하는'의 뜻이 됩니다. I was stuck in heavy traffic.이라고 하면 '교통체증이 심해서 난 오도 가도 못했다.'는 뜻이 되죠.

| 정답 |

❸ 1 side dishes 2 side dishes 3 side dish

❹ 1 Setting the table 2 set the table 3 Clearing the table

❺ 1 have / stuck in 2 stuck in / teeth 3 have / stuck in my teeth

2단계
실전 회화 도전하기

빈칸을 채운 후, 오디오를 들으며 따라 하세요.

❶ 민수, 아침에 먹고 싶은 메뉴를 말하다

04-2.mp3

Minsu I don't think it's a good idea to ____________.

Mom Yes, eating breakfast in the morning will help you feel full and satisfied, which will also help you stay focused on your work all day long.

Minsu Mom, I [1]**have a craving for** cabbage soup.

Mom Okay, I will make it for you. How is it that you have the exact same [2]**food habits** as your dad?

Minsu That's obvious, isn't it, Mom? I have the same tastes as Dad because I am his son.

Mom By the way, when do you plan on helping me __________?

1 '~을 열망하다'라는 의미를 나타내며, for 뒤에 열망하는 것을 붙여 I have a craving for pizza.(난 피자를 너무 먹고 싶어.)처럼 사용합니다.

2 taste와 같이 '식성', '입맛'을 나타냅니다.

민수 아침을 거르면 좋지 않은 것 같아요.
엄마 그래, 아침을 먹어야 속이 든든해서, 하루 종일 일에 집중하는 데도 도움이 되지.
민수 엄마, 배춧국이 먹고 싶은데요.
엄마 그래, 해 줄게. 어쩜 네 아빠 식성을 꼭 닮았니?
민수 그렇죠, 엄마? 아빠 아들이니까 식성이 같은 거죠.
엄마 그런데, 너는 언제 밥상 차리는 거 도와줄 거야?

❷ 음식을 골라 먹는 지성, 지은을 타박하다

04-3.mp3

Jiseong Please do not add any spring onions to my [1]**seollongtang**.

Jieun Why are you so picky about different types of food? That's why you always [2]**have low immunity**.

Jiseong I will have an upset stomach if I eat food that doesn't agree with me.

Jieun You should try and eat a little of everything. If you keep __________ about what you eat, you will have trouble with your health as you get older.

Jiseong I [3]**am so sick of** your nagging. This is a restaurant, you know? Let's eat quietly, please.

Jieun Hey, Jiseong, look in the mirror, will you? You ____ some red pepper ____________.

1 설렁탕은 고유의 음식 이름으로 영어로 대화할 때 그대로 '설렁탕'이라고 해도 되고 굳이 영어로 바꿔 표현하자면 beef and bone stew라고 할 수 있습니다.

2 immunity는 '면역'이란 뜻이며, '면역력이 떨어지다'는 have low immunity로 표현합니다.

3 be sick of는 '~에 진절머리 나다'라는 뜻의 표현으로 be sick and tired of로도 자주 쓰입니다.

지성 내 설렁탕에는 파 넣지 말라니까.
지은 넌 왜 그렇게 안 먹는 게 많아? 그러니까 네가 면역력이 떨어지는 거야.
지성 맞지 않는 음식을 먹으면 난 체한다구.
지은 음식을 골고루 먹어야 해. 그렇게 골라 먹으면, 너 나중에 나이 먹어 건강에 문제 생겨.
지성 아, 그 놈의 잔소리, 아주 지겨워 죽겠네. 여긴 식당이거든? 좀 조용히 밥 먹자.
지은 야, 지성아, 거울 좀 봐봐. 이빨에 고춧가루 꼈어.

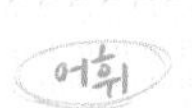

stay focused on ~에 집중을 유지하다
That's obvious. 당연하다.
spring onion 파 (= green onion)
have an upset stomach 체하다, 배탈 나다

❸ 식성이 까다로운 딸을 챙기는 아빠

04-4.mp3

Dad	Why don't you try some steamed tomatoes?
Jiyeong	I don't like to eat tomatoes. You can have all of mine.
Dad	I had no idea that you were such a ______. I always thought you liked to eat everything.
Jiyeong	Okay, dad. I will try some tomatoes.
Dad	Great, Jiyeong. It's important not to ______, not to be a picky eater and to be able to eat a little of everything.
Jiyeong	Yes, I know, dad. But I [1] **hate forcing myself to eat** when I [2] **have no appetite** at all.
Dad	Yes, I know your mouth can feel a little rough and it's difficult to eat in the morning. However, eating breakfast is good for your health.
Jiyeong	Alright, dad. Uh, dad, I think you have something ______. (*Dad checks his teeth in the mirror.*)
Dad	Jiyeong, you can help mom ______ tonight, can't you? We [3] **might** have guests tonight.
Jiyeong	I will try my best to be home soon. Please call me if you need me to buy anything at the store.

1 hate forcing oneself to ~는 '강제로 ~하는 것을 싫어하다'라는 의미이며, hate 다음에 동명사나 to부정사를 모두 사용할 수 있습니다.

2 '입맛이 없다'는 표현으로 '입맛을 잃다'라고 할 때는 lose one's appetite의 표현을 씁니다.

3 '~일지도 모른다'의 뜻으로 may보다 가능성이 적을 때 might을 사용합니다.

아빠 찐 토마토 좀 먹어 봐라.
지영 난 토마토 먹는 거 싫어요. 내 거 다 드세요.
아빠 네가 이렇게 입맛이 까다로운 줄 몰랐구나. 늘 뭐든지 다 잘 먹는 줄 알았어.
지영 알았어요, 아빠. 토마토를 먹어 볼게요.
아빠 그래, 지영아. 아침 거르지 말고, 음식도 가리지 말고 골고루 먹어야 하는 거야.
지영 네, 알아요, 아빠. 그런데 입맛이 하나도 없는데 억지로 먹어야 하는 게 싫어요.
아빠 그래, 아침에는 입안이 깔깔해서 먹는 게 어렵다는 걸 안다. 그래도 아침을 먹어야 네 건강에 좋단다.
지영 알겠어요, 아빠. 어, 아빠, 아빠 이에 뭐가 낀 거 같아요. (아빠가 거울로 이를 확인한다.)
아빠 지영아, 오늘 밤 엄마 밥상 차리는 거 도와 드릴 수 있지? 오늘 밤 손님이 오실지도 모르거든.
지영 최대한 빨리 집에 오도록 해 볼게요. 혹시 뭐 사올 거 있으면 전화 미리 하시구요.

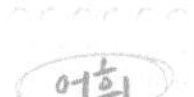

rough 거친, 깔깔한
try one's best 최선을 다하다 (= do one's best)

| 정답 |

❶ skip breakfast / set the table

❷ being picky / have / stuck in your teeth

❸ picky eater / skip breakfast / stuck in your teeth / set the table

한 박자 쉬어가기

팁 문화

북미의 식당 문화는 우리나라와 조금 차이가 있습니다. 팁 문화가 보편화되어 있어서 식당 종업원들은 월급보다 더 많은 팁을 받는 경우가 많습니다. 북미에서 종업원에게 무례하게 대하거나 거친 말을 던지면, 그들이 tamper with your food(마음대로 음식에 손을 대다[건드리다]) 할 수도 있기 때문에 주의해야 해요. 패스트푸드 레스토랑을 제외한 식당에서 팁(tip)을 깜빡한다면 큰 실수를 하는 것이 됩니다.

3단계
주요 표현 다시 보기

앞에서 익힌 모든 표현을 소리 내어 읽으며 복습하세요.

❶ 끼니를 챙길 때

난, 하루 세끼 거르지 않고 먹지.	I never skip breakfast, lunch or dinner.
적어도 하루 한 끼는 먹어야 해. 식사를 거르지 마.	You have to eat at least one meal a day. Please don't skip it.
내가 저녁은 일부러 먹지 않을 때도 있지만 아침은 꼭 먹어.	Sometimes I might skip dinner on purpose, but I always make sure to eat breakfast.

❷ 까다로운 식성에 대해 말할 때

넌 음식을 골라 먹지 않았으면 좋겠어.	I wish you weren't so picky about your food.
난 어릴 때부터 늘 골라 먹었어.	I have always been a picky eater ever since I was a kid.
너, 음식 골라 먹으면 영양실조에 걸릴 수 있어.	You might suffer from malnutrition if you are such a picky eater.

❸ 반찬에 대해 말할 때

반찬 투정하지 마라.	Please don't complain about the side dishes.
대신에 반찬을 더 많이 먹도록 해 봐.	You should try to eat more of the side dishes instead.
가장 맛있고 잘 알려진 반찬은 김치야.	The most delicious and well-known side dish is kimchi.

❹ 밥상을 차릴 때

밥상 차리는 거 정말 귀찮아.	Setting the table is a pain in the neck.
왜 나만 밥상을 차려야 하는 거야?	Why am I always the one who has to set the table?
밥상 치우는 거 정말 싫어.	Clearing the table is a pain in the neck.

❺ 이에 고춧가루가 꼈을 때

내 앞니에 고춧가루 꼈니?	Do I have some red pepper stuck in my front teeth?
내 앞니에 시금치가 낀 것 같아.	I think I have some spinach stuck in my front teeth.
이빨에 고춧가루가 꼈네. 치실로 빼야겠어.	I have some red pepper stuck in my teeth. I am going to have to remove it with floss.

05 귀가가 늦어질 때 하는 말

Please don't wait up for me.

기다리지 말고 먼저 주무세요.

학생 때나 직장 다닐 때, 또는 결혼 후까지도 부모님께서는 늘 자식 걱정에 여념 없으시죠. 식사 때마다 전화 주시는 부모님께 혹시라도 늦게 되면 미리 알려 드리는 것이 바로 효가 아닐까 싶습니다. 귀가가 늦어질 때 할 수 있는 말을 영어로 확인해 보죠.

준비단계
핵심 표현 입력하기

이미지와 함께 오늘 배울 핵심 표현을 입력하세요.

❶ **flash gathering**
번개 모임

❷ **wait up for**
~을 자지 않고 기다리다

❺ **lose track of time**
시간 가는 줄 모르다

❹ **arrive on time**
제시간에 도착하다

❸ **I'll call if ~**
~하면 전화할게

V 이 표현은 어떻게 말할까요?

❶ 퇴근 후에 번개 모임이 있어요. ....

❷ 기다리지 말고 먼저 주무세요. ....

❸ 늦게 되면 전화할게요. ....

❹ 식사 시간에 맞춰 갈게요. ....

❺ 시간 가는 줄 몰랐네. ....

05-1.mp3

1단계
핵심 표현 파헤치기

빈칸을 채운 후, 오디오를 들으며 핵심 표현을 익혀 보세요.

❶ 난 늦을 거예요. 퇴근 후에 번개 모임이 있어요.
I'll be late. There is a flash gathering after work.

flash gathering은 갑자기 만나는 모임을 뜻하는 말로, 우리말 '번개 모임' 정도와 비슷한 단어죠. the unexpected meeting 또는 irregular gathering이라고도 합니다.

❶ 클럽에서 번개 모임을 할 거야. I'll be in a ________ in the club.

❷ 어젯밤 번개 모임에서 완전히 취했어.
I got so wasted in a ________ last night.

❸ 회사 끝나고 번개 모임이 있어서 늦었어.
I was late because there was a ________ after work.

❷ 기다리지 말고 먼저 주무세요.
Please don't wait up for me.

wait up for는 '~을 자지 않고 기다리다' 또는 '(멈춰 서서 뒷사람이) 따라오기를 기다리다'의 의미로 쓰입니다.

❶ 늦을 테니까 저 기다리지 말고 주무세요.
Please don't ________ me since I will be very late.

❷ 피곤하실 텐데 저 기다리지 말고 주무세요.
You must be very tired, so please don't ________ me.

❸ 애도 아닌데 뭘 기다리고 그러세요?
I am not a child, so why do you keep ________ me?

❸ 늦게 되면 전화할게요.
I'll call if I am going to be late.

I'll call if ~는 '~하면 전화할 것이다'라는 뜻으로 쓰이는 표현입니다.

❶ 필요한 거 있으면 전화할게요. ________ I need anything.

| 정답 |
❶ 1 flash gathering
2 flash gathering
3 flash gathering
❷ 1 wait up for
2 wait up for
3 waiting up for

❷ 일정이 바뀌어 못 가게 되면 전화할게요.

________ I can't make it due to changes in my schedule.

❸ 저녁 식사 시간보다 늦게 되면 바로 전화할게요.

________ right away __ I will be arriving later than dinner time.

❹ 식사 시간에 맞춰 갈게요.
I will **arrive on time** for dinner.

on time (for)은 '(~의) 시간에 맞춰'라는 뜻으로 사용됩니다.

❶ 면접 시간에 맞춰 갈 거예요. I will ________ for the interview.

❷ 민철이가 점심 시간까지는 도착 못 할 거예요.

Mincheol won't be ________ for lunch.

❸ 일이 산더미처럼 쌓여 있어서 시간에 맞춰 갈 수가 없어요.

I won't be able to ________ because I am loaded down with work.

❺ 시간 가는 줄 몰랐네.
I **lost track of time**.

lose track of는 '~을 주시하여 따라가다가 놓치다'라는 뜻으로 뒤에 time이 오면 '시간 가는 줄 모르다', 사람이 오면 '어디에 있는지 모르다'라는 의미입니다.

❶ 일에 빠져 살다 보니 시간 가는 줄도 몰랐어.

I ________ because I was so engrossed in my work.

❷ 넌 왜 시간 가는 줄도 모르고 넋 놓고 앉아 있니?

Why are you sitting there absent-mindedly? Did you ________ ________?

❸ 이야기를 너무 재미있게 해서 시간 가는 줄도 모르고 듣고 있었어.

I ____ all ________ as I was listening to you tell the story in such an interesting way.

| 정답 |

❸ 1 I'll call if
2 I'll call if
3 I'll call / if

❹ 1 arrive on time
2 arriving on time
3 arrive on time

❺ 1 lost track of time
2 lose track of time
3 lost / track of time

2단계
실전 회화 도전하기

빈칸을 채운 후, 오디오를 들으며 따라 하세요.

❶ 매일 계속 되는 회식, 회식, 회식!

05-2.mp3

Mom Are you coming home late again tonight?

Jiseong Yes. We are having an office dinner again tonight.

Mom [1] **How come** your company has an office dinner almost every night? You spend so much time at work, but you only get paid peanuts.

Jiseong Mom, don't you think it's fortunate that I even have a job? There are so many people who are suffering nowadays because they can't find a job.

Mom Look [2] **how mature you have become** since you started working.

Jiseong Mom, anyhow, please, don't ________ me. I will be late.

Mom Okay. Don't be too late, okay? And watch out for cars.

엄마 오늘 밤도 집에 늦게 오니?
지성 네. 오늘 밤 또 회식 있어요.
엄마 너희 회사는 어떻게 매일 밤 회식이니? 직장에서 시간을 그렇게 많이 보내는데, 월급은 쥐꼬리만큼 받으니.
지성 엄마, 그래도 회사에 다니고 있으니 얼마나 다행이에요? 요즘 일자리 못 찾아서 힘들어 하는 사람들이 얼마나 많은데요.
엄마 우리 아들 일하기 시작하더니 철들었네.
지성 엄마, 암튼, 늦을 테니 기다리지 말고 먼저 주무세요.
엄마 그래, 너무 늦지 말고, 차 조심해라.

1 '어찌하여 ~인가?'라는 의미의 표현으로 Why로 바꿔 말할 수 있습니다.
2 how로 시작하는 간접 의문문의 형태죠. mature는 아이나 아직 젊은 사람이 어른스럽거나 분별력이 있을 때 사용하며, 비슷한 뜻의 단어로 sensible이 있습니다.

❷ 저녁 식사 준비를 위해 남편을 호출하다

05-3.mp3

Jisu Dear, do you think you will be late today?

Minho No, why?

Jisu I invited a guest to dinner tonight and [1] **I was wondering if** you could come home and help me.

Minho I can be home by 7 p.m. if I am lucky. Who's coming over?

Jisu Our neighbors who live across the street.

Minho That's great, honey. Don't worry, I won't be late. But if something comes up and I will be late, ________.

Jisu Okay. See you later.

Minho [2] **Just in case** I am a little late, I will ____ my best ________ ________ for dinner.

지수 여보, 오늘 늦을 거 같아요?
민호 아니, 왜?
지수 음, 오늘 밤 손님을 저녁 식사에 초대하는데 당신이 집에 와서 도와줄 수 있나 해서요.
민호 운 좋으면 7시까지 갈 수 있어. 그런데 누가 와?
지수 길 건너편에 사는 이웃이요.
민호 잘했네, 자기. 걱정 마. 늦지 않을 거야. 그런데 갑자기 무슨 일이 생겨서 늦게 되면 전화할게.
지수 알았어요. 이따 봐요.
민호 혹시, 조금 늦게 되더라도 저녁 시간에 맞게 도착하도록 해 볼게.

1 '~인지 궁금하다'라는 뜻으로, 상대방에게 궁금한 것에 관해 물을 때 공손하고 부드럽게 말하는 표현입니다.
2 '~할 경우에 대비해서', '만약을 위해서'라는 뜻으로, only if ~를 쓰기도 합니다.

fortunate 운 좋은, 다행인
anyhow 어쨌든

❸ 회식 때문에 늦은 남편에게 바가지를 긁다 05-4.mp3

민종 여보, 화 많이 났어? 제발 화 풀어라. 내가 정말 잘못했어.
지은 말 시키지 마요. 어떻게 사람을 그렇게 걱정하게 만들어요? 늦을 거면 전화를 해 줬어야죠.
민종 알았어, 알았어. 죽을죄를 지었어. 어제 회식이 있었는데, 부장님, 사장님까지 참석하는 자리여서 중간에 내가 빠져나올 수가 없었어.
지은 잠깐 전화만 나한테 해 주었어도 내가 불안하지 않고 잠을 잘 수 있었잖아요. 당신 때문에 난 어젯밤에 한숨도 못 잤어요. 계속 자다 깨다 했더니 두통까지 생겼다구요.
민종 정말 미안해. 내가 어떻게 하면 화가 풀릴까?
지은 정말 실망이에요. 시간 맞춰 집에 온다고 하고는 어젯밤 나 혼자 밥 먹게 하고.
민종 어젠 정말 어떻게 시간이 흘렀는지 기억도 나질 않아. 사장님이 하도 술을 권하셔서 내가 제정신이 아니었어. 시간 가는 줄 전혀 몰랐으니까.
지은 알았어요. 오늘은 일찍 들어올 거죠?
민종 걱정 마. 오늘은 식사 시간에 맞춰서 꼭 들어올게. 늦게 되면 반드시 미리 전화할게.

sneak out 살짝 나가다
anxious 불안한

Minjong Dear, are you really mad at me? Please don't be mad at me. I am really sorry.

Jieun Don't talk to me. How can you let someone worry so much? You [1]**should have called** me if you were going to be late.

Minjong Okay, okay. I have [2]**committed a grave sin**. We had an office dinner yesterday and since both my manager and my boss were also at the office dinner, I couldn't sneak out in the middle of it.

Jieun If only you had just called me, then I wouldn't have been so anxious and I could have gone to sleep. I [3]**couldn't sleep a wink** last night because of you. And now, I have a headache because [4]**I had a night of fitful sleep**.

Minjong I am really sorry. What can I do for you so that you can forgive me?

Jieun I am really disappointed in you, you know. You made me eat by myself last night after you made a promise to be home ________.

Minjong I really don't remember how time passed yesterday. I was not in my right mind at that time because my boss kept offering me drinks. And then I ____ all ________.

Jieun Alright. You are going to be home early today, aren't you?

Minjong Don't worry. I promise to be home by dinnertime. ________ you right away if I think I will be late.

1 should have p.p.는 '~했어야 했는데, 하지 않았기 때문에 후회스럽다'는 의미를 나타낼 때 쓰입니다.

2 commit은 '(그릇된) 일을 저지르다'의 뜻으로, commit a crime(죄를 짓다), commit suicide(자살하다), commit murder(살인을 저지르다), commit adultery(간통을 저지르다)와 같이 사용할 수 있습니다. grave sin은 '대죄'라는 뜻입니다.

3 '한숨도 잘 수 없었다', 즉 '밤을 샜다'는 뜻으로 stayed up과 같은 의미입니다.

4 I kept waking up during the night. / I didn't sleep through the night.처럼 바꿔 쓸 수 있으며, 여기서 fitful sleep은 '자다 깨다 하는 잠'을 의미합니다.

| 정답 |
❶ wait up for
❷ I'll call / try / to arrive on time
❸ on time / lost / track of time / I'll call

3단계
주요 표현 다시 보기

앞에서 익힌 모든 표현을 소리 내어 읽으며 복습하세요.

❶ 번개 모임이 있을 때

클럽에서 번개 모임을 할 거야.	I'll be in a flash gathering in the club.
어젯밤 번개 모임에서 완전히 취했어.	I got so wasted in a flash gathering last night.
회사 끝나고 번개 모임이 있어서 늦었어.	I was late because there was a flash gathering after work.

❷ 기다리지 말고 주무시라고 할 때

늦을 테니까 저 기다리지 말고 주무세요.	Please don't wait up for me since I will be very late.
피곤하실 텐데 저 기다리지 말고 주무세요.	You must be very tired, so please don't wait up for me.
애도 아닌데 뭘 기다리고 그러세요?	I am not a child, so why do you keep waiting up for me?

❸ 가는 도중에 전화하겠다고 할 때

필요한거 있으면 전화할게요.	I'll call if I need anything.
일정이 바뀌어 못 가게 되면 전화할게요.	I'll call if I can't make it due to changes in my schedule.
저녁 식사 시간보다 늦게 되면 바로 전화할게요.	I'll call right away if I will be arriving later than dinner time.

❹ 시간에 맞춰 간다고 할 때

면접 시간에 맞춰 갈 거예요.	I will arrive on time for the interview.
민철이가 점심 시간까지는 도착 못 할 거예요.	Mincheol won't be arriving on time for lunch.
일이 산더미처럼 쌓여 있어서 시간에 맞게 갈 수가 없어요.	I won't be able to arrive on time because I am loaded down with work.

❺ 시간 가는 줄 몰랐다고 할 때

일에 빠져 살다 보니 시간 가는 줄도 몰랐어.	I lost track of time because I was so engrossed in my work.
넌 왜 시간 가는 줄도 모르고 넋 놓고 앉아 있니?	Why are you sitting there absent-mindedly? Did you lose track of time?
이야기를 너무 재미있게 해서 시간 가는 줄도 모르고 듣고 있었어.	I lost all track of time as I was listening to you tell the story in such an interesting way.

06 답답한 직장 생활에 대해 하는 말

I can't stand my boss.

상사가 밥맛이야.

직장 생활을 하면서 일(task)보다는 사람과의 관계 때문에 애먹는 일들이 다반사인데요. 상사 뒷공론할 때, 회식 가기 싫을 때, 명퇴 걱정 등으로 답답한 직장 생활에 대해 할 수 있는 표현들을 배워 보세요.

준비단계
핵심 표현 입력하기

이미지와 함께 오늘 배울 핵심 표현을 입력하세요.

❶ **can't stand**
참을 수 없다

❷ **work overtime**
야근하다

❸ **keep nagging**
계속해서 잔소리하다

❹ **office dinner**
회식

❺ **give ~ the goose bumps**
~을 소름끼치게 하다

V 이 표현은 어떻게 말할까요?

❶ 상사가 밥맛이야. ....
❷ 야근하는 거 정말 질린다. ....
❸ 도대체 김 부장은 왜 나만 갈구는 거야? ....
❹ 회식 좀 안 하면 얼마나 좋을까. ....
❺ 명예퇴직 생각만 해도 끔찍해. ....

06-1.mp3

1단계
핵심 표현 파헤치기

빈칸을 채운 후, 오디오를 들으며 핵심 표현을 익혀 보세요.

❶ 상사가 밥맛이야.
I can't stand my boss.

stand는 '참다', '견디다'의 뜻으로 can't stand처럼 특히 부정문에 쓰여 싫은 심정을 나타냅니다. never를 쓰면 싫은 느낌이 더욱 강조가 되죠. stand는 타동사로 뒤에 명사, to부정사, 동명사 등을 목적어로 쓸 수 있습니다.

❶ 난 상사가 말하는 소리는 견딜 수가 없어요. I __________ to hear my boss talking.

❷ 상사가 매일 꾸벅꾸벅 졸아. 더 이상 못 참겠어.
My boss keeps dozing off every day. I __________ him any more.

❸ 난 잔소리하는 상사 밑에서 일하는 것을 정말 견딜 수가 없었어요.
I __________ working for a boss who nags.

❷ 야근하는 거 정말 질린다.
I'm sick and tired of working overtime.

정규 시간을 넘어 초과 근무를 하는 것을 overtime을 써서 work overtime이라고 표현합니다. '밤까지 일하다'는 말 그대로 work by night으로 표현하고요.

❶ 그들이 그녀에게 야근하도록 시켰어. They made her __________.

❷ 난 야근해야 해서 자정에 집에 갔어.
I had to __________, so I went home at midnight.

❸ 이번 주 금요일에는 우리 모두 야근해야 할 것 같은데.
It looks like we'll all have to __________ this Friday.

❸ 도대체 김 부장은 왜 나만 갈구는 거야?
Why does Director Kim keep nagging me all the time?

keep ~ing는 '계속해서 ~하다'라는 뜻입니다. keep nagging은 '계속해서 잔소리하다'의 뜻으로 keep scolding으로 바꿔 표현할 수도 있습니다.

| 정답 |
❶ 1 can't stand
2 can't stand
3 could never stand
❷ 1 work overtime
2 work overtime
3 work overtime

❶ 이런! 나중에 할 테니 들볶지 좀 마라.

Damn! Don't ______________ me. I'll do it later.

❷ 내가 뭘 하든, 본부장님은 계속해서 아무 이유도 없이 나를 갈궈.

Whatever I do, the Assistant Manager ______________ me for no reason.

❸ 왜 자꾸 변명하지 말라고 잔소리를 하는 거야?

Why does he ______________ me not to make an excuse?

❹ 회식 좀 안 하면 얼마나 좋을까.
I wish I didn't have so many office dinners after work.

북미 문화권에는 회식이 없기 때문에 정해진 단어는 없지만 office dinner 또는 get-together로 표현할 수 있습니다.

❶ 가끔은 회식이 필요해. Sometimes ______________ are necessary.

❷ 오늘 또 회식이야? Do we have another ______________ today?

❸ 회식 대신 다 같이 운동을 하면 어떨까?

How about we all exercise together instead of having an ______________?

❺ 명예퇴직 생각만 해도 끔찍해.
Just thinking about early retirement gives me the goose bumps.

goose bumps는 추위나 공포로 인해 몸에 돋는 '소름'을 가리킵니다.

❶ 그냥 생각만 해도 소름이 쫙 끼쳐.

Just thinking about it gives me the ______________.

❷ 야근할 생각만 해도 끔찍해.

Just thinking about working late tonight ______________ the goose bumps.

❸ 회사에서 잘린다는 생각만 해도 끔찍해.

Just thinking about getting laid off at work ______________ ______________.

| 정답 |
❸ 1 keep nagging
2 keeps nagging
3 keep scolding
❹ 1 office dinners
2 office dinner
3 office dinner
❺ 1 goose bumps
2 gives me
3 gives me the goose bumps

2단계 실전 회화 도전하기

빈칸을 채운 후, 오디오를 들으며 따라 하세요.

❶ 김 대리, 밥맛인 상사에 대해 분통을 터트리다

06-2.mp3

Deputy Manager Kim	I ______ my boss! I got the [1] **lowest blow** from Mr. Kang the first thing this morning.
Deputy Manager Jang	Mr. Kang puts you down all the time!
Deputy Manager Kim	[2] **You said it.** He could have just [3] **let me off the hook,** just this once.
Deputy Manager Jang	Why don't you arrange for a drinking party after work? You never know, your relationship with Mr. Kang might improve if you eat and drink with him.
Deputy Manager Kim	Are you out of your mind? Do you think I will drink with someone like him?

김 대리 우리 상사는 정말 밥맛이야! 강 부장한테 아침부터 완전 깨졌다.
장 대리 강 부장은 항상 너만 갈구더라!
김 대리 누가 아니래. 한번쯤은 그냥 넘어갈 수도 있을 텐데 말이야.
장 대리 퇴근 후 술자리를 한번 만들어 봐. 식사하고 술을 같이 마시면 관계가 부드러워질지도 모르잖아.
김 대리 너 미쳤냐? 그런 사람이랑 술을 마시게?

1 low blow는 권투에서 '허리 아래를 가격하는 반칙'을 가리키는 말로 '비열한 짓'을 언급할 때도 사용합니다.
2 상대방의 말에 맞장구치며 '내 말이 그 말이야.'의 뜻으로 말하는 구어체 표현입니다.
3 let ~ off the hook은 '~을 곤경에서 모면하게 하다', '~을 자유롭게 해 주다'라는 의미로 give ~ some slack이나 cut ~ some slack(~에게 기회나 여유를 주다)과 비슷하게 사용됩니다.

❷ 지은, 2차 없는 회식을 건의하다

06-3.mp3

Jieun	I really want to ______ early today. I had a pork cutlet for lunch today and I don't think it has digested properly because now I [1] **feel very bloated.**
Munkyu	Don't [2] **pass any gas**! Please! Anyway, we have a ______ this evening with the sales department.
Jieun	What? Another office dinner?
Munkyu	We need office dinners. I wouldn't feel like coming to work if we didn't have any ______.
Jieun	Then I wish there wasn't a second round. How about we just have dinner together and then [3] **call it a day**? Let's not drink any alcohol.

지은 오늘은 정말 빨리 퇴근하고 싶네요. 오늘 점심에 돈까스를 먹었는데, 배에 가스가 차는 느낌이라 소화가 잘 안 되는 것 같아요.
문규 방귀는 끼지 말아요! 제발! 그건 그렇고, 오늘 저녁에 우리 영업 팀 회식 있습니다.
지은 뭐라구요? 무슨 회식을 또 해요?
문규 회식은 필요한 거예요. 회식이 없으면 회사 다닐 맛이 안 나는데.
지은 그럼, 2차 없으면 좋겠어요. 식사만 하고 끝내는 게 어때요? 술은 마시지 말고.

1 feel bloated라고 하면 '속이 더부룩하다', 속이 거북하다'는 의미가 됩니다. 비슷한 표현으로 have a bloated stomach(속이 더부룩하다)이 있습니다.
2 pass gas는 '방귀를 뀌다'는 뜻의 표현으로 break wind나 fart를 쓸 수도 있습니다.
3 '~을 그만하기로 하다'라는 의미로, 일을 끝마치고 퇴근할 때 자주 사용합니다.

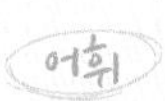

put down (특히 다른 사람들 앞에서) ~을 바보로 만들다
out of one's mind 제정신이 아닌, 미친
pork cutlet 돈가스
feel like ~ing 하고 싶은 생각이 들다

❸ 승진에 대한 기대, 명예퇴직에 대한 생각이 교차하다

06-4.mp3

박 과장 강 대리, 왜 그렇게 꾸벅꾸벅 졸고 있나?
강 대리 사실 어젯밤 고객들과 나갔는데 완전 고주망태가 되었어요.
박 과장 어제 4차까지 갔다며?
강 대리 네, 거의 죽음이었습니다. 바이어 접대하는 게 참으로 어려운 일이라는 것을 어제 바로 실감했습니다.
박 과장 강 대리, 처음 직장 생활 몇 년은 힘들 수 있어. 하지만 이제 시작이니까 마음을 가다듬고 잘해 보게. 최선을 다하게나.
강 대리 그럼요, 열심히 하겠습니다. 그런데 과장님, 저는 언제쯤 승진할 수 있을까요?
박 과장 글쎄. 이번 인도 거래처와 수출 계약 협상을 성사시키면, 자네는 다음 승진 때 과장이 되겠지.
강 대리 제가 과장이 된다면 그건, 전부 과장님 덕분입니다. 아니, 미래의 부장님 덕분입니다.
박 과장 사내에 명예퇴직 바람이 불고 있는데, 잘리지나 않으면 좋겠다.
강 대리 말도 안 돼요. 실적도 좋으시고 회사에 공을 얼마나 많이 세우셨는데요.
박 과장 과장하지 말게. 명예퇴직 생각만 해도 끔찍하네.
강 대리 그럼요, 과장님. 힘내세요.

Section Chief Park	Mr. Kang, why do you keep dozing off like that?
Deputy Manager Kang	Actually, I went out with some clients last night and I got [1] **totally hammered**.
Section Chief Park	I heard about the ______ which lasted four rounds?
Deputy Manager Kang	Yes, I almost died. I realized firsthand how hard it is to be a good host to buyers.
Section Chief Park	Mr. Kang, life can be hard in the first few years of your career. However, this is only the beginning, so try to pull it together. Just do your best.
Deputy Manager Kang	Yes, of course. I promise to do my best. But Section Chief, when do you think I can be promoted?
Section Chief Park	Well, if you successfully negotiate the export contract with the Indian clients, you might be promoted to become a manager during the next round of promotions.
Deputy Manager Kang	If I am promoted to become a manager, I owe it all to you, Section Chief. I [2] **owe it all to you**, future Director.
Section Chief Park	Early retirement is being talked about within the department. I will be lucky if I am not fired.
Deputy Manager Kang	[3] **That doesn't make sense.** You have an excellent service record and look at all the contributions you have made to the company.
Section Chief Park	Don't overdo it. Just thinking about early retirement ______.
Deputy Manager Kang	Of course. Of course, Section Chief. Have faith.

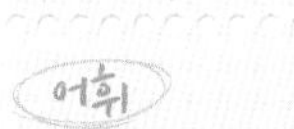

doze off 꾸벅꾸벅 졸다
firsthand 직접, 바로
negotiate 협상하다
contribution 기여, 기부금, 성금

1 '엄청 마신', '고주망태가 된'의 뜻으로, '과음했다'는 의미로 말할 때는 I was totally hammered.라고 합니다. 참고로 '폭음'은 binge drinking입니다.

2 owe A to B의 표현은 'A(사물)에 대하여 B(사람, 사물)의 은혜를 입거나 신세를 지다'라는 의미를 나타냅니다.

3 '그건 말도 안 된다', '이치에 맞지 않는다'라는 의미의 표현입니다. 반대로 의미가 통하거나 이해가 되는 경우는 That makes sense.라고 할 수 있습니다.

| 정답 |
❶ can't stand
❷ get off work / get-together / office dinners
❸ get-together / gives me the goose bumps

3단계
주요 표현 다시 보기

앞에서 익힌 모든 표현을 소리 내어 읽으며 복습하세요.

❶ 상사를 흉볼 때

난 상사가 말하는 소리는 견딜 수가 없어요.	I can't stand to hear my boss talking.
상사가 매일 꾸벅꾸벅 졸아. 더 이상 못 참겠어.	My boss keeps dozing off every day. I can't stand him any more.
난 잔소리하는 상사 밑에서 일하는 것을 정말 견딜 수가 없었어요.	I could never stand working for a boss who nags.

❷ 야근해야 할 때

그들이 그녀에게 야근하도록 시켰어.	They made her work overtime.
난 야근해야 해서 자정에 집에 갔어.	I had to work overtime, so I went home at midnight.
이번 주 금요일에는 우리 모두 야근해야 할 것 같은데.	It looks like we'll all have to work overtime this Friday.

❸ 회사 생활에 대해 불만이 있을 때

이런! 나중에 할 테니 들볶지 좀 마라.	Damn! Don't keep nagging me. I'll do it later.
내가 뭘 하든, 본부장님은 계속해서 아무 이유도 없이 나를 갈궈.	Whatever I do, the Assistant Manager keeps nagging me for no reason.
왜 자꾸 변명하지 말라고 잔소리를 하는 거야?	Why does he keep scolding me not to make an excuse?

❹ 회식에 대해 말할 때

가끔은 회식이 필요해.	Sometimes office dinners are necessary.
오늘 또 회식이야?	Do we have another office dinner today?
회식 대신 다 같이 운동을 하면 어떨까?	How about we all exercise together instead of having an office dinner?

❺ 회사 생각에 소름이 끼칠 때

그냥 생각만 해도 소름이 쫙 끼쳐.	Just thinking about it gives me the goose bumps.
야근할 생각만 해도 끔찍해.	Just thinking about working late tonight gives me the goose bumps.
회사에서 잘린다는 생각만 해도 끔찍해.	Just thinking about getting laid off at work gives me the goose bumps.

07 사무실에서 자주 하는 말

I'm leaving for the day.

먼저 퇴근하겠습니다.

강의 및 예문듣기

사무실에서 일하다 보면 반복적으로 쓰게 되는 말들이 있습니다. 업무와 관련된 질문도 있고 부탁을 할 때 있고요. 사무기기에 대해서도 가끔 이런저런 얘기들을 하게 되지요. 사무실에서 자주 하게 되는 말들을 영어로 어떻게 표현해야 하는지 함께 알아볼까요?

준비단계
핵심 표현 입력하기

이미지와 함께 오늘 배울 핵심 표현을 입력하세요.

❶ **leave for the day**
퇴근하다

❷ **paper jam**
종이 걸림

❸ **get hold of**
~에게 연락을 취하다

❹ **Can you ~ for me?**
날 위해 ~해 줄래?

❺ **be out of**
~이 떨어지다

V 이 표현은 어떻게 말할까요?

❶ 먼저 퇴근하겠습니다. ____________________

❷ 종이가 걸려 프린터가 작동이 안 되네. ____________________

❸ 김 부장님이 연락 안 돼. ____________________

❹ 전화 좀 대신 받아 줄래요? ____________________

❺ 프린터 잉크가 또 떨어졌네. ____________________

07-1.mp3

1단계
핵심 표현 파헤치기

빈칸을 채운 후, 오디오를 들으며 핵심 표현을 익혀 보세요.

잠깐만요!

go, leave, come, start와 같은 동사들은 〈be동사+~ing〉 형태로 써서 '가까운 미래'를 나타낼 수 있습니다.

❶ 먼저 퇴근하겠습니다.
I'm leaving for the day.

leave는 '떠나다', '출발하다'의 뜻으로 leave for the day는 '퇴근하다'의 뜻입니다. '퇴근한다'고 할 때 I'm getting off work. 또는 더 짧게 I am off now.의 표현도 씁니다.

❶ 퇴근해도 될까요? Is it okay if I leave ______?

❷ 먼저 가세요. 저는 나중에 출발할게요. After you, I will be ______ in a bit.

❸ 먼저 퇴근하겠습니다. I'm ______ first.

❷ 종이가 걸려 프린터가 작동이 안 되네.
The printer doesn't work because there's another paper jam.

프린터에 종이가 걸린 것을 paper jam이라고 표현합니다.

❶ 프린터에 종이가 또 걸렸어. There's another ______.

❷ 설마 또 종이가 걸린 건 아니겠지. Don't tell me there's another ______.

❸ 회의에 벌써 늦었는데 종이가 또 걸렸네.
I am late for the meeting already and there's another ______.

❸ 김 부장님이 연락 안 돼.
I can't get hold of Mr. Kim.

get hold of는 '~에게 (전화로) 연락을 취하다'라는 뜻입니다. When is the best time to get hold of you?(언제 전화 드리는 게 가장 좋을까요?)처럼 쓰입니다.

❶ 퀵 서비스 연락이 안 돼. I can't ______ the courier.

❷ 도시락 배달 서비스 연락이 되니?
Can you ______ the food delivery service?

| 정답 |
❶ 1 for the day
2 leaving
3 getting off work
❷ 1 paper jam
2 paper jam
3 paper jam

❸ 비상 연락처로 연락했는데 연락이 안 돼.

I called his emergency phone number, but I can't ________ him.

❹ 전화 좀 대신 받아 줄래요?
Can you **pick up the phone** for me?

Can you ~ for me?는 '날 위해/나 대신 ~해 줄 수 있어요?'의 뜻으로 상대방에게 부탁할 때 사용합니다. pick up the phone은 pick the phone up으로도 말할 수 있으며, the phone 대신 대명사 it을 써서 말하는 경우에는 pick it up으로만 씁니다.

❶ 저 대신 야근 좀 해 줄 수 있어요? ________ work overtime for me tonight?

❷ 두 장만 더 복사해 줄 수 있어요?

Can you make copies of two more pages ________?

❸ 정수기 물통 좀 나 대신 갈아 줄 수 있어요?

________ change the water container on the water purifier ________?

❺ 프린터 잉크가 또 떨어졌네.
The printer is out of **ink again.**

be out of는 '~이 떨어지다'라는 뜻의 표현입니다. 떨어져 가고 있는 경우에는 run out of로 표현합니다.

❶ 복사기에 잉크가 또 떨어졌네. The copier ________ ink again.

❷ 다른 복사기를 사용하지 그래요? 이건 잉크가 떨어졌어요.

Why don't you use another copier? This copier ________ ink.

❸ 프린터 잉크가 떨어지기 전에 주문을 했어야죠.

You should have ordered a new ink cartridge before the printer ran ________ ink.

| 정답 |
❸ 1 get hold of
2 get hold of
3 get hold of
❹ 1 Can you
2 for me
3 Can you / for me
❺ 1 is out of
2 is out of
3 out of

2단계
실전 회화 도전하기

빈칸을 채운 후, 오디오를 들으며 따라 하세요.

❶ 장 대리, 패기 있게 칼퇴를 선언하다!

07-2.mp3

Deputy Manager Jang I don't think I can finish the report before 6 today. I will put it on your desk, first thing tomorrow morning.

Section Chief Kang We are behind schedule. It has to be finishd in the morning. By the way, I am sorry, but [1] **do you mind** changing the ink cartridge before you ______? The printer ______ ink.

Deputy Manager Jang Yes, Ms. Kang. I will change the ink cartridge before I leave. [2] **Is it okay if I** leave now? Today is my mother's birthday and I'm taking her to dinner.

Section Chief Kang Of course. See you tomorrow.

장 대리 보고서를 오늘 6시 전에 끝낼 수 없을 것 같습니다. 내일 제일 먼저 과장님 책상 위에 올려놓겠습니다.
강 과장 계획보다 늦었어요. 오전에 마쳐야 해요. 참, 미안한데 잉크 카트리지 좀 갈아 주고 가겠어요? 프린터에 잉크가 떨어졌어요.
장 대리 네, 부장님. 카트리지 갈고 가겠습니다. 그럼, 저 먼저 퇴근해도 되죠? 오늘 어머님 생신이라 저녁 식사에 모시고 갈 거예요.
강 과장 물론이죠. 내일 봅시다.

1 직역하면 '~하는 것을 꺼리나요?'의 뜻으로, 어떤 것을 해 줄 수 있는지 조심스럽게 물어보는 공손한 표현입니다. 요청을 수락한다면 No. / Not at all. / Not really.와 같은 부정의 대답을 합니다.
2 '제가 ~해도 괜찮을까요?'라는 뜻으로 허락을 구할 때 쓰는 정중하고 공손한 표현입니다.

❷ 앞당겨진 마감 기한 때문에 분주해지다

07-3.mp3

Minji When is the deadline?

Jiho [1] **As far as I know**, our section chief moved forward our deadline by one week. Today is the deadline.

Minji That's right. I completely forgot. Let's call the courier and have them deliver these documents to our client. *(in a while)* I can't ______ the courier company we usually use. Does anybody know another courier?

Jiho I know another one. The number for Express Couriers is [2] **000-387-3875**.

Minji Jiho, please can you get the fax for me while I [3] **make the call**?

Jiho No problem. I will get the fax.

민지 마감일이 언제죠?
지호 제가 알기로는 과장님이 마감 기한을 일주일 앞당기셨어요. 오늘이 마감일이에요.
민지 맞아요. 깜빡하고 있었네요. 퀵 서비스 불러서 이 서류를 거래처에 보내야겠어요. (잠시 후) 우리가 노상 이용하는 업체가 연락이 안 되네요. 다른 퀵 서비스 아는 사람 있어요?
지호 제가 알아요. 익스프레스 회사 번호가 000-387-3875예요.
민지 지호 씨, 내가 전화하는 동안 팩스 좀 받아 주세요.
지호 문제없어요. 제가 받아 둘게요.

1 '내가 아는 한'이라는 뜻입니다.
2 영어로 전화번호를 말할 때는 하나씩 읽으면 됩니다. 000-387-3875는 000을 zero, zero, zero 또는 triple zero로 말할 수 있으며, 나머지는 three, eight, seven, three, eight, seven, five로 말합니다.
3 make the/a call은 '전화하다'의 뜻으로 make a phone call이나 동사 call을 써도 됩니다.

deadline 최종 기한, 마감 시간
document 서류

❸ 앞날이 구만리 같은 신입사원 민수

07-4.mp3

민수 안 돼! 잉크가 또 떨어졌어요. 나영 씨, 잉크 카트리지 가는 것 좀 알려 줘요.

나영 그래요. 아주 쉬워요. (복사기를 열고) 어머! 이것 봐요. 종이도 꼈어요. 한 번에 두 가지를 해결할 수 있겠어요.

민수 그러게요. 사무실의 모든 걸 다 할 줄 아네요. 저는 할 줄 아는 게 하나도 없는데. 손재주가 하나도 없어서요.

나영 걱정 마요. 민수 씨. 곧 익숙해질 테니까. 참, 민수 씨, 판매 보고서 어디에 있는지 아세요?

민수 아뇨, 어디에 있는지 잘 모르겠어요. 휴가 간 김 대리가 맡았던 일이라서요.

나영 그럼 김 대리가 지금 없으니까 민수 씨가 매출 보고서를 맡아서 해요.

민수 저는 아직 이런 일에 익숙하지 못한데요.

나영 1년 선배 입장에서 본다면, 처음부터 잘하는 사람은 아무도 없다고 말하고 싶어요. 하나씩 배워 가면 익숙해질 거예요.

Minsu Oh no! We are ________ again. Nayeong, ________ show me how to change the ink cartridge, please?

Nayeong Okay. [1] **It's easy as pie.** (*opening the copier*) Oh, no! Look at this. There is also a ________. I think [2] **we can solve two problems at once.**

Minsu Yes, you seem to know how to do everything in the office. [3] **I don't know how to** do anything at all. [4] **I'm all thumbs.**

Nayeong Don't worry, Minsu. You will [5] **get into the swing of things** soon. By the way, Minsu, do you know where the sales report is?

Minsu No, I have no idea where it is. Mr. Kim, who [6] **is on leave,** was in charge of it.

Nayeong Then, Minsu, why don't you be in charge of the sales report since Mr. Kim is not here?

Minsu I am not really familiar with that kind of work, though.

Nayeong From my perspective as a senior of one year, I would like to tell you that nobody does well in the beginning. You will also get used to doing different things, as you learn how to do them one by one.

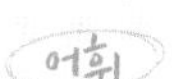

at once 한꺼번에, 즉시
be in charge of ~을 담당하다, ~을 맡다
be familiar with ~에 익숙하다
get used to ~에 익숙해지다
from my perspective 내가 보기에는

1 It's a piece of cake.과 같은 의미의 표현으로 '식은 죽 먹기'라는 의미를 나타냅니다.

2 속담으로 바꿔 말하면 We can kill two birds with one stone.(돌 하나로 새 두 마리를 잡을 수 있다.)라고 할 수 있죠. '한 번의 수고로 두 가지 이익을 얻다', 즉 '일석이조'를 일컫습니다.

3 '~하는 방법을 모른다'는 뜻의 표현으로 how to 다음에는 동사원형을 써야 합니다.

4 be all thumbs는 '손재주가 없다'는 의미입니다. 반대로 어떤 일을 전문으로 하면서도 여러 가지 다른 일을 할 수 있는 사람을 가리켜 '팔방미인이다'라고 할 때는 He's a jack-of-all-trades.라고 합니다.

5 get the hang of it과 비슷한 표현으로, '요령을 터득하다'라는 뜻입니다. get the hang of는 get the knack of으로 바꿔 쓸 수도 있습니다. 참고로 같은 의미인 figure out how to do it도 알아 두세요.

6 be on leave는 '휴가 중이다'라는 뜻의 표현입니다.

| 정답 |
❶ leave / is out of
❷ get hold of
❸ out of ink / can you / paper jam

3단계
주요 표현 다시 보기

앞에서 익힌 모든 표현을 소리 내어 읽으며 복습하세요.

❶ 퇴근하거나 떠날 때

퇴근해도 될까요?	Is it okay if I leave for the day?
먼저 가세요. 저는 나중에 출발할게요.	After you, I will be leaving in a bit.
먼저 퇴근하겠습니다.	I'm getting off work first.

❷ 프린터에 종이가 걸렸을 때

프린터에 종이가 또 걸렸어.	There's another paper jam.
설마 또 종이가 걸린 건 아니겠지.	Don't tell me there's another paper jam.
회의에 벌써 늦었는데 종이가 또 걸렸네.	I am late for the meeting already and there's another paper jam.

❸ 연락이 안 될 때

퀵 서비스 연락이 안 돼.	I can't get hold of the courier.
도시락 배달 서비스 연락이 되니?	Can you get hold of the food delivery service?
비상 연락처로 연락했는데 연락이 안 돼.	I called his emergency phone number, but I can't get hold of him.

❹ 동료에게 부탁할 때

저 대신 야근 좀 해 줄 수 있어요?	Can you work overtime for me tonight?
두 장만 더 복사해 주면 내가 점심 쏠게요.	Can you make copies of two more pages for me?
정수기 물통 좀 나 대신 갈아 줄 수 있어요?	Can you change the water container on the water purifier for me?

❺ 복사기 잉크가 떨어졌을 때

복사기에 잉크가 또 떨어졌네.	The copier is out of ink again.
다른 복사기를 사용하지 그래요? 이건 잉크가 떨어졌어요.	Why don't you use another copier? This copier is out of ink.
프린터 잉크가 떨어지기 전에 주문을 했어야죠.	You should have ordered a new ink cartridge before the printer ran out of ink.

08 직장 동료와 잡담으로 하는 말

I am scared of being fired.

언제 잘릴까 걱정이야.

직장에서 업무 중간에 잠깐 짬이 날 때 여러분은 직장 동료들과 어떤 얘기를 하나요? 먹고 싶은 것부터 승진 얘기, 집값 걱정까지 다양한 이야기 보따리를 풀죠? 짧은 시간에 잡다한 주제의 이야기를 영어로 풀 수 있는 다양한 표현을 지금부터 알아봅시다.

준비단계
핵심 표현 입력하기

이미지와 함께 오늘 배울 핵심 표현을 입력하세요.

❶ **be fired**
해고되다

❷ **talk over a cup of coffee**
커피 마시며 얘기하다

❺ **quit one's job**
퇴사하다

❸ **skyrocket**
급상승하다

❹ **be promoted**
승진하다

V 이 표현은 어떻게 말할까요?

❶ 언제 잘릴까 걱정이야. ....

❷ 커피 마시면서 얘기하자. ....

❸ 요즘 전셋값이 급상승했어. ....

❹ 언제쯤 대리로 승진할까? ....

❺ 직장 때려치우고 싶은 적이 한두 번이 아니야. ....

08-1.mp3

1단계
핵심 표현 파헤치기

빈칸을 채운 후, 오디오를 들으며 핵심 표현을 익혀 보세요.

❶ 언제 잘릴까 걱정이야.
I am scared of **being fired.**

be fired와 be laid off는 '해고되다'의 뜻으로 be 대신 get을 사용하기도 합니다.

❶ 60세까지 직장 생활을 하고 싶은데 언제 잘릴까 늘 걱정이야.
I'd like to work until I am 60, but I am always scared of ________.

❷ 언제 잘릴지 걱정만 하지 말고 대책을 세워야 해.
You should come up with a plan instead of worrying when you will ________.

❸ 직장 잘리기 전에 다른 직장을 알아봐.
You should look for a new job before you ________.

❷ 커피 마시면서 얘기하자.
Let's **talk over a cup of coffee.**

talk over coffee는 '커피 마시면서 이야기하다'라는 뜻입니다.

❶ 시간 되면 나랑 커피 한 잔 하면서 얘기하자.
If you have time, let's ________ a cup of coffee.

❷ 별다방에서 만나 커피 마시면서 이야기하자.
Let's meet at Starbucks and talk over ________.

❸ 커피 마시면서 너한테 할 이야기가 있어.
I have something to tell you ________.

❸ 요즘 전셋값이 급상승했어.
The rental deposit has **skyrocketed** as of late.

skyrocket은 '(물가가) 급상승하다'라는 뜻입니다. 반대로 '미친 듯이 내려가다'라고 할 때는 drop을 씁니다.

| 정답 |
❶ 1 being fired
2 be fired
3 are laid off
❷ 1 talk over
2 a cup of coffee
3 over a cup of coffee

잠깐만요!

'전세'의 개념이 없는 미국에서는 '집세', '방세'라는 뜻을 rent로 표현합니다. '월세가 얼마야?'라고 할 때 What's the rent?라고 말합니다.

❶ 전셋값이 미친 듯이 올라서 대출을 받아야만 해.

I have to get a loan since my rental deposit has ________.

❷ 미친 듯이 오르는 전셋값 때문에 월세가 더 인기야.

With the rental deposits ________, more and more people prefer paying rent monthly.

❸ 기름값이 요즘 미친 듯이 내려가고 있어.

Gas prices are ________ nowadays.

❹ 언제쯤 대리로 승진할까?

I wonder when I will be promoted to assistant manager.

be promoted와 get a promotion은 '승진하다'입니다.

❶ 다른 사람들이 승진하는 걸 보면 난 우울해.

I feel depressed when I see other people ________.

❷ 대리로 승진하려면 얼마나 시간이 걸릴까?

How long will it take before I ________ to assistant manager?

❸ 상사한테 정면으로 부딪쳐서 난 언제 승진되겠냐고 물어봐야 할까봐.

I think it's time to take the bull by the horns and ask my boss when I will ________.

❺ 직장 때려치우고 싶은 적이 한두 번이 아니야.

It's not the first time I want to quit this job.

quit은 '하던 일을 그만두다'라는 뜻의 단어입니다.

❶ 내 마음 같아서는 내일 당장 직장을 때려치우고 싶어.

If it were up to me, I would ________ tomorrow.

❷ 직장 때려치우고 뭐 할 건데?

What do you plan on doing after you ________?

❸ 대부분의 사람들이 직장 때려치우고 싶어도 돈 때문에 관두지 못하지.

Most people cannot ________ even if they want to because they need the money.

| 정답 |

❸ 1 skyrocketed
2 skyrocketing
3 dropping like crazy

❹ 1 being promoted
2 am promoted
3 be promoted

❺ 1 quit my job
2 quit your job
3 quit their jobs

2단계
실전 회화 도전하기

빈칸을 채운 후, 오디오를 들으며 따라 하세요.

❶ 커피를 마시며 미래에 대해 얘기하다

08-2.mp3

Jihyeon Hello? Yeonu, do you want to meet after work and ______________?

Yeonu Okay. How about we meet at Starbucks at 7?

(The two friends meet at Starbucks.)

Yeonu [1] **What's the matter**, Jihyeon? You don't look so good.

Jihyeon I have a lot on my mind. I don't even know when I will ____________ to section deputy chief.

Yeonu [2] **Just wait and see**. I am more worried about whether or not I will get laid off, rather than when I will be promoted to section deputy chief. You know that a lot of people are getting ______ from their jobs, don't you?

1 '뭐가 문제야?'라는 의미의 표현입니다. What's the problem? / What's wrong? / What's eating you?등도 비슷한 표현입니다.

2 단어 그대로 '그저 기다려라'는 의미로, 비슷한 표현으로는 Don't be so impatient. / Don't shit a brick. / Don't fret so much.가 있는데 formal한 상황에서는 사용하지 않도록 주의하세요.

지현 여보세요. 연우야. 오늘 퇴근 후에 커피 마시면서 얘기 좀 하자.
연우 알았어. 7시에 별다방에서 볼까?
(두 친구가 별다방에서 만난다.)
연우 무슨 일이야, 지현아? 안색이 별로 안 좋아 보여.
지현 고민이 많아. 내가 언제쯤 대리가 될 수 있을지도 모르겠고.
연우 좀 기다려 봐봐. 나는 언제 대리로 승진할지가 문제가 아니라 잘리지나 않을지 걱정이야. 요즘 회사에서 사람들 많이 잘리잖아.

❷ 승진 때문에 우울한 기분이 동료 덕에 풀리다

08-3.mp3

Jiho Did you know that Mincheol got promoted today? It's not fair. When will I ______________?

Minjeong Don't worry. Your turn will come, too. By the way, are you hungry? Let's ____________ lunch.

Jiho Okay. Let's have lunch. But you know it's not fair. Mincheol has only been working at this company for two years, while I have been [1] **working my tail off** for five years. It's not the first time I have wanted to ______________.

Minjeong [2] **I am sure there will be an opportunity for you**, too. Come on, I am starving. I'll treat today.

Jiho I really feel like quitting my job sometimes, but I wouldn't want to lose someone as nice as you.

1 work one's tail off는 '힘껏 일하다'로, work one's butt off / work one's ass off라고도 합니다.

2 I am sure you will get your chance.처럼 바꿔 말할 수 있습니다.

지호 민철 씨가 오늘 승진됐다는 거 알아요? 불공평해요. 난 언제 승진될까요?
민정 걱정 말아요. 당신 차례도 올 거예요. 근데, 배고파요? 점심 먹으면서 이야기해요, 우리.
지호 좋아요. 점심 먹읍시다. 그런데 불공평하다는 건 아시잖아요. 나는 이 회사에서 죽기 살기로 일한 지 5년인데 민철 씨는 2년밖에 안 됐거든요. 직장 때려치우고 싶은 적이 한두 번이 아니라구요.
민정 분명히 기회가 있을 거예요. 어서요, 배고파요. 오늘 내가 살게요.
지호 직장은 때려치우고 싶지만, 당신 같은 좋은 사람은 잃고 싶지 않군요.

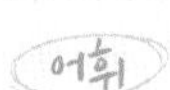

rather than ~보다는
section deputy chief 과장 대리
treat 대접하다, 접대하다

❸ 치솟는 전셋값에 한숨짓다

08-4.mp3

상민 요즘 TV 보고 있으면 한숨만 자꾸 나온다.
민지 맞아. 사건 사고에 경제도 좋지 않고 물가는 계속 미친 듯이 오르고 있으니, 요즘은 기분 좋은 뉴스가 없어.
상민 내 말이 그 말이야. 거기다 전셋값이 미친 듯이 올라서 앞으로 내 집을 마련할 돈을 어떻게 모을 수 있을지 정말 걱정이야.
민지 얼마 전에 우리도 전셋값 올리는 것에 대해 불평하자, 집주인이 난리를 쳐서 우리 부모님이 요즘 걱정이 많으셔.
상민 그래도 넌 부모님과 같이 살고 있으니 다행이야. 난 혼자서 살려니까 돈이 너무 많이 들어가.
민지 원룸에 살고 있는 거야? 월세 내? 매달 얼마씩 내?
상민 처음에 보증금 500만원에 월세가 65만원, 관리비가 15만원이야.
민지 우와, 관리비 엄청 비싸다.
상민 쥐꼬리만한 월급 받아서 언제 돈 모아 집을 사게 될지 눈앞이 깜깜하다.
민지 그러게 말이야.

Sangmin Watching TV nowadays just makes me sigh.

Minji You are right. With various accidents and incidences happening, poor economic conditions and the continuous rise in the inflation rate, it is difficult to find good news anymore.

Sangmin [1]**That's what I'm saying**. And in addition to that, I have no idea how I will be able to save to buy my own house because the rental prices have ________.

Minji My parents are burdened with worries, too because not long ago, our landlord [2]**threw a fit** when we complained about his raising the rental deposit.

Sangmin But you are still fortunate because you live with your parents. [3]**It sure costs a lot of money** to live on my own.

Minji Do you live in a one-room apartment now? Do you pay monthly rent? How much do you pay every month?

Sangmin There is first a deposit of five million won plus 650,000 won for the monthly rent and 150,000 won for maintenance fees.

Minji Wow. That's an outrageous fee for apartment maintenance.

Sangmin The future seems so bleak when I think about how I am supposed to save to buy a house with such a small salary.

Minji [4]**That makes two of us.**

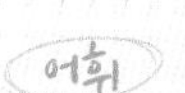

deposit 보증금
maintenance fee 관리비용
outrageous 터무니없는
small salary 적은 연봉

1 That's what everybody says.(그것이 바로 모두가 말하는 바예요.)처럼 쓸 수 있습니다.
2 throw a fit은 '성질을 내다', '신경질을 부리다'의 뜻으로, have a tantrum도 같은 뜻의 표현입니다.
3 '비용이 많이 든다'는 의미로, It costs a fortune. 또는 It costs an arm and a leg.로 바꿔 표현할 수 있습니다.
4 상대방의 의견에 동의할 때 쓰는 말로 '나도 마찬가지이다', '같은 생각이다'라는 의미입니다.

| 정답 |
❶ talk over a cup of coffee / be promoted / fired
❷ get promoted / talk over / quit this job
❸ skyrocketed

3단계
주요 표현 다시 보기

앞에서 익힌 모든 표현을 소리 내어 읽으며 복습하세요.

❶ 해고 당할 것을 걱정할 때

60세까지 직장 생활을 하고 싶은데 언제 잘릴까 늘 걱정이야.	I'd like to work until I am 60, but I am always scared of being fired.
언제 잘릴지 걱정만 하지 말고 대책을 세워야 해.	You should come up with a plan instead of worrying when you will be fired.
직장 잘리기 전에 다른 직장을 알아봐.	You should look for a new job before you are laid off.

❷ 커피 마시면서 얘기하자고 할 때

시간 되면 나랑 커피 한 잔 하면서 얘기하자.	If you have time, let's talk over a cup of coffee.
별다방에서 만나 커피 마시면서 이야기하자.	Let's meet at Starbucks and talk over a cup of coffee.
커피 마시면서 너한테 할 이야기가 있어.	I have something to tell you over a cup of coffee.

❸ 치솟는 전셋값에 대해 말할 때

전셋값이 미친 듯이 올라서 대출을 받아야만 해.	I have to get a loan since my rental deposit has skyrocketed.
미친 듯이 오르는 전셋값 때문에 월세가 더 인기야.	With the rental deposits skyrocketing, more and more people prefer paying rent monthly.
기름값이 요즘 미친 듯이 내려가고 있어.	Gas prices are dropping like crazy nowadays.

❹ 승진에 대해 말할 때

다른 사람들이 승진하는 걸 보면 난 우울해.	I feel depressed when I see other people being promoted.
대리로 승진하려면 얼마나 시간이 걸릴까?	How long will it take before I am promoted to assistant manager?
상사한테 정면으로 부딪쳐서 난 언제 승진되겠냐고 물어봐야 할까봐.	I think it's time to take the bull by the horns and ask my boss when I will be promoted.

❺ 회사를 그만두고 싶을 때

내 마음 같아서는 내일 당장 직장을 때려치우고 싶어.	If it were up to me, I would quit my job tomorrow.
직장 때려치우고 뭐 할 건데?	What do you plan on doing after you quit your job?
대부분의 사람들이 직장 때려치우고 싶어도 돈 때문에 관두지 못하지.	Most people cannot quit their jobs even if they want to because they need the money.

09 컴퓨터와 관련된 상황에서 하는 말

I think my computer has been hacked.

나 해킹 당한 것 같아.

강의 및 예문듣기

하루 중 컴퓨터 앞에서 보내는 시간이 점점 더 느는 것 같습니다. 업무와 관련해서는 물론이고 딱히 일 때문이 아니더라도 블로그나 커뮤니티에 글을 올리거나 게임에 빠지기도 하고, 사진을 찍어서 보기 좋게 포토샵 작업도 하고 말이죠. 우리가 컴퓨터에 접속하여 하게 되는 이런 것들을 영어로는 어떻게 표현할까요?

준비단계
핵심 표현 입력하기

이미지와 함께 오늘 배울 핵심 표현을 입력하세요.

❶ **be[get] hacked**
해킹 당하다

❷ **be infected with**
~에 감염되다

❺ **be into the games**
게임에 빠져 있다

❸ **log into**
로그인하다

❹ **photoshop**
포토샵 작업을 하다

V 이 표현은 어떻게 말할까요?

❶ 내 컴퓨터 해킹 당한 것 같아. ……………………
❷ 내 컴퓨터가 바이러스 먹었나봐. ……………………
❸ 컴퓨터에 어떻게 접속하는지 보여 줄래? ……………………
❹ 포토샵을 어떻게 하는 거야? ……………………
❺ 그는 항상 게임에 빠져 살아. ……………………

09-1.mp3

1단계
핵심 표현 파헤치기

빈칸을 채운 후, 오디오를 들으며 핵심 표현을 익혀 보세요.

❶ 내 컴퓨터 해킹 당한 것 같아.
I think my computer has been hacked.

'해킹 당하다'라고 할 때는 be hacked나 get hacked를 씁니다.

❶ 내 컴퓨터가 어떻게 해킹을 당하게 된 거야? How did my computer ______?

❷ 중요한 문서가 해킹 당했어.
One of my important documents has ______.

❸ 내 컴퓨터가 해킹 당해서 내 신용이 나빠지는 거 아니야?
Will this have a negative impact on my credit history because my computer has ______?

❷ 내 컴퓨터가 바이러스 먹었나봐.
I think my computer has been infected with a virus.

infect with는 '~으로 감염시키다'의 뜻을 나타냅니다. '~에 감염되다'라고 말할 때는 수동태인 be infected with로 바꿔 쓰세요.

❶ 난 컴맹이라 내 컴퓨터가 바이러스 먹으면 안 돼.
I hope my computer is not ______ a virus because I am computer illiterate.

❷ 바이러스 먹으면 내 컴퓨터에 백신 프로그램을 깔아야 해?
Do I have to install the vaccine program onto my computer if it ______ a virus?

❸ 내 컴퓨터가 바이러스 먹어서 원고가 다 날아갔어.
My computer ______ by a virus and all my files were erased.

❸ 컴퓨터에 어떻게 접속하는지 보여 줄래?
Can you show me how to log into my computer?

'로그인하다', '접속하다'라고 할 때는 log into나 log onto를 활용하면 됩니다.

| 정답 |
❶ 1 get hacked
2 been hacked
3 been hacked
❷ 1 infected with
2 is infected with
3 was infected

❶ 로그인이 안 되네. I can't ________ my computer.

❷ 로그인하기 정말 쉬워. It's really easy to ________ the computer.

❸ 비밀번호를 까먹어서 로그인을 할 수 없어.
I can't ________ my computer because I forgot my password.

❹ 포토샵을 어떻게 하는 거야?
How do you photoshop pictures?

사진에 포토샵 작업을 한다고 할 때 photoshop을 동사로 쓸 수 있습니다.

❶ 포토샵 어지간히 했네! Your pictures were considerably ________.

❷ 사진에 포토샵을 많이 한 게 티가 나.
I can tell from the picture that it was ________ a great deal.

❸ 포토샵을 하도 많이 해서 실물과 완전히 다르네.
You ________ your pictures so much that they are completely different from real life.

❺ 그는 항상 게임에 빠져 살아.
He is always into the games.

be into는 '~을 좋아하다', '~에 관심이 많다'는 뜻으로, 취미, 스포츠, 약, 술 등에 빠져 있다고 할 때 자주 사용합니다. get into 또는 be hooked on으로 말할 수도 있습니다.

❶ 어떻게 눈만 뜨면 컴퓨터 게임이니?
How come you are always ________, the minute you wake up?

❷ 그렇게 하루 종일 컴퓨터 게임에 빠져 있으면 폐인이 될 거야.
You will turn into a cripple if you ________ all day long.

❸ 그렇게 노상 인터넷 게임에 빠져 있으면, 게임에 중독되겠다.
If you ________ the Internet ________ all the time, you will become addicted to them.

| 정답 |
❸ 1 log into
2 log into
3 log onto
❹ 1 photoshopped
2 photoshopped
3 photoshopped
❺ 1 into computer games
2 are into computer games
3 are into / games

2단계
실전 회화 도전하기

빈칸을 채운 후, 오디오를 들으며 따라 하세요.

❶ 민종, 작업한 원고 파일을 못 찾아 걱정하다 09-2.mp3

Suji Why the heavy sigh? [1] **What's eating you?**

Minjong I think that the document that I worked on all night long got deleted.

Suji Why? Is your computer ________ by a virus by any chance?

Minjong That's impossible. A vaccine program is [2] **running on my computer**.

Suji Or maybe you saved the document in another folder?

Minjong Do you think so? I don't know anything about computers.

(after a few minutes)

Suji Hey, silly. Your document is over here. You have to look for your document in the folder that you saved it in.

수지 왜 그렇게 한숨을 쉬어? 무슨 걱정거리라도 있어?
민종 어젯밤 꼴딱 세워 작업한 원고가 날아간 거 같아.
수지 왜? 너 혹시 바이러스 먹은 거 아니야?
민종 그럴 리가 없어. 백신 프로그램이 작동하고 있는데.
수지 아니면 네가 다른 폴더에 저장해 둔 거 아닐까?
민종 그런가? 내가 워낙 컴맹이라서 말이야.
(잠시 후)
수지 으이그, 이 바보야. 네 원고 여기 있네. 저장한 폴더에서 원고를 찾아야지.

1 상대방에게 '뭐가 문제야?', '무슨 걱정거리라도 있어?'라는 의미로 물어볼 때 쓸 수 있는 표현입니다. Is there anything bothering you?보다 더 구어적인 표현입니다.
2 '컴퓨터에 백신 프로그램이 실행 중'이라는 뜻으로 쓰였습니다.

❷ 지영, 컴퓨터를 많이 사용하는 지성을 걱정하다 09-3.mp3

Jiseong Wow! It looks like you did a fair amount of ____________! The picture that you uploaded to the background screen of your [1] **laptop** came out really well. You must have photoshopped it a great deal, didn't you?

Jiyeong Yes, of course I had my pictures ____________. Well, I don't tease you about playing video games. But if you keep playing video games, your vision will become poor.

Jiseong Don't worry. [2] **My vision is 20/20.**

Jiyeong It's pretty obvious that your eyes will get ruined if you continue to stare at the computer screen all day long.

지성 우와! 포토샵 작업 어지간히 했네! 네 노트북 바탕 화면에 올린 사진 끝내주게 잘 나왔다. 포토샵 작업을 엄청 한 모양이구나?
지영 그래, 물론 했지. 어, 비디오 게임한다고 놀리는 건 아니야. 근데 계속 게임 하면 시력 나빠진다.
지성 걱정 마. 나 시력 정상이니까.
지영 그렇게 뚫어져라 컴퓨터 화면만 하루 종일 쳐다보면 좋았던 시력도 안 좋아질 게 뻔해.

1 휴대용 노트북 컴퓨터를 가리켜 laptop computer라고 합니다. 무릎에 얹어 놓을 수 있을 만한 소형의 휴대용 컴퓨터라는 뜻이죠. desktop computer는 탁상용 컴퓨터로 본체가 따로 있는 컴퓨터를 가리키죠. 흔히 computer를 생략하고 간단히 laptop 또는 desktop으로 칭하기도 합니다.
2 20/20은 '정상 시력'을 의미합니다.

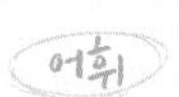

by any chance 우연히
silly 바보, 멍청이, 얼간이
obvious 당연한, 명백한
stare 째려보다

❸ 민지, 은행 사이트 접속이 안 돼 해킹 걱정하다

09-4.mp3

민지 인터넷 뱅킹에 로그인하는 거 좀 도와줘. 비밀번호를 입력해도 안 돼.
기호 이상하다. 제대로 입력한 게 확실한 거야? 은행 계좌에 로그인하려면 공인 인증서도 필요한데. 인증서 있지?
민지 그럼. 어제도 컴에서 은행 거래 많이 했는데, 이상하다.
기호 아무래도 너 해킹 당한 거 같아.
민지 그럼, 어떻게 해야 해? 내 거래 은행에 가야 하나?
기호 그래. 내일 아침 눈뜨자마자 은행에 가. 은행 직원한테 네 계좌 거래 내역서 뽑아 달라고 하고, 잔액 확인해 봐.
민지 재수 되게 없네!
기호 너무 걱정하지 마! 아직 확실하지 않으니까. 내일 아침 빨리 은행 가서 확인해 봐.
민지 만일, 잔액이 줄어 있거나 하면 바로 계좌 폐쇄하고 새로운 계좌 개설해야 하나?
기호 사용자 이름과 비밀번호부터 바꿔야 해.

authentication certificate 공인 인증서
transaction 거래
printout summary of one's account 계좌 내역서
account balance (계좌) 잔고, (계정) 잔액
definite 확실한, 확고한

| 정답 |
❶ infected
❷ photoshopping / photoshopped
❸ log into / logging onto / been hacked

Minji — Can you help me ______ my Internet banking account? It still doesn't work even when I enter my password.

Giho — That's strange. [1]**Are you sure** that you entered the numbers correctly? Sometimes you also need an authentication certificate for ______ bank accounts. You have an authentication certificate, don't you?

Minji — Of course. It's strange because I did many bank transactions on my computer yesterday.

Giho — I think there is a possibility that your computer has ______.

Minji — Then, what shall I do? Do I have to go to my bank?

Giho — Yes, go to your bank as soon as you wake up tomorrow morning. Ask the bank clerk to give you a printout summary of your account. Then check your account balance.

Minji — [2]**Just my luck!**

Giho — Don't worry too much! It's not definite yet, so go to the bank first thing tomorrow morning and find out as soon as you can.

Minji — If I find out that my account has a low balance, should I close it and then [3]**open up** a new one?

Giho — You should first change your username and password.

1 Are you sure ~?는 '~이 확실한가요?'의 뜻으로 Are you positively sure ~?와 같이 positively, absolutely(확실하게, 긍정적으로) 등을 덧붙여 확실한지 여부를 강조하여 물어볼 수 있습니다.

2 '내 운수가 그렇지 뭐'라는 의미로 말할 때 사용할 수 있는 표현입니다. 재수 없는 일이 흔해서 그런 일이 생겨도 놀랍지 않다는 뜻을 담고 있는 구어적인 표현입니다.

3 '(통장을) 개설하다'의 뜻으로, open a new account라고 하면 '계좌를 새로 개설하다'라는 뜻이 됩니다. 반대로 '계좌를 닫는다'고 할 때는 close the account라고 합니다.

3단계
주요 표현 다시 보기

앞에서 익힌 모든 표현을 소리 내어 읽으며 복습하세요.

❶ 컴퓨터가 해킹 당했을 때

내 컴퓨터가 어떻게 해킹을 당하게 된 거야?	How did my computer get hacked?
중요한 문서가 해킹 당했어.	One of my important documents has been hacked.
내 컴퓨터가 해킹 당해서 내 신용이 나빠지는 거 아니야?	Will this have a negative impact on my credit history because my computer has been hacked?

❷ 컴퓨터 바이러스에 대해 말할 때

난 컴맹이라 내 컴퓨터가 바이러스 먹으면 안 돼.	I hope my computer is not infected with a virus because I am computer illiterate.
바이러스 먹으면 내 컴퓨터에 백신 프로그램을 깔아야 해?	Do I have to install the vaccine program onto my computer if it is infected with a virus?
내 컴퓨터가 바이러스 먹어서 원고가 다 날아갔어.	My computer was infected by a virus and all my files were erased.

❸ 로그인할 때

로그인이 안 되네.	I can't log into my computer.
로그인하기 정말 쉬워.	It's really easy to log into the computer.
비밀번호를 까먹어서 로그인을 할 수 없어.	I can't log onto my computer because I forgot my password.

❹ 포토샵 사진 보정에 대해 말할 때

포토샵 어지간히 했네!	Your pictures were considerably photoshopped.
사진에 포토샵을 많이 한 게 티가 나.	I can tell from the picture that it was photoshopped a great deal.
포토샵을 하도 많이 해서 실물과 완전히 다르네.	You photoshopped your pictures so much that they are completely different from real life.

❺ 게임 중독에 대해 말할 때

어떻게 눈만 뜨면 컴퓨터 게임이니?	How come you are always into computer games, the minute you wake up?
그렇게 하루 종일 컴퓨터 게임에 빠져 있으면 폐인이 될 거야.	You will turn into a cripple if you are into computer games all day long.
그렇게 노상 인터넷 게임에 빠져 있으면, 게임에 중독되겠다.	If you are into the Internet games all the time, you will become addicted to them.

10 이메일을 쓸 때 하는 말

Clean out your inbox, please.

받은 편지함 좀 정리해.

강의 및 예문듣기

요즘은 많은 사람들이 안부 묻고 소식 전할 때 이메일로 주고받죠? 결혼 청첩장부터 시작해서 아이 돌잔치 초대, 약속을 정하거나 새로운 정보를 전할 때도 이메일을 주로 이용하죠. 이번에는 이메일과 관련된 표현을 영어로 어떻게 말하는지 익혀 보기로 해요.

준비단계
핵심 표현 입력하기

이미지와 함께 오늘 배울 핵심 표현을 입력하세요.

❶ **reply to one's e-mail** 이메일에 답장하다

❷ **clean out one's inbox** 받은 편지함을 정리하다

❺ **check one's e-mail** 이메일을 확인하다

❹ **work** 작동하다

❸ **keep bouncing back** 계속 되돌아오다

∨ 이 표현은 어떻게 말할까요?

❶ 답장 좀 제때제때 해. ____________

❷ 받은 편지함 좀 정리해. ____________

❸ 이메일이 자꾸 되돌아와. ____________

❹ 이메일 전송이 안 돼. ____________

❺ 이메일 확인했니? ____________

10-1.mp3

1단계
핵심 표현 파헤치기

빈칸을 채운 후, 오디오를 들으며 핵심 표현을 익혀 보세요.

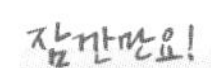

as soon as는 '~하자마자'라는 뜻이죠.

❶ 답장 좀 제때제때 해.
Please reply to my e-mail as soon as you get it.

이메일이나 편지에 '답장하다'는 reply를 써서 말합니다.

❶ 넌 이메일 확인만 하지 말고 답장 좀 바로 해라.
Reply to ________ as soon as you get it instead of just reading it.

❷ 답장 제때 하는 것도 매너야.
It is good manners to ________ an e-mail as soon as you get it.

❸ 제때제때 답장을 해 주면 서로가 좋잖아.
It's best for both of us if you ________ every ________ as soon as you get it.

❷ 받은 편지함 좀 정리해.
Clean out your inbox, please.

clean out은 '깨끗이 비우다'라는 의미로, Clean out your inbox, please.는 '받은 편지함을 깨끗이 비우세요.'라는 뜻이 됩니다.

❶ 주기적으로 받은 편지함을 비워 줘야 해.
You should ________ your inbox periodically.

❷ 받은 편지함을 마지막으로 비운 게 언제야?
When was the last time you cleaned out ________?

❸ 받은 편지함 비운 지 얼마나 된 거야?
How many days has it been since you ________________?

❸ 이메일이 자꾸 되돌아와.
My e-mails keep bouncing back.

keep ~ing는 어떤 동작이 계속되거나 반복될 때 쓰는 표현입니다. bounce back은 '튕겨서 돌아오다'라는 의미이죠.

| 정답 |
❶ 1 my e-mail
2 reply to
3 reply to / e-mail
❷ 1 clean out
2 your inbox
3 cleaned out your inbox

❶ 이메일이 계속해서 되돌아오면 어떻게 해야 해?

What shall I do if my e-mail ______________?

❷ 이메일 주소가 맞는데 이메일이 자꾸 되돌아오네.

The e-mail address is correct, but it ______________.

❸ 자꾸 되돌아오는 이메일이 있다구요?

Did you say that you have some e-mails that ______________?

❹ 이메일 전송이 안 돼.
My e-mail isn't working.

isn't working은 '일하지 않고 있다'가 아니라 '작동이 안 되고 있다', 즉 '이메일 전송이 안 된다'는 의미입니다.

❶ 이메일 전송이 안 된 지 3일째야.

My e-mail has not been ________ for three days.

❷ 어제는 이메일 전송이 됐는데 오늘은 안 되네.

My e-mail was working yesterday, but it isn't ________ today.

❸ 이메일 전송이 안 되는 걸 보면 인터넷에 문제가 있나봐.

Something must be wrong with the Internet connection because my e-mail isn't ________.

❺ 이메일 확인했니?
Did you check your e-mail?

check은 '확인하다', '조사하다', '점검하다'라는 뜻으로 check out으로도 씁니다.

❶ 오늘 이메일 확인을 아예 안 했니? Didn't you ______________ at all today?

❷ 이메일을 확인 안 할 거면 도대체 왜 보내라고 한 거야?

If you weren't even going to ______________, why on earth did you ask me to send it?

❸ 금방 이메일 보냈으니까 지금 확인하는 게 어때?

I just sent an e-mail, so why don't you ______ it ____ now?

| 정답 |
❸ 1 keeps bouncing back
2 keeps bouncing back
3 keep bouncing back
❹ 1 working
2 working
3 working
❺ 1 check your e-mail
2 check your e-mail
3 check / out

2단계
실전 회화 도전하기

빈칸을 채운 후, 오디오를 들으며 따라 하세요.

1 제때 이메일 답장을 보내지 않는 친구에게 역정 내다 10-2.mp3

Minju I know you ________ the ________ I sent you. I checked to see if you had read it or not. Next time, please reply to my e-mail as soon as you get it.

Jiyeong I am sorry. I didn't have time to reply because [1]**I was swamped with work**.

Minju Don't [2]**make excuses**. Who isn't busy? You are the only one who [3]**makes a fuss** all the time about being busy. I don't think you have any respect for your friends.

Jiyeong Yes, I have sinned greatly. From now on, I will ________ ________ as soon as I get them.

민주 내가 네게 보낸 이메일 확인했지? 네가 이메일을 읽었는지 아닌지 내가 확인했어. 다음에는 받으면 좀 바로 답장해라.
지영 미안해. 일이 너무 많아서 답장할 시간이 없었어.
민주 핑계대지 말아라. 누구는 안 바쁘니? 너만 매일 바쁘다고 야단법석이야. 넌 친구에 대한 예의가 없는 거 같아.
지영 그래, 너한테 죽을 죄를 졌다. 이제부터 이메일 답장 제때 할게.

1 swamp는 '홍수처럼 밀려오다'의 뜻으로 '처리가 힘들 정도로 일이 많았다'는 의미입니다.
2 make an excuse는 '변명하다'는 의미의 숙어입니다.
3 '야단법석을 떨다'는 뜻의 표현입니다.

2 실수로 메일을 차단했다는 말, 사실일까? 10-3.mp3

Taeho I tried to send you an e-mail, but it ________________.

Minji I think my inbox is full. I will ____ it ____ right away. (*Minji cleans out her inbox.*) I think it is okay now, so can you send it to me one more time?

Taeho Okay, I will do that. (*after a few minutes*) It's still not ________. It keeps bouncing back.

Minji [1]**Oh, my gosh!** Maybe I blocked it by mistake thinking it was spam mail.

Taeho What? That doesn't make any sense at all.

Minji I agree. [2]**That is strange.** Sometimes when my inbox gets full, it also tends to block incoming mail, [3]**though**.

Taeho I am rather cross at you, you know.

태호 너한테 이메일 보내려 했는데 자꾸 되돌아와 버리네.
민지 내 받은 편지함이 꽉 찼나봐. 바로 정리할게. (받은 편지함을 정리한다.) 이제 괜찮을 테니까 다시 한 번 보내 줄래?
태호 그럴게. (잠시 후) 안 되는데? 계속 되돌아오네.
민지 맙소사! 내가 실수로 스팸 메일인 줄 잘못 알고 차단을 했나봐.
태호 뭐? 말도 안 돼.
민지 그러게 말이야. 이상하네. 내 받은 편지함이 가득 차면, 들어오는 편지를 차단하려고 할 때가 있기는 해.
태호 나 완전 삐졌어.

1 '맙소사!'라는 뜻의 표현으로 Oh, heavens!도 같은 의미의 표현입니다.
2 '이상하네'라는 의미로 That's weird. / That's odd. / That's peculiar.라고 해도 됩니다.
3 though는 문장 끝에 오면 부사로 쓰여 '그렇지만', '하지만'의 뜻이 됩니다.

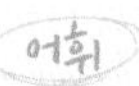

make sense 이치에 맞다
tend to ~하는 경향이 있다
cross at ~에 대해 성을 내는

❸ 컴맹 지은, 컴퓨터 박사 민호에게 도움을 청하다 10-4.mp3

Jieun	Can you please come over here and help me with this? I don't know why, but my e-mail isn't ________.
Minho	Well, let me see. [1] **What seems to be the problem?**
Jieun	Um, I was trying to send an e-mail to my friend, but it ________________.
Minho	It could be because your friend's inbox is full. Tell your friend to ________________.
Jieun	I don't know much about computers, but I think I can get the knack of them soon. Can you please tell me your e-mail address in case I run into other problems?
Minho	Yes, [2] **here it is**. And please [3] **feel free to** call me anytime. Here's my number, too.
Jieun	Thank you, Minho. I owe you one.
Minho	You are welcome. [4] **I'm willing to** help you anytime.
Jieun	By the way, I have one more thing to ask before you go. I think I have accidentally blocked my friend's e-mail address and I have no idea how to unblock it.
Minho	Um, is it okay if I show you how to do that next time? I have to go now because I have a previous engagement.
Jieun	Yes, please do. It's not urgent, so you can show me next time.

지은 이리 오셔서 이것 좀 도와주세요. 이메일이 왜 안 되는지 모르겠어요.
민호 어디, 볼까요? 뭐가 문제죠?
지은 음, 이메일을 친구한테 보내려고 하는데 자꾸 되돌아오네요.
민호 지은 씨 친구의 받은 편지함이 가득 차서 그럴 수 있어요. 받은 편지함을 비우라고 친구에게 말하세요.
지은 컴퓨터에 대해서는 아는 게 별로 없지만, 금방 터득할 것 같네요. 혹시 다른 문제가 생길 때를 대비해서 민호 씨 이메일 주소를 알려 주시겠어요?
민호 네, 여기 있어요. 그리고 언제든지 전화 걸어요. 여기 제 전화번호도 있어요.
지은 고마워요, 민호 씨. 신세졌네요.
민호 천만에요. 기꺼이 도와 드려야죠.
지은 참, 가시기 전에 하나만 더 물어볼게요. 제가 실수로 친구 이메일 주소를 차단한 것 같은데, 어떻게 해제하는지 모르겠어요.
민호 음, 그건 제가 다음에 가르쳐 드리면 안 될까요? 선약이 있어서 지금 가 봐야 해요.
지은 아, 네 그러세요. 급한 건 아니니까, 다음에 알려 주세요.

run into ~와 우연히 만나다, ~을 우연히 발견하다
accidently 우연히
previous engagement 선약

1 '뭐가 문제지?'라는 뜻으로, What's wrong? / What's the matter? / What's the problem? / What's up with that? / What's eating you? 등도 비슷한 의미의 표현입니다.
2 '여기 있어요'라는 뜻으로 물건을 건네거나 전달할 때 이 표현을 쓰며, 간단히 Here.라고만 해도 됩니다. 참고로 Here we are.는 '(목적지에) 다왔다'라는 의미이므로 구분해서 알아 두세요.
3 '마음대로[서슴지 않고, 스스럼없이] ~하다'라는 뜻으로 종종 명령문 형태로 쓰입니다.
4 be willing to는 '기꺼이 ~할 의향이 있다', '흔쾌히 ~하다'라는 뜻입니다. 반대 의미를 나타낼 때는 against one's will(마지못해)로 쓸 수 있으며, 부사 unwillingly도 '마지못해'의 뜻이 있습니다.

| 정답 |
❶ checked / e-mail / reply to your e-mails
❷ keeps bouncing back / clean / out / working
❸ working / keeps bouncing back / clean out her inbox

3단계
주요 표현 다시 보기

앞에서 익힌 모든 표현을 소리 내어 읽으며 복습하세요.

❶ 이메일 답장하라고 할 때

넌 이메일 확인만 하지 말고 답장 좀 바로 해라.	Reply to my e-mail as soon as you get it instead of just reading it.
답장 제때 하는 것도 매너야.	It is good manners to reply to an e-mail as soon as you get it.
제때제때 답장을 해 주면 서로가 좋잖아.	It's best for both of us if you reply to every e-mail as soon as you get it.

❷ 받은 편지함 정리에 대해 말할 때

주기적으로 받은 편지함을 비워 줘야 해.	You should clean out your inbox periodically.
받은 편지함을 마지막으로 비운 게 언제야?	When was the last time you cleaned out your inbox?
받은 편지함 비운 지 얼마나 된 거야?	How many days has it been since you cleaned out your inbox?

❸ 이메일이 반송됐을 때

이메일이 계속해서 되돌아오면 어떻게 해야 해?	What shall I do if my e-mail keeps bouncing back?
이메일 주소가 맞는데 이메일이 자꾸 되돌아오네.	The e-mail address is correct, but it keeps bouncing back.
자꾸 되돌아오는 이메일이 있다구요?	Did you say that you have some e-mails that keep bouncing back?

❹ 이메일 전송이 안 될 때

이메일 전송이 안 된 지 3일째야.	My e-mail has not been working for three days.
어제는 이메일 전송이 됐는데 오늘은 안 되네.	My e-mail was working yesterday, but it isn't working today.
이메일 전송이 안 되는 걸 보면 인터넷에 문제가 있나봐.	Something must be wrong with the Internet connection because my e-mail isn't working.

❺ 이메일 확인에 대해 말할 때

오늘 이메일 확인을 아예 안 했니?	Didn't you check your e-mail at all today?
이메일을 확인 안 할 거면 도대체 왜 보내라고 한 거야?	If you weren't even going to check your e-mail, why on earth did you ask me to send it?
금방 이메일 보냈으니까 지금 확인하는 게 어때?	I just sent an e-mail, so why don't you check it out now?

: **둘째**마당 :

수시로 하는 혼잣말, 영어로 어떻게 말할까?

11 컨디션이 안 좋을 때 하는 말
12 아픈 증세를 표현할 때 하는 말
13 짜증나고 불만스러울 때 하는 말
14 남을 칭찬할 때 하는 말
15 위로하거나 격려할 때 하는 말
16 동조하거나 공감할 때 하는 말
17 상대 의견에 반대할 때 하는 말
18 아쉽거나 후회할 때 하는 말
19 비판하거나 비난할 때 하는 말
20 이성을 묘사할 때 하는 말

11 컨디션이 안 좋을 때 하는 말

I look awful!

나 완전 상태가 안 좋아!

안색이나 기분 혹은 정신이 정상이 아닐 때 '맛이 갔다'고 흔히 말하죠. 혹은 감기 기운이 있거나 정신이 안 나 비몽사몽일 때도 있죠? 이번에는 컨디션이 좋지 않을 때 쓰는 표현을 알아보기로 해요.

준비단계
핵심 표현 입력하기

이미지와 함께 오늘 배울 핵심 표현을 입력하세요.

❶ **look awful**
안 좋아 보이다

❷ **come down with**
(감기 등이) 걸리다

❺ **not feel so good**
컨디션이 안 좋다

❸ **be half asleep**
비몽사몽이다

❹ **feel bummed out**
기분이 꿀꿀하다

V 이 표현은 어떻게 말할까요?

❶ 나 완전 상태가 안 좋아! ....

❷ 감기 기운이 있는 것 같아. ....

❸ 비몽사몽이야. ....

❹ 기분이 꿀꿀해. ....

❺ 컨디션 꽝이야. ....

11-1.mp3

1단계
핵심 표현 파헤치기

빈칸을 채운 후, 오디오를 들으며 핵심 표현을 익혀 보세요.

❶ 나 완전 상태가 안 좋아!
I look awful!

몸 상태나 정신 상태가 안 좋다고 할 때는 look awful이나 feel awful로 표현합니다. I feel like I am losing ~의 표현도 알아 두세요.

❶ 나 어젯밤 과음해서 완전 상태가 안 좋아!

I ________ because I drank too much last night.

❷ 리포트 끝내느라 한숨도 못 자서 나는 완전 상태가 안 좋아.

I ________ because I stayed up all night finishing my report.

❸ 말을 너무 많이 해서 그런지 모르겠는데, 목소리가 안 나오는 것 같아.

I don't know if it's because I talked so much, but ________ ________ my voice.

❷ 감기 기운이 있는 거 같아.
I think I am coming down with a cold.

come down with는 '~ 병이 들다'라는 표현으로 with 다음에 a cold, the flu를 붙이면 '감기에 걸리다', '독감에 걸리다'라는 의미가 됩니다. have the flu는 '독감에 걸리다'는 뜻의 또 다른 표현입니다.

❶ 몸이 으슬으슬 추운 게 감기 기운이 있나봐.

I have the chills and I could be ________ a cold.

❷ 콧물이 질질 흐르는 게 감기 기운이 있는 거 같아.

I had a runny nose and I could be ________ a cold.

❸ 나 독감에 걸린 거 같아. I think I ________.

❸ 비몽사몽이야.
I am still half asleep.

비몽사몽이라고 할 때 half asleep(잠이 반쯤 덜 깬)이란 표현을 사용합니다.

| 정답 |
❶ 1 look awful
2 feel awful
3 I feel like I am losing
❷ 1 coming down with
2 coming down with
3 have the flu

I am half awake.라고 하면 '잠이 반쯤 깼다'는 의미로, half asleep이나 half awake는 not fully awake로 바꿔 말할 수 있습니다.

❶ 전화 왔을 때 난 여전히 비몽사몽이었어.

I was still ________ when the phone rang.

❷ 회의 중 내내 난 계속 비몽사몽이었어.

I ________ during the entire meeting.

❸ 난 비몽사몽이라 운전하면 안 될 것 같아.

I am ________ yet and so I don't think I can drive.

❹ 기분이 꿀꿀해.
I feel so bummed out.

bummed out은 '낙담한', '상심한'이란 뜻으로, 심란하거나 우울하거나 맥이 빠질 때 이 표현을 쓸 수 있죠.

❶ 하루 종일 기분이 꿀꿀하네. I have been feeling so ________ all day long.

❷ 연인한테 바람 맞아서 너무 꿀꿀해.

I ________ after being stood up by my date.

❸ 날씨가 꿀꿀해서 내 기분도 꿀꿀하네.

I ________ because of the gloomy weather.

❺ 컨디션 꽝이야.
I don't feel so good.

기분이 별로임을 나타낼 때 feel so good의 부정형인 don't feel so good을 사용합니다. '컨디션이 좋아지다'는 feel better라고 하죠.

❶ 속이 메슥거리고 오늘 아침 컨디션 꽝이다.

I feel queasy and I don't feel ________ this morning.

❷ 컨디션이 좋지 않아 병 걸리는 거 아닐까 걱정된다.

I am afraid that I have caught some disease because I ________ ________.

❸ 언제쯤 컨디션이 좋아질까? I wonder when I will start ________.

| 정답 |

❸ 1 half asleep
2 was half asleep
3 not fully awake

❹ 1 bummed out
2 feel so bummed out
3 feel so bummed out

❺ 1 so good
2 don't feel so good
3 feeling better

2단계
실전 회화 도전하기

빈칸을 채운 후, 오디오를 들으며 따라 하세요.

❶ 감기에 또 걸릴까 걱정하다

11-2.mp3

몸 상태가 너무 안 좋다. 오늘 컨디션이 좋지 않다. 목소리가 끽끽거리고 목도 아프다. 바로 지난주에 감기가 떨어졌는데, 정말 또 걸리지 않았으면 좋겠다. 지난주에 완전 맛이 갔었기 때문에 또 다시 아파서 내 시간을 허비하고 싶지 않다.

I __________. [1]**I don't feel myself** today. My voice is very scratchy and I also have a sore throat. I just [2]**got over a cold** last week and I really hope that I don't get another one. Since I ____ really ______ last week, I don't want to waste my time being sick again.

1 몸이나 머리가 좀 이상하다고 느껴질 때 쓸 수 있는 말로 I feel like I'm losing myself.와 비슷한 뜻입니다.

2 get over one's cold는 '(감기를) 이겨내다'라는 뜻으로, get over는 '~을 극복하다', '~을 이겨내다'라는 의미를 나타낼 때 자주 쓰이는 표현입니다.

❷ 아침부터 몸살 기운을 느끼다

11-3.mp3

오늘 아침부터 몸살기가 있는 것 같다. 아침에 깨어 보니 온몸이 쑤셨다. 그러더니 체온이 오르고 열도 나기 시작했다. 으슬으슬 춥기도 했다. 완전 비몽사몽으로 출근하게 생겼다. 병가 내고 온종일 잠자고 싶다. 여러 가지 맛난 음식을 먹으면서 그냥 집에서 쉬고 싶다. 지금 콧물이 흘러 의사에게 진찰받으러 가야 한다. 그런데 난 정말 병원 가기가 죽기보다 싫기 때문에, 그냥 집에 있고만 싶다.

I think I am __________________ a cold this morning. I woke up with [1]**aches all over my body**. Then I started to feel hot and feverish. I also [2]**had the chills**. It looks like I have to go to work __________. What I really want to do is to [3]**call in sick** and sleep all day long. I just want to rest at home while eating various kinds of delicious foods. I [4]**have a runny nose** now, so I need to see a doctor. But [5]**I really hate going to** the hospital more than anything, so I just want to stay home.

1 전신이 다 쑤시는 통증에 대해 말할 때는 aches all over one's body의 표현을 쓸 수 있습니다.

2 have the chills는 '오한이 있다'는 의미로, I have the chills with a fever.(열 때문에 오들오들 떨린다.) 처럼 활용해서 쓸 수 있습니다.

3 직장에 전화를 해서 병가를 낼 때 쓸 수 있는 표현입니다.

4 '콧물이 난다'는 뜻으로, runny nose는 '콧물'을 가리킵니다.

5 '~에 가는 게 정말 싫다'는 뜻입니다. hate 뒤에 동명사나 to부정사 둘 다 쓸 수 있습니다.
e.g. I really hate to go to the hospital. = I really hate going to the hospital.
(병원 가는 거 정말 싫어.)

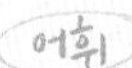

scratchy (무엇을) 긁는 듯한 소리가 나는, 지직거리는
have a sore throat 인후염이 있다
waste one's time 시간 낭비하다
feverish 열이 나는, 열로 인한

❸ 몸도 마음도 아픈 날

11-4.mp3

요전 날 밤에 감기 기운이 살짝 있었다. 난 약국에 갈 힘도 없어서 냉장고에 있던 약을 어쩔 수 없이 먹었다. 그런데 아무래도 이 약의 유효 기간이 지난 것 같다. 지금 정말 꺼림칙하다. 아무래도 그 약 때문인지 컨디션이 영 좋지 않다. 게다가, 그날 남자 친구와 점심을 먹기로 했었는데 날 바람 맞혔다. 난 지금 몹시 꿀꿀하다. 몸도 좋지 않고 기분도 좋지 않은 이런 날이 내게 올 줄은 꿈에도 몰랐다.

I was ______________ a slight cold the other night. I [1]**had no energy to** walk to the pharmacy. I had no choice but to [2]**take the medicine** that was in my refrigerator. I have this funny feeling that the expiration date for this medicine has already passed. I really [3]**feel uneasy** right now. I am not sure if it's because of the medicine or not, but I just ______________. In addition to that, my boyfriend had promised to have lunch with me the other day, but he stood me up. I ______________ right now. I [4]**had no clue** that I would ever experience a day when I don't feel well and feel so bummed at the same time.

1 have no energy to ~는 '~할 힘이 없다'라는 의미로 말할 때 쓸 수 있습니다.

2 '약을 복용하다'라고 할 때는 take the medicine이라고 할 수 있습니다.

3 feel uneasy는 '불안해하다'라는 뜻입니다. 뭐가 불안한 건지 말할 때는 feel uneasy about으로 써서 '~에 불안을 느끼다', '~이 걱정이 되다'의 의미를 나타낼 수 있습니다.
e.g. I feel uneasy about the future.(미래가 불안해.)

4 have no clue는 '전혀 이해하지 못하다'라는 의미로, have no idea 또는 do not understand로 바꿔 말할 수 있습니다.

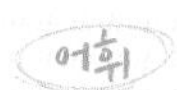

pharmacy 약국
refrigerator 냉장고
expiration date 유효 기간
stand up ~을 바람맞히다

| 정답 |

❶ look awful / felt / awful

❷ coming down with / half asleep

❸ coming down with / don't feel so good / feel so bummed

한 박자 쉬어가기 **'막다른 골목에 몰린 후보자'를 가리키는 말에 911이 들어간다고?**

911은 우리나라의 119와 같이 경찰, 구급차, 소방서 등에 연락하는 긴급 전화번호입니다. 그런데 a 911 candidate이라고 하면 속어로 '막다른 골목에 몰린 후보자'를 일컫는 말로 쓰입니다.

How can we help our 911 candidate?
막다른 골목에 몰린 우리의 후보자를 어떻게 도울 수 있을까?

3단계
주요 표현 다시 보기

앞에서 익힌 모든 표현을 소리 내어 읽으며 복습하세요.

❶ 몸이 안 좋을 때

나 어젯밤 과음해서 완전 상태가 안 좋아.	I look awful because I drank too much last night.
리포트 끝내느라 한숨도 못 자서 나는 완전 상태가 안 좋아.	I feel awful because I stayed up all night finishing my report.
말을 너무 많이 해서 그런지 목소리가 안 나오는 것 같아.	I don't know if it's because I talked so much, but I feel like I am losing my voice.

❷ 감기 기운이 있을 때

몸이 으슬으슬 추운 게 감기 기운이 있나봐.	I have the chills and I could be coming down with a cold.
콧물이 질질 흐르는 게 감기 기운이 있는 거 같아.	I had a runny nose and I could be coming down with a cold.
나 독감에 걸린 거 같아.	I think I have the flu.

❸ 비몽사몽일 때

전화 왔을 때 난 여전히 비몽사몽이었어.	I was still half asleep when the phone rang.
회의 중 내내 난 계속 비몽사몽이었어.	I was half asleep during the entire meeting.
난 비몽사몽이라 운전하면 안 될 것 같아.	I am not fully awake yet and so I don't think I can drive.

❹ 기분이 우울할 때

하루 종일 기분이 꿀꿀하네.	I have been feeling so bummed out all day long.
연인한테 바람 맞아서 너무 꿀꿀해.	I feel so bummed out after being stood up by my date.
날씨가 꿀꿀해서 내 기분도 꿀꿀하네.	I feel so bummed out because of the gloomy weather.

❺ 컨디션 안 좋을 때

속이 메슥거리고 오늘 아침 컨디션 꽝이다.	I feel queasy and I don't feel so good this morning.
컨디션이 좋지 않아 병 걸리는 거 아닐까 걱정된다.	I am afraid that I have caught some disease because I don't feel so good.
언제쯤 컨디션이 좋아질까?	I wonder when I will start feeling better.

12 아픈 증세를 표현할 때 하는 말

I feel like throwing up.

토할 거 같아.

상황에 따라 느끼는 감정들, 그리고 아픈 부위에 따라 증상을 나타내는 표현들이 참 다양합니다. 우리말만큼 다양하게 알고 있지 않은 영어 표현으로 모든 증세를 다 표현하기는 정말 힘이 들죠? 이번 시간에는 자주 쓰게 되는 증상 관련 표현들을 익혀 보세요.

준비단계
핵심 표현 입력하기

이미지와 함께 오늘 배울 핵심 표현을 입력하세요.

❶ **feel like throwing up**
토할 것 같다

❷ **tingle with excitement**
흥분돼서 속이 울렁거리다

❺ **have no feeling**
감각이 없다

❹ **feel numb**
저리다

❸ **sting**
따끔거리다

V 이 표현은 어떻게 말할까요?

❶ 토할 것 같아.

❷ 흥분돼서 속이 울렁거려.

❸ 눈이 따끔거려.

❹ 손가락이 저려.

❺ 다리에 감각이 없어.

12-1.mp3

1단계 핵심 표현 파헤치기

빈칸을 채운 후, 오디오를 들으며 핵심 표현을 익혀 보세요.

❶ 토할 거 같아.
I feel like throwing up.

메슥거린다거나 토할 것 같다고 말하고 싶다면 I feel like throwing up.이라고 할 수 있으며, I feel queasy.로 바꿔 표현할 수도 있습니다.

❶ 어제 점심 먹고 토할 거 같았어.
I felt like ______ right after I had lunch yesterday.

❷ 유효 기간이 지난 우유를 마셨나봐. 넘어올 거 같아.
I ______. I think I drank some milk that was passed its expiration date.

❸ 자꾸 넘어올 거 같은걸 보니 위에 염증이 생겼나보구나.
You might have an infection in your gastrointestinal system since you keep ______.

❷ 흥분돼서 속이 울렁거려.
I was tingling with excitement.

tingle with는 '울렁거리다'라는 뜻입니다.

have butterflies in one's stomach도 '가슴이 벌렁거리다', '안절부절 못하다'라는 뜻의 표현입니다.

❶ 흥분되면 속이 울렁거리는 게 정상인가?
I wonder if it is normal to be ______ excitement.

❷ 나도 복권에 당첨되면 흥분돼서 속이 울렁거리겠지?
I wonder if I would be ______ if I won the lottery.

❸ 합격자 명단이 발표되었을 때 난 흥분해서 가슴이 울렁거렸어.
I was ______ when the list of accepted students was announced.

| 정답 |
❶ 1 throwing up
2 feel like throwing up
3 feeling queasy
❷ 1 tingling with
2 tingling with excitement
3 tingling with excitement

❸ 눈이 따끔거려.
My eyes are stinging.

sting은 (신체 부위가) '따끔거리다', '쓰리다'라는 뜻입니다.

❶ 어제 눈이 따끔거려서 운전을 할 수 없었어.

I couldn't drive yesterday because my eyes were ________.

❷ 더러운 손으로 눈을 비비면 눈이 따끔거리는 게 당연해.

If you rub your eyes with dirty hands, your eyes will ______.

❸ 오늘 눈이 따끔거리네. 아무래도 안과에 가서 검사를 받아야겠어.

My eyes are ________ today. I am afraid I am going to have to get some tests done at the ophthalmology clinic.

❹ 손가락이 저려.
My finger feels numb.

feel numb은 '저리다', '감각이 없다'는 의미입니다.

❶ 갑자기 손가락이 저리네. My finger is ________ all of a sudden.

❷ 혹시 목 디스크 때문에 손가락이 저린 게 아닐까?

I wonder if my finger is ________ because of my cervical disc.

❸ 손가락이 저리면 물리치료를 받는 게 좋을 거야.

If your finger is ________, you should go and see a physical therapist.

❺ 다리에 감각이 없어.
I have no feeling in my legs.

'감각이 없다'고 할 때는 have no feeling을 사용해 보세요.

❶ 왼쪽 다리에 아무런 감각이 없는걸 보니 다리가 부러졌나봐.

As I ________ in my left leg, I think it is broken.

❷ 날씨가 너무 추워서 다리에 감각이 없어졌어.

I ________ in my legs because the weather is so cold.

❸ 설날에 세배를 하도 많이 했더니 다리에 감각이 없어.

I ________ in my legs. Maybe it's because I bowed on my knees a lot on New Year's Day.

| 정답 |

❸ 1 stinging
2 sting
3 stinging

❹ 1 feeling numb
2 feeling numb
3 feeling numb

❺ 1 have no feeling
2 have no feeling
3 have no feeling

2단계
실전 회화 도전하기

빈칸을 채운 후, 오디오를 들으며 따라 하세요.

❶ 밥만 먹으면 토할 것 같아 걱정하다

12-2.mp3

I don't know if something is wrong with me nowadays. Whenever I eat rice, I ________ throwing up and therefore I can't even finish one meal properly. If I skip a meal, then I [1] **have heartburn**. If I try to eat something, then I feel like throwing up. I think I am [2] **losing a lot of weight** because I am not able to eat properly. I even tried to drink milk or juice, but I still ________________, and so I always [3] **end up just drinking** water. If I continue at this rate, I will probably collapse.

요즘 내가 뭐가 잘못된 건지 모르겠다. 밥만 먹으면 음식이 다 넘어올 것 같아서 식사 한 끼도 제대로 하지 못한다. 식사를 건너뛰면 속이 쓰리다. 식사를 하면 토할 거 같다. 별로 먹지도 못하니 살이 쭉쭉 빠지는 것 같다. 그냥 우유나 주스를 마셔 보려고 해도 역시 다 넘어올 것 같아 그냥 물만 마시게 된다. 계속 이러다 쓰러질지도 모르겠다.

1 heartburn은 '(소화불량에 의한) 속 쓰림'의 뜻이고, have heartburn은 '속이 쓰리다'의 의미가 됩니다.
2 lose weight은 '몸무게가 줄다'의 뜻이며, 반대 의미는 gain weight으로 표현합니다.
3 end up ~ing는 '결국 ~하게 되다'라는 의미입니다. 참고로, end up in은 '마지막에는 ~에 가다'라는 뜻으로, He ended up in jail.이라고 하면, '그는 마지막에는 교도소 신세를 지게 되었다.'라는 뜻이 됩니다. 그리고 end up with라고 하면 '~으로 끝나다'라는 의미가 있어서, The dinner ended up with coffee and cake.(만찬은 커피와 케이크로 끝이 났다.)처럼 쓸 수 있습니다.

❷ 손가락에 감각이 없어지다

12-3.mp3

Every time I get one year older, [1] **I feel like something new is wrong with my body**. I opened my eyes one morning and my eyes were ________. I thought I might have a sty in my eye, but when I looked at my eye in the mirror, it looked fine to me. Another time, I was carrying a heavy bag when my finger suddenly ________. I almost dropped my bag. [2] **As time passes,** I [3] **feel as if** there is more than one thing wrong with my body. I feel so sad. Sometimes I also ______________ in my legs if I walk a little too much. This could be the result of weight gain. And because of that, I [4] **made up my mind** to exercise again starting this evening.

나이를 한 살 더 먹을 때마다 느끼는 거지만, 몸 어딘가 하나씩 고장이 나는 것 같다. 한번은 아침에 눈을 떴는데 어찌나 따끔따끔하던지. 눈병인가 했는데, 거울을 보니 눈은 멀쩡해 보였다. 또 한 번은 약간 무거운 가방을 들고 가는 길이었는데 갑자기 손가락이 저렸다. 가방을 떨어뜨릴 뻔했다. 점점 시간이 흐를수록 고장 나는 데가 한두 군데가 아닌 것 같다. 서글프다. 조금 오래 걸었다 싶으면 다리에 감각도 없다. 이건 아마도 최근에 살이 많이 쪄서 그럴 수도 있다. 그래서 오늘 저녁부터 운동을 다시 시작해야겠다고 결심해 본다.

1 '내 몸에 문제가 있는 거 같다', '내 몸에 이상이 생긴 거 같다'라는 뜻입니다.
2 '시간이 지남에 따라'라는 뜻으로, pass 대신 go를 써도 같은 의미입니다.
3 '~처럼 느껴지다'라는 뜻으로, feel 대신 look, seem 등을 쓰기도 합니다.
e.g. She felt as if she were coming down with a cold.(그녀는 감기에 걸린 듯한 느낌이었다.)
4 make up one's mind는 '결심하다', '마음을 정하다'라는 뜻으로 decide로 바꿔 쓸 수 있습니다.

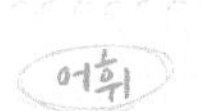

skip a meal 끼니를 거르다
collapse 붕괴하다, 무너지다
sty 눈다래끼

❸ 너무 떨려서 속이 울렁거리다

12-4.mp3

어젯밤에 체해서 한밤중에 일어났다. 화장실 가는 길에 서랍장에 머리를 부딪쳐 이마에 혹이 생겼다. 살짝 부은 거라서 병원에 가지 않았는데 점점 더 커졌다. 오늘 아침 일찍 나아지지 않았지만, 어쨌든 일어나기로 했고, 우편물을 확인하기 위해 아래층으로 내려갔다. 오늘이 바로 대학 입학 통지서를 받는 날이기 때문이다. 서둘러 우편함으로 가 보니 우편함 안에 편지가 하나 있었다. 떨리는 손으로 우편함을 열었고, 흥분되어 속이 울렁거렸다. 편지를 열어 보는 순간 '축하합니다'라는 말이 눈에 들어왔고, 그것을 보자 기쁨의 눈물이 하염없이 흘렀다. 부은 것은 더 이상 신경도 쓰이지 않았다.

Last night, I woke up in the middle of the night with an upset stomach. When I was walking to the bathroom, I [1]**bumped my head on** the dresser and I [2]**got a bump** on my forehead. I didn't go to the hospital because it was a small bump, but it has become bigger and bigger. Early this morning, I wasn't feeling much better, but I decided to get up anyway and went downstairs to check my mailbox. Today is the day when I [3]**am supposed to** receive my college acceptance letter. I rushed to the mailbox and noticed that there was one letter inside the mailbox. I opened the mailbox with shaking hands and was ____________________. I saw the words, 'Congratulations' the moment I opened the letter. As soon as I saw that, I shed endless tears of joy. I didn't care about my bump any more.

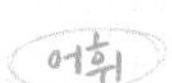

in the middle of the night 한밤중에

college acceptance letter 대학 입학 허가서

shed 흘리다

1 bump on은 '~에 부딪치다'라는 뜻으로 on 대신 against를 쓰기도 합니다. bump into는 '~와 부딪치다', '~와 우연히 만나다'라는 두 가지 뜻이 있고 bump가 명사일 때는 '혹'이란 뜻으로 쓰입니다.

2 get a bump는 '혹이 생기다'라는 뜻으로 have a bump라고도 합니다. 참고로, bumper는 충돌 때 충격을 막는 충격 완화 장치나 자동차의 범퍼를 나타냅니다. 미국에서는 범퍼를 fender라고 합니다.

3 be supposed to는 '~하기로 되어 있다'라는 뜻으로 to 뒤에는 동사원형을 붙여 말합니다.

| 정답 |

❶ feel like / felt like throwing up

❷ stinging / felt numb / have no feeling

❸ tingling with excitement

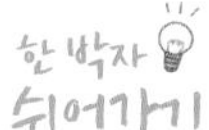

병원에서 자주 쓰이는 표현

1. intensive care patient 중환자
2. hospital expenses 입원비
3. hospital admission procedures 입원 수속
4. inpatient 입원 환자
5. long-stay patient 장기 입원 환자
6. medical insurance benefits 의료보험 혜택
7. beneficiaries of medical insurance 의료보험 수혜자
8. physician 내과의사
9. surgeon 외과의사
10. GP(= general practitioner) 내과 · 외과 일반 담당 의사

3단계

주요 표현 다시 보기

앞에서 익힌 모든 표현을 소리 내어 읽으며 복습하세요.

❶ 속이 메스꺼울 때

어제 점심 먹고 토할 거 같았어.	I felt like throwing up right after I had lunch yesterday.
유효 기간이 지난 우유를 마셨나봐, 넘어올 거 같아.	I feel like throwing up. I think I drank some milk that was passed its expiration date.
자꾸 넘어올 거 같은걸 보니 위에 염증이 생겼나보구나.	You might have an infection in your gastrointestinal system since you keep feeling queasy.

❷ 흥분한 기분을 나타낼 때

흥분되면 속이 울렁거리는 게 정상인가?	I wonder if it is normal to be tingling with excitement.
나도 복권에 당첨되면 흥분돼서 속이 울렁거리겠지?	I wonder if I would be tingling with excitement if I won the lottery.
합격자 명단이 발표되었을 때 난 흥분해서 가슴이 울렁거렸어.	I was tingling with excitement when the list of accepted students was announced.

❸ 눈이 따끔거릴 때

어제 눈이 따끔거려서 운전을 할 수 없었어.	I couldn't drive yesterday because my eyes were stinging.
더러운 손으로 눈을 비비면 눈이 따끔거리는 게 당연해.	If you rub your eyes with dirty hands, your eyes will sting.
오늘 눈이 따끔거리네. 아무래도 안과에 가서 검사를 받아야겠어.	My eyes are stinging today. I am afraid I am going to have to get some tests done at the opthamology clinic.

❹ 손가락이 저릴 때

갑자기 손가락이 저리네.	My finger is feeling numb all of a sudden.
혹시 목 디스크 때문에 손가락이 저린 게 아닐까?	I wonder if my finger is feeling numb because of my cervical disc.
손가락이 저리면 물리치료를 받는 게 좋을 거야.	If your finger is feeling numb, you should go and see a physical therapist.

❺ 다리에 감각이 없을 때

왼쪽 다리에 아무런 감각이 없는걸 보니 다리가 부러졌나봐.	As I have no feeling in my left leg, I think it is broken.
날씨가 너무 추워서 다리에 감각이 없어졌어.	I have no feeling in my legs because the weather is so cold.
설날에 세배를 하도 많이 했더니 다리에 감각이 없어.	I have no feeling in my legs. Maybe it's because I bowed on my knees a lot on New Year's Day.

13

짜증나고 불만스러울 때 하는 말

Things have gone awry all day today.

오늘 하루 종일 꼬이네.

살다 보면 좋은 일만 있는 것은 아니죠? 일진이 사납거나 이래저래 짜증이 날 때도 있고, 기대를 빗겨가는 날씨 때문에 불만이 생길 때도 있습니다. 하지만 여러분의 긍정적인 사고만 있다면 즐거운 하루를 만들어 갈 수 있을 거예요.

준비단계
핵심 표현 입력하기

이미지와 함께 오늘 배울 핵심 표현을 입력하세요.

❶ **go awry**
(상황이) 틀어지다

❷ **have bad luck**
운이 없다

❸ **get to ~**
~을 짜증나게 하다

❹ **to hell with**
어찌되든 말든

❺ **be shitty weather**
날씨가 안 좋다

V 이 표현은 어떻게 말할까요?

❶ 오늘 하루 종일 꼬이네. ....
❷ 오늘 일진이 사납네. ....
❸ 진짜 짜증 나. ....
❹ 알게 뭐야! ....
❺ 날씨도 개떡 같아. ....

13-1.mp3

1단계
핵심 표현 파헤치기

빈칸을 채운 후, 오디오를 들으며 핵심 표현을 익혀 보세요.

❶ 오늘 하루 종일 꼬이네.
Things have gone awry all day today.

상황이 잘못되어 걷잡을 수 없게 되거나 꼬여서 틀어질 때 go awry 외에도 go haywire, go amiss, go wrong 등의 표현을 쓸 수 있습니다.

❶ 어떻게 하는 일마다 이렇게 꼬일까? How can everything that I do ________?

❷ 아침부터 재수 없더니 하루 종일 일이 꼬인다.
I started the day with bad luck and now things have ________.

❸ 오늘은 하나부터 열까지 일이 꼬였어. Everything ________ today from A to Z.

❷ 오늘 일진이 사납네.
I'm having bad luck all day today.

have bad luck이나 be out of luck을 써서 '운이 없다', '운이 나쁘다'는 뜻을 나타낼 수 있습니다. 구어체로 Not my lucky day.라고 하면 '일진이 사납네.'의 의미가 됩니다.

❶ 난 월요일마다 일진이 사나워. I ________ every Monday.

❷ 거울이 깨지면 일진이 사납대. I heard that it's ________ if the mirror breaks.

❸ 꿈자리가 뒤숭숭해서 일진이 사나워.
I had disturbing dreams last night and that's why I am ________.

❸ 진짜 짜증 나.
It really got to me.

〈get to+사람〉은 '~을 괴롭히다'라는 뜻입니다. get irritated, feel irritated, be annoyed, be upset으로 짜증나는 기분을 표현할 수도 있죠.

❶ 잠 좀 자려 하면 전화가 자꾸 오니 짜증 난다.
It really ________ me when the phone kept ringing every time I tried to sleep.

| 정답 |
❶ 1 go awry
2 gone awry
3 went wrong
❷ 1 have bad luck
2 bad luck
3 out of luck

❷ 그 사람이 날 자꾸 귀찮게 해서 짜증 나 죽겠어.

I ______ so ______ with him because he kept bothering me.

❸ 내 책 빌려간 지 일주일이나 됐는데 왜 안 돌려줄까? 정말 짜증 나.

It has been about one week since I let him borrow my book and why hasn't he returned it yet? I ______ so ______.

❹ 알게 뭐야!
To hell with **that!**

To hell with that.은 '될 대로 되라지.'라는 의미로 that 대신에 다른 말을 넣어 '~은 어찌 되든 말든'이란 의미를 나타낼 수 있습니다. 짧게는 Whatever!라고도 합니다.

❶ 누가 뭐라 하든 알게 뭐야! ______ what everyone says!

❷ 세상 사는 게 다 그렇지 뭐. 될 대로 돼라! That's life, isn't it? ______ it!

❸ 다른 사람들이 날 어떻게 생각하는지 알 게 뭐야!

Who cares what everybody thinks about me? ______!

❺ 날씨도 개떡 같아.
It is shitty weather.

shitty는 속어로 '더러운'이란 뜻인데, 이 문장에서는 '날씨가 좋지 않다', 즉 bad weather를 표현하고 있습니다.

❶ 요 며칠 계속 날씨가 개떡 같았어.

It's ______ for the past few days.

❷ 한 주 내내 밖의 날씨가 개떡 같네.

It's ______ outside and we've been having it all week.

❸ 바닷가에 가려 했는데 밖의 날씨가 개떡 같아서 취소할 수밖에 없었어.

I was going to go to the beach, but had to cancel because it's ______ ______ outside.

| 정답 |

❸ 1 got to
2 got / irritated
3 feel / irritated

❹ 1 To hell with
2 To hell with
3 Whatever

❺ 1 been shitty weather
2 shitty weather
3 shitty weather

빈칸을 채운 후, 오디오를 들으며 따라 하세요.

❶ 이게 바로 머피의 법칙!

13-2.mp3

I believe that there are days when things can ________ all day long. Since I woke up late this morning, I quickly got ready for work and rushed to the bus stop. As I reached the bus stop, I slipped and fell because the road was very slippery. As I [1]**was just about to** get up, the bus that I was supposed to be taking left. I was late for work. I [2]**got my fingers burned** by my boss because I couldn't finish the report that I had to have completed by lunch time. Since I also [3]**had a stomachache** the entire time I was at work, I was dripping [4]**in sweat** all day long. It wasn't a pleasant day at all.

하루 종일 꼬이는 날이 있긴 있나 보다. 오늘 아침 너무 늦게 일어나서, 재빨리 출근 준비를 하고 버스 정류장으로 서둘러 달려갔다. 버스 정거장에 다다를 즈음, 길이 매우 미끄러워 미끄러져 넘어졌다. 막 일어나려는 순간 내가 타야 할 버스가 출발해 버렸다. 난 지각을 했다. 점심 시간까지 마쳤어야 할 업무 보고서도 다 하지 못해 과장님한테 된통 깨졌다. 일하면서 내내 복통까지 있어서, 하루 종일 땀만 삐질삐질 흘렸다. 찜찜한 하루였다.

1 be about to는 '막 ~하려고 하다'라는 뜻으로 쓰입니다. She was about to call you.라고 하면 '그녀가 막 전화하려고 했었다.'는 의미가 되죠.

2 get one's fingers burned는 '된통 혼나다'라는 의미의 숙어로, 상황에 따라 문자 그대로의 의미인 '손가락을 데다'라는 뜻으로도 씁니다.

3 '배가 아프다', '복통이 있다'고 할 때는 have a stomachache의 표현을 씁니다.

4 '땀에 젖은'의 의미로, '땀에 흠뻑 젖다'라고 할 때는 be all in sweat이라고 합니다.

❷ 일진이 사나운 하루를 보내다

13-3.mp3

I have to finish a school report by tomorrow, but I still haven't finished it yet. I am going out of my mind because I have had to rewrite this report three times already. At this point, [1]**I really don't care if I pass this or not.** And as if I am not having enough ________ already, the last page of the printed report was blown away by the wind yesterday. I really wanted to scream, '________ it!' or 'I don't [2]**give a damn**!', but I couldn't even do that because people might stare at me. Even the weather was giving me a hard time. As if that wasn't enough, I [3]**had disturbing dreams** last night, and sure enough, I am ________ all day long today.

학교 리포트를 내일까지 마쳐야 하는데, 난 아직 끝내지 못했다. 이 리포트를 세 번이나 다시 쓰느라 정말 미치고 팔딱 뛰겠다. 이쯤 되니 통과하든 말든 상관하고 싶지 않다. 일진이 사납게도 프린트해 온 리포트의 마지막 장이 어제 바람에 날아가 버렸다. '짜증 지대로다. 정말!' 내지는 '될대로 되라!'라고 소리쳐 보고 싶었지만, 사람들이 쳐다볼까봐 그러지도 못했다. 더군다나 날씨까지 개떡 같았다. 그것으로도 충분하지 않았는지, 어젯밤 꿈자리가 뒤숭숭하더니, 아니다 다를까, 오늘 하루 종일 일진이 사납다.

1 I don't care if ~ or not.은 '~하든가 말든가 상관없다'라는 뜻으로 말할 때 사용할 수 있습니다. I don't care.는 굉장히 냉소적인 표현입니다.

2 don't care와 같은 의미의 표현으로, '~에 대해서는 아랑곳 않다[개의치 않다]'라는 의미로 쓸 때 not care 나 give a damn 뒤에 about somebody[something]을 덧붙여 씁니다. 반대로 신경이 쓰일 때는 not give a damn으로 쓰면 됩니다.

3 have disturbing dreams는 '악몽을 꾸다'는 의미로, have nightmares라고도 합니다.

slip 미끄러지다
slippery 미끄러운
drip 뚝뚝 떨어뜨리다
blow away 날려 버리다
stare at ~을 노려보다

❸ 날씨부터 기분까지 꿀꿀한 하루를 보내다

13-4.mp3

일어났더니 밖에는 비가 퍼붓고 있었다. 또 개떡 같은 날씨였다. 새삼스러울 게 뭐 있겠어? 난 오늘 공부를 해야 했지만, 대신 영화를 보기로 결정했다. 그리고 한번쯤은 휴식도 필요했고, 아무것도 안 하고 공부만 하는 게 지긋지긋했거든. 며칠 전에 빌린 영화를 찾았지만 놓아 두었던 자리에 없었다. 난 누가 범인인지 알았기 때문에 너무 짜증이 났다. 오늘 참 일진이 사나운 것 같다. 시계를 봤더니 벌써 저녁 9시였다. 이쯤 되면 시험에 통과하든지 말든지 상관하지 않고 '될 대로 대라!'라고 생각하고 내일 그냥 임기응변으로 해야겠다.

When I woke up, it was [1] **raining cats and dogs** outside. It was another day of ____________. So what else is new? I needed to study today, but I decided to watch a movie instead. I also needed a break and I [2] **was tired of** doing nothing but study. I looked for the movie that I borrowed a few days ago, but it wasn't in its place. I felt so ________ because [3] **I knew who the culprit was**. I am having a lot of ________ today. When I glanced at the clock, it was already 9 p.m. At this point, I am not even going to think about whether I am going to pass the test or not. I am going to say, '__________ it!' and just [4] **wing it** tomorrow.

1 rain cats and dogs는 '비가 억수같이 내리다', 비가 퍼붓다'는 뜻으로 rain buckets, rain hard라고도 표현합니다.

2 be tired of는 '~하는 데 질리다'라는 뜻을 나타냅니다.

3 I know.와 Who was the culprit?의 두 문장이 하나로 합쳐져 I know who the culprit was.가 된 것입니다. 〈의문사+be동사+주어 ~?〉 어순의 의문문이 동사의 목적어로서 명사절 역할을 하게 되면 간접 의문문 형태인 〈의문사+주어+be동사 ~〉로 쓴다는 것을 잘 알아 두세요.

4 '즉흥적으로 하다'라는 뜻의 표현으로 play ~ by ear도 비슷한 의미로 사용되는 표현입니다.

glance at ~을 (흘낏) 보다

whether ~ or not ~이든 아니든

| 정답 |

❶ go awry

❷ bad luck / To hell with / having bad luck

❸ shitty weather / irritated / bad luck / to hell with

서양의 미신들

Never put your shoes on a table!
신발을 탁자에 올려 놓지 말아라!

Don't open an umbrella inside the house!
집안에서 우산을 펼치지 마라!

A broken mirror means seven years' bad luck.
깨진 거울은 7년 동안의 불운을 의미한다.

Don't let a black cat cross your path.
가고 있는 길 앞에 검은 고양이가 지나가면 불길하다.

3단계
주요 표현 다시 보기

앞에서 익힌 모든 표현을 소리 내어 읽으며 복습하세요.

❶ 상황이 자꾸 꼬일 때

어떻게 하는 일마다 이렇게 꼬일까?	How can everything that I do go awry?
아침부터 재수 없더니 하루 종일 일이 꼬인다.	I started the day with bad luck and now things have gone awry.
오늘은 하나부터 열까지 일이 꼬였어.	Everything went wrong today from A to Z.

❷ 일진이 사나울 때

난 월요일마다 일진이 사나워.	I have bad luck every Monday.
거울이 깨지면 일진이 사납대.	I heard that it's bad luck if the mirror breaks.
꿈자리가 뒤숭숭해서 일진이 사나워.	I had disturbing dreams last night and that's why I am out of luck.

❸ 짜증날 때

잠 좀 자려 하면 전화가 자꾸 오니 짜증 난다.	It really got to me when the phone kept ringing every time I tried to sleep.
그 사람이 날 자꾸 귀찮게 해서 짜증 나 죽겠어.	I got so irritated with him because he kept bothering me.
내 책 빌려간 지 일주일이나 됐는데 왜 안 돌려줄까? 정말 짜증 나.	It has been about one week since I let him borrow my book and why hasn't he returned it yet? I feel so irritated.

❹ 될 대로 되라는 심정일 때

누가 뭐라 하든 알게 뭐야!	To hell with what everyone says!
세상 사는 게 다 그렇지 뭐. 될 대로 돼라!	That's life, isn't it? To hell with it!
다른 사람들이 날 어떻게 생각하는지 알 게 뭐야!	Who cares what everybody thinks about me? Whatever!

❺ 날씨가 안 좋을 때

요 며칠 계속 날씨가 개떡 같았어.	It's been shitty weather for the past few days.
한 주 내내 밖의 날씨가 개떡 같네.	It's shitty weather outside and we've been having it all week.
바닷가에 가려 했는데 밖의 날씨가 개떡 같아서 취소할 수밖에 없었어.	I was going to go to the beach, but had to cancel because it's shitty weather outside.

14 남을 칭찬할 때 하는 말

He is very meticulous to detail.

그는 아주 꼼꼼한 사람이야.

남을 칭찬하는 것이 자신의 인격을 돋보이게 할 수 있는 방법임을 모른다면 세상 살기 참 퍽퍽할 텐데요. 좋은 마음으로 사람들을 보면 그들의 장점이 보입니다. 끈기 있는 사람, 겸손한 사람, 붙임성이 있는 사람, 효성이 지극한 사람, 이런 사람들에게 영어로 칭찬 한 번 해 보실래요?

준비단계
핵심 표현 입력하기

이미지와 함께 오늘 배울 핵심 표현을 입력하세요.

❶ **be meticulous to detail**
꼼꼼하다

❷ **have patience**
참을성이 있다

❸ **be modest**
겸손하다

❹ **be a devoted son[daughter]**
효자[효녀]이다

❺ **be a sociable person**
붙임성 있는 사람이다

V 이 표현은 어떻게 말할까요?

❶ 그는 아주 꼼꼼한 사람이야. ______

❷ 그는 끈기가 대단한 사람이야. ______

❸ 그는 참 겸손해. ______

❹ 효녀심청이야! ______

❺ 그녀는 붙임성이 참 좋아. ______

14-1.mp3

1단계
핵심 표현 파헤치기

빈칸을 채운 후, 오디오를 들으며 핵심 표현을 익혀 보세요.

❶ 그는 아주 꼼꼼한 사람이야.
He is very meticulous to detail.

meticulous는 '세심한', '꼼꼼한'이라는 뜻이고 detail도 '세부 사항'이라는 뜻입니다. 이 두 단어를 한 문장에 넣으면 정말 꼼꼼한 사람을 말하는 거죠.

❶ 내가 꼼꼼한 사람이라구? You think I am __________ to detail?

❷ 남자가 너무 꼼꼼하면 피곤하지.
If a man ____________________, it can be very tiring.

❸ 꼼꼼한 것도 좋지만 대범한 사람에게 호감이 가.
I like men who are not only __________________ but are also broad-minded.

❷ 그는 끈기가 대단한 사람이야.
He has enormous patience.

have patience는 '인내심이 있다', '참을성이 있다'라는 뜻입니다. 반대로 참을성 부족한 경우에는 lack of patience의 표현을 쓸 수 있습니다.

❶ 내게는 이 일을 참고 계속 해나갈 인내심이 없다.
I don't _____ the ________ to stick with this job.

❷ 민정이는 내게는 없는 인내심을 갖고 있어.
Minjeong ____ enormous ________, which is something I don't have.

❸ 민철이는 참을성이 부족해. Mincheol has a ______________.

❸ 그는 참 겸손해.
He is very modest.

modest는 humble과 비슷한 뜻으로 '겸손한'이란 뜻입니다. 그리고 modest의 명사형은 modesty입니다.

| 정답 |
❶ 1 meticulous
2 is meticulous to detail
3 meticulous to detail
❷ 1 have / patience
2 has / patience
3 lack of patience

❶ 그 남자는 참 겸손하고 공손해. That man is very ________ and polite.

❷ 그녀는 참 겸손하고 직장에서도 한 번도 잘난 척을 하지 않아서 참 좋다.

That woman is very ________. I like her because she has never once put on airs at work.

❸ 무조건 겸손해도 좋은 건 아닌 거 같아.

I don't think it's appropriate to show excessive ________.

❹ 그녀는 효녀야.
She is a devoted daughter to her parents.

devoted는 '헌신하는'이라는 의미로 son이나 daughter 앞에 쓰면 우리말로 '효자', '효녀'가 되죠. be devoted to는 '~에 헌신하다'입니다.

❶ 내가 과연 부모에게 효녀일까? Am I a ________ to my parents?

❷ 지성이는 항상 부모님을 위해 기도하는 효자야.

Jiseong ________ who always prays for his parents.

❸ 세상에 저런 효녀가 있다니, 믿을 수가 없어.

I can't believe that there is anybody else in the world who is so ________ their parents.

❺ 그녀는 붙임성이 참 좋아.
She is a very sociable person.

붙임성 있고 사교적인 사람을 sociable person이라고 합니다. friendly person도 같은 의미입니다.

❶ 그는 본인이 붙임성이 있다고 생각할까?

I wonder if he thinks that he ________.

❷ 붙임성 있는 사람은 다른 사람들로부터 많은 사랑을 받아.

A ________ receives love from other people.

❸ 붙임성 있는 성격의 소유자가 늘 분위기를 좋게 하지.

A ________ always makes the overall atmosphere better.

| 정답 |

❸ 1 modest
2 humble
3 modesty

❹ 1 devoted daughter
2 is a devoted son
3 devoted to

❺ 1 is a sociable person
2 friendly person
3 friendly person

2단계
실전 회화 도전하기

빈칸을 채운 후, 오디오를 들으며 따라 하세요.

❶ 꼼꼼한 내 남동생은 A형!

14-2.mp3

보통 혈액형이 성격을 결정한다고 하는데, 어느 정도 맞는 말인 것 같다. A 혈액형이 꼼꼼하다고 하는데, 사실 A형인 내 남동생은 전혀 꼼꼼한 사람이 아니다. 늘 덤벙거리고 실수를 연발한다. 그런데 그는 늘 조심하고 남을 배려하니까 사람들 눈에 비쳐진 그는 꼼꼼한 사람일 수 있다.

People say that our blood type usually determines our personality, and I think they are right [1] **to a degree**. They say that a person with blood type A is very ______________, but my younger brother, who is blood type A, is not very meticulous to detail at all. He's always clumsy and makes mistakes all the time. But I think other people see him as a very __________ person because he is also very careful and thoughtful of other people.

1 '어느 정도로', '대단히'란 뜻으로 He is to a degree difficult to get along with.처럼 쓰면 '그와 같이 지내기는 대단히 힘들다.'라는 의미가 됩니다.

❷ 내 성격에 스스로 만족하다

14-3.mp3

난 어떤 성격을 갖고 있을까? 우선 내가 보기에 나는 끈기가 있고 솔직해서 다른 사람들과 금방 친해지는 성격이다. 잘난 척하는 것이 아니다. 난 집안에서는 효녀심청이고 밖에서는 성격 좋은 여자로 통한다. 겸손할 줄도 안다. 물론 내 성격에 좋지 않은 점도 있다. 때로 욕심이 많고 약간은 게으르다! 그런데 사람이 털어서 먼지 안 나는 사람이 없지 않은가? 난 전반적으로 내 성격이 참 좋다고 생각한다.

I wonder what kind of personality I have. From my point of view, I see myself as someone who [1] **gets along easily with** other people, someone who has a lot of ________ and someone who is honest. I am not trying to act [2] **stuck-up**. At home, I am known to ____ ______________ and outside of home, I am known to be someone with a great personality. At the same time, I also know how to be a ________ person. Of course, I also have some negative sides to my personality. I can be very greedy sometimes and a little lazy too. But [3] **doesn't everyone have a skeleton in his or her closet**? Overall, I think I have a great personality.

1 get along with는 '~와 잘 어울리다'라는 뜻으로 mingle이란 한 단어로 쓸 수도 있습니다.
2 '잘난 체하는', '거드름 피우는', '거만한'이라는 의미를 나타냅니다. 비슷한 뜻의 표현으로 conceited (자만하는)가 있습니다.
3 Everyone has a skeleton in his or her closet.은 격언으로 '주머니 털어 먼지 안 나오는 사람 없다.'는 의미입니다.

- determine 결정하다, 결론짓다
- personality 성격
- not ~ at all 전혀 ~ 아니다
- clumsy 서투른, 어설픈
- negative 부정적인
- greedy 욕심이 많은, 탐욕스러운

❸ 아들보다는 딸? 마음에서 우러나오는 효도를 결심하다! 14-4.mp3

요즘은 아들보다는 딸을 선호하는 것 같다. 딸은 세심하고 꼼꼼하게 부모를 살핀다. 딸은 우선 나이를 먹게 되면 엄마와 무척 가까워져 친한 친구처럼 대화가 통하게 된다. 같은 여자로서 서로를 이해하게 되는 것이다. 아들은 무뚝뚝하다. 물론 효자들도 많지만, 성격 때문에 그런지 사랑을 잘 표현하지도 않는다. 마음에서 우러나오는 효도, 그런 효도를 하는 효녀가 될 수 있도록 노력해 보고 싶다. 살아계실 때 열심히 잘해 드리는 것이 바로 자식의 도리가 아닌가 싶다. 끈기를 갖고 최선을 다해 부모를 공경하는 것이 자식들이 해야 할 일이라고 생각된다.

It seems like people prefer daughters to sons nowadays. Daughters [1]**are known to** be more ________ their parents' care and also ________ to every ______. First, when daughters get older, they become very close to their mothers and are thus able to have deep conversations with them, just as if they were close friends. As women, they start to understand each other. Sons are more seemingly blunt. Of course, there are a lot of ________ too, but they are not able to express their love properly, and maybe this is because of their personality. Devotion is from the heart. I really want to [2]**try my best** to be that kind of daughter. I believe that it is the duty of the sons and daughters to have perseverance and to do their best to respect their parents while they are alive. I think that it is important for sons and daughters to have perseverance and to do their best to respect their parents [3]**in every way**.

blunt 퉁명스러운, 무딘, 무뚝뚝한
devotion 헌신
duty 책임 (= responsibility)
perseverance 인내(심)
respect 존경하다

1 be known to 다음에 동사원형이 오면 '~하는 것으로 알려지다'라는 의미의 숙어입니다. 참고로 be famous for는 '~으로 유명하다'라는 뜻입니다.

2 try one's best는 do one's best와 같은 의미로 '최선을 다하다'라는 뜻입니다.

3 '어떤 점에서나', '모든 점에서', '모든 방법으로'라는 뜻으로, every 대신 all을 써서 in all ways라고 쓰기도 합니다.

| 정답 |

❶ meticulous to detail / meticulous

❷ patience / be a devoted daughter / humble

❸ devoted to / meticulous / detail devoted sons

한 박자 쉬어가기

성격도 가지가지!

분류하는 기준에 따라 다르겠지만, 사람의 성격은 크게 내성적인(introvert) 성격과 외향적인(extrovert) 성격으로 나뉘죠. 이 외에도 능동적이거나(active) 수동적인(passive) 성격도 있고, 예민하거나(sensitive) 털털한(easy-going) 성격도 있습니다. 다음 예문을 통해 여러 유형의 성격을 영어로 어떻게 말하는지 알아볼까요?

She's clumsy. 그녀는 둔해.
She's a rational thinker. 그녀는 합리적으로 생각하는 사람이야.
He's indecisive. 그는 결단력이 부족한 사람이야.
She's witty. 그녀는 재치가 있어.
He's hard to size up. 그는 어림잡기 힘든 사람이야.
She's soft-hearted. 그녀는 마음씨가 상냥해.
He's a smooth talker. 그는 말만 번드르르하게 하는 사람이야.

3단계
주요 표현 다시 보기

앞에서 익힌 모든 표현을 소리 내어 읽으며 복습하세요.

❶ 성격이 꼼꼼한 사람을 말할 때

내가 꼼꼼한 사람이라구?	You think I am meticulous to detail?
남자가 너무 꼼꼼하면 피곤하지.	If a man is meticulous to detail, it can be very tiring.
꼼꼼한 것도 좋지만 대범한 사람에게 호감이 가.	I like men who are not only meticulous to detail but are also broad-minded.

❷ 참을성이 부족한 사람을 말할 때

내게는 이 일을 참고 계속 해나갈 인내심이 없다.	I don't have the patience to stick with this job.
민정이는 내게는 없는 인내심을 갖고 있어.	Minjeong has enormous patience, which is something I don't have.
민철이는 참을성이 부족해.	Mincheol has a lack of patience.

❸ 겸손한 사람을 말할 때

그 남자는 참 겸손하고 공손해.	That man is very modest and polite.
그녀는 참 겸손하고 직장에서도 한 번도 잘난 척을 하지 않아서 참 좋다.	That woman is very humble. I like her because she has never once put on airs at work.
무조건 겸손해도 좋은 건 아닌 거 같아.	I don't think it's appropriate to show excessive modesty.

❹ 효자, 효녀를 말할 때

내가 과연 부모에게 효녀일까?	Am I a devoted daughter to my parents?
지성이는 항상 부모님을 위해 기도하는 효자야.	Jiseong is a devoted son who always prays for his parents.
세상에 저런 효녀가 있다니, 믿을 수가 없어.	I can't believe that there is anybody else in the world who is so devoted to their parents.

❺ 붙임성 있는 사람을 말할 때

그는 본인이 붙임성이 있다고 생각할까?	I wonder if he thinks that he is a sociable person.
붙임성 있는 사람은 다른 사람들로부터 많은 사랑을 받아.	A friendly person receives love from other people.
붙임성 있는 성격의 소유자가 늘 분위기를 좋게 하지.	A friendly person always makes the overall atmosphere better.

15 위로하거나 격려할 때 하는 말

There will always be another opportunity.

기회는 얼마든지 있어.

시험에 떨어져서, 여자 친구에게 차여서, 면접을 죽 쒀서, 살이 너무 쪄서... 이런 일들이 우릴 종종 한숨 짓게 하지만 시험 한 번 떨어졌다고 세상 끝나는 게 아니죠. 기다리다 보면 또 다른 기회도 오기 마련이지요. 영어로 위로하고 격려하는 표현들을 배워 볼까요?

준비단계
핵심 표현 입력하기

이미지와 함께 오늘 배울 핵심 표현을 입력하세요.

❶ **There will always be another opportunity**
늘 또 다른 기회가 있을 것이다

❷ **not be the end of the world**
세상 끝난 게 아니다

❺ **There are lots of fish in the ocean**
세상에 여자는 많다

❹ **turn out**
~되다

❸ **come after**
~의 뒤를 잇다

V 이 표현은 어떻게 말할까요?

❶ 기회는 얼마든지 있어. ....

❷ 세상 다 안 끝났어. ....

❸ 실패가 있어야 성공이 있는 거야. ....

❹ 다 좋아질 거야. ....

❺ 세상에 널린 게 여자야. ....

15-1.mp3

1단계
핵심 표현 파헤치기

빈칸을 채운 후, 오디오를 들으며 핵심 표현을 익혀 보세요.

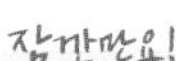

There is always next time.도 비슷한 의미의 표현입니다.

❶ 기회는 얼마든지 있어.
There will always be another opportunity.

'늘 또 다른 기회는 있다'고 격려해 줄 때 이 표현을 사용할 수 있습니다.

❶ 기회는 기다리는 사람에게 꼭 또 올 거야.

There will always ______________ for those who wait.

❷ 늘 준비하는 사람에게 기회는 반드시 찾아오게 되어 있어.

______________ another opportunity for a person who is always prepared.

❸ 면접을 통과하지 못했지만 또 기회가 있을 거야.

Although I didn't pass the interview test, ______________ ______________.

❷ 세상 다 안 끝났어.
It's not the end of the world.

우리말로 '세상 끝난 거 아니다'라고 위로할 때 쓸 수 있는 표현입니다.

❶ 여자 친구한테 채였다고 세상 다 끝난 거 아니야.

It's ______________ if your girlfriend dumps you.

❷ 나 혼자 세상 다 끝났다고 생각하기 싫어.

I don't want to be the only one to think that it's ______________.

❸ 내 친구 메리는 세상이 다 끝난 것처럼 난리법석을 떠네.

My friend Mary throws fits as if it were ______________.

❸ 실패가 있어야 성공이 있는 거야.
Success comes after failure.

come after는 '~의 뒤를 잇다' 또는 '~을 추적[추격]하다'의 뜻이 있습니다.

| 정답 |

❶ 1 be another opportunity
2 There will always be
3 there will always be another opportunity

❷ 1 not the end of the world
2 the end of the world
3 the end of the world

❶ 걱정하지 마. 비 온 후에 더 맑은 날이 항상 뒤따라오니까.

Don't worry, sunshine always ________ the rain.

❷ 대학 생활은 너무 좋은데, 졸업 후엔 뭐가 있지?

College life is great, but what ________ graduation?

❸ 그녀가 날씬한 건 수년간의 살과의 전쟁 뒤에 온 성공이야.

Her slimming success ________ years of battling with her weight.

❹ 다 좋아질 거야.
Everything will turn out okay.

turn out은 '~되다', '~인 것으로 드러나다'의 의미입니다.

❶ 다 좋아지게 될 거야. Everything will ________ to be okay.

❷ 다 좋아질 거니까 긍정적으로 생각해 봐.

Everything will ________ okay in the end, so try and think positively.

❸ 다 좋아진다고 생각하면 정말 그렇게 될 거야.

If you think everything will ________ to be okay, it will really ________ to be okay.

❺ 세상에 널린 게 여자야.
There are lots of fish in the ocean.

'바다에 고기는 얼마든지 있다.'는 의미로, '한 번 기회를 놓치더라도 낙담하지 말라.'는 뜻으로 격려할 때 쓸 수 있는 말입니다.

❶ 널린 게 여자라는데, 내 짝은 어디 있을까?

People say that ________ in the ocean. I wonder where my other half is.

❷ 세상에 널린 게 여자지만, 내 천생연분은 따로 있을 거야.

There are ________, but I am pretty sure that my own match will be made in heaven.

❸ 세상에 널린 게 여자여서 아무나 만나면 인생 망쳐.

________ Therefore if you try and meet just any person, your future might be ruined.

| 정답 |

❸ 1 comes after
2 comes after
3 came after

❹ 1 turn out
2 turn out
3 turn out / turn out

❺ 1 there are lots of fish
2 lots of fish in the ocean
3 There are lots of fish in the ocean.

2단계
실전 회화 도전하기

빈칸을 채운 후, 오디오를 들으며 따라 하세요.

❶ 면접에서 떨어진 친구에게 위로를 전하다

15-2.mp3

My friend called me and told me that she had failed her first interview test. I told my friend that [1] **I am very sorry to hear** this. She really wanted to work at that company. [2] **It seems a pity** that something like this happened to her. I [3] **gave her a pep talk** that ______________________. My friend is [4] **such a pessimist**. She is always thinking the worst.

내 친구가 내게 전화 걸어 첫 번째 면접에서 떨어졌다고 말했다. 난 친구에게 유감이라고 말했다. 그녀는 정말 그 회사에서 일하고 싶어 했다. 안타깝게도 이런 일이 일어나다니. 난 그녀에게 항상 또 다른 기회가 있을 거라고 격려의 말을 건넸다. 내 친구는 비관론자다. 그녀는 항상 최악의 경우를 생각하고 있다.

1 '~을 듣게 되어 유감이다[안됐다]'는 뜻으로, 상대방의 안타까운 소식 등을 들었을 때 유감의 뜻을 전하는 표현입니다.
2 '안 된 거 같다'는 의미로 말할 때 사용할 수 있습니다. 여기서 seem은 '~인 거 같다', '~인 듯하다'로 말하는 어투의 강도를 약하게 하고 싶을 때 씁니다. '불쌍하다'는 It's a pity.라고 하면 되는데, 이 말 역시 상대방에게 안타까움을 나타낼 때 자주 쓰이는 표현입니다. '어떡해', '안됐네'라는 의미로 말할 때도 이 표현을 쓰면 됩니다.
3 give a pep talk은 '격려의 말을 하다'는 의미로, 누군가를 '격려한다'고 할 때도 이 표현을 쓸 수 있습니다.
4 〈such a+명사〉 형태로 쓰면 such는 '대단한', '아주 좋은', '아주 나쁜' 등의 의미를 나타냅니다. 참고로 형용사를 넣어 such a good man이라고 하면 이때 such는 '그만큼 ~한', '아주 ~한'의 뜻입니다.

❷ 연인과 헤어진 지훈을 위로하다

15-3.mp3

I was sorry to hear that Jihun had [1] **broken up with** his girlfriend. I really thought it would [2] **work out** for both of them. It [3] **breaks my heart** that the results were not what he expected. He was so disappointed that I [4] **took him out** to dinner and [5] **offered him words of encouragement**. I told Jihun that ______________________ ____________ and that everything will work out in the end.

지훈이가 여자 친구와 헤어졌다는 말을 듣고 안타까웠다. 정말 좋아했던 것 같은데, 결과가 좋지 않아 마음이 아프다. 그가 너무 낙담해서 저녁 먹으러 그를 데리고 나가 격려의 말을 해주었다. 나는 지훈에게 세상에 널린 게 여자이고, 다 잘 될 거라고도 말해 주었다.

1 break up with는 '~와 헤어지다', '~와 깨지다'라는 의미로 연인과 사귀다가 헤어진 경우 흔히 쓰는 표현입니다.
2 지훈과 여자 친구의 관계가 '좋아진다'는 의미로 쓰였습니다. 이외에도 work out은 다양한 의미로 쓰이는데 '(건강 · 몸매 관리 등을 위해) 운동하다' 혹은 '해결하다'의 뜻으로도 사용됩니다.
3 break one's heart는 '~의 마음을 아프게 하다'는 뜻이 있습니다.
4 take somebody out이라고 하면 '~을 데리고 나가다'라는 의미를 나타냅니다. 참고로 take something out은 '~을 꺼내다'라는 뜻입니다.
5 offer words of encouragement는 '위로의 말을 건네다'라는 의미입니다.

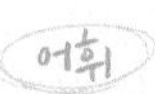

pessimist 염세주의자, 비관론자
opp. optimist 낙관주의자, 낙관론자
disappointed 실망한, 낙심한

③ 사업에 실패한 정민을 위로하다

15-4.mp3

정민이는 대학 동창인데, 자기 사업을 시작했다. 그런데 그는 3년 후에 부도를 맞았다. 그 소식을 듣고 정말 안타까웠다. 그 날 그가 나를 찾아왔을 때 어떻게 위로를 해야 할지 몰랐다. 정민이는 얼굴에 수심이 가득했고, 나를 보자마자 눈물이 글썽글썽했다. 그가 너무 낙담해서, 난 그런 정민이에게 그런 일이 일어나서 정말 안됐다고 말했다. 그리고 전반적인 경제가 너무 좋지 않아 많은 사람들이 지금 힘든 시간을 보내고 있다고도 말해 주었다. 세상 다 끝난 게 아니며 실패가 있어야 성공이 있는 것이라고 그에게 말해 주었다. 정민이는 울면서 자신에게 정말 또 다른 기회가 있을 거라고 생각하는지 내게 물었다. 그런 정민이에게 나는 다 좋아질 거라고 말하며 위로해 주었다. 그리고 그에게 "네가 필요할 때면 언제나 곁에 있을게"라고 말해 주었다.

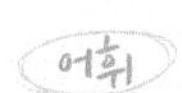

file for bankruptcy 파산 신청을 하다

console 위로하다

through thick and thin 언제나 변함없이, 시종일관

| 정답 |

① there will always be another opportunity

② there are lots of fish in the ocean

③ the end of the world / come after / turn out

Jeongmin is a college friend of mine, and he started his own business. However, he had to file for bankruptcy after three years. I was really sorry to hear that. I wasn't sure how I was going to console him when he came to see me on that day. Jeongmin's face was full of disappointment, and as soon as he saw me, his eyes filled with tears. He [1] **was very discouraged**. So I told him that [2] **it was really unfortunate** this happened to him. I also told him that the overall economy is in terrible trouble and many people are experiencing hard times right now. I told him it wasn't ________________ and that success could only ________ failure. Jeongmin asked me with tears running down his face if I really thought that there would be another chance for him. I then comforted him by telling him that everything would ______ to be okay in the end. And I told him, "If you need me, [3] **I'm there for you** through thick and thin."

1 discourage는 '낙담하다(자동사)', '낙담시키다(타동사)'의 의미가 있는 동사로, 반대되는 말은 encourage(격려하다)입니다. 여기에서처럼 주로 수동태인 be discouraged로 쓰입니다. 같은 표현으로는 be disappointed가 있습니다.

2 '~이 유감스러웠다[안타까웠다]'의 의미를 나타낼 때 쓸 수 있습니다.
e.g. It's most unfortunate that you can't come to grandmother's funeral.
(네가 할머니 장례식의 오지 못하는 것은 아주 유감스러운 일이다.)

3 상대방에게 격려의 의미로 '네 곁에 있다', '날 의지해라'라는 뜻을 전할 때 사용합니다.

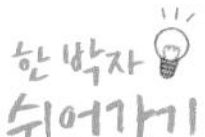

장례식 관련 표현

가장 큰 위로가 필요한 때는 아마도 상을 당했을 때가 아닐까 싶습니다. 서양의 장례식 풍경은 우리와 사뭇 다릅니다. 보통 임관식(the coffin rites)과 장례식(funeral) 순으로 진행됩니다. 이와 관련된 영어 표현에 다음과 같은 것들이 있습니다.

1. **viewing:** 관의 뚜껑을 열어 놓고 추도식 참석자들이 마지막 인사를 할 수 있게 하는 순서입니다.
2. **condolence money:** '부의금'이라는 뜻으로 볼 수 있는데, 문화적으로 차이가 있는 터라 애도를 표현하는 방식으로 장례식 비용에 보태라고 약간의 돈을 보내는 식이며, 실제로 '부의금' 제도가 있는 것은 아닙니다.
3. **lower the coffin:** '관을 내리다'라는 의미로 우리 장례식의 '발인'을 나타내는 말이지만, 이 또한 너무 직설적이어서 대신 put to rest로 '고인이 영원한 안식을 취하게 한다'는 의미를 나타냅니다.

3단계
주요 표현 다시 보기

앞에서 익힌 모든 표현을 소리 내어 읽으며 복습하세요.

❶ 기회가 또 있다고 위로할 때

기회는 기다리는 사람에게 또 올 거야.	There will always be another opportunity for those who wait.
늘 준비하는 사람에게 기회는 반드시 찾아오게 되어 있어.	There will always be another opportunity for a person who is always prepared.
면접을 통과하지 못했지만 또 기회가 있을 거야.	Although I didn't pass the interview test, there will always be another opportunity.

❷ 세상 다 안 끝났다고 위로할 때

여자 친구한테 채였다고 세상 다 끝난 거 아니야.	It's not the end of the world if your girlfriend dumps you.
나 혼자 세상 다 끝났다고 생각하기 싫어.	I don't want to be the only one to think that it's the end of the world.
내 친구 메리는 세상이 다 끝난 것처럼 난리법석을 떠네.	My friend Mary throws fits as if it were the end of the world.

❸ 실패 뒤에 성공이 따른다고 격려할 때

걱정하지 마, 비 온 후에 더 맑은 날이 항상 뒤따라오니까.	Don't worry, sunshine always comes after the rain.
대학 생활은 너무 좋은데, 졸업 후엔 뭐가 있지?	College life is great, but what comes after graduation?
그녀가 날씬한 건 수년간의 살과의 전쟁 뒤에 온 성공이야.	Her slimming success came after years of battling with her weight.

❹ 다 좋아질 거라고 격려할 때

다 좋아지게 될 거야.	Everything will turn out to be okay.
다 좋아질 거니까 긍정적으로 생각해 봐.	Everything will turn out okay in the end, so try and think positively.
다 좋아진다고 생각하면 정말 그렇게 될 거야.	If you think everything will turn out to be okay, it will really turn out to be okay.

❺ 세상에 널린 게 여자라고 할 때

널린 게 여자라는데, 내 짝은 어디 있을까?	People say that there are lots of fish in the ocean. I wonder where my other half is.
세상에 널린 게 여자지만, 내 천생 연분은 따로 있을 거야.	There are lots of fish in the ocean, but I am pretty sure that my own match will be made in heaven.
세상에 널린 게 여자여서 아무나 만나면 인생 망쳐.	There are lots of fish in the ocean. Therefore if you try and meet just any person, your future might be ruined.

16 동조하거나 공감할 때 하는 말

I am totally on your side.

난 전적으로 네 편이야.

이심전심이라는 말 알죠? 상대방이 내가 생각했던 대로 말하는 경우, 서로 맘이 통한다고 하거나 '내가 하려고 하는 말을 저 사람이 하네.'라고 생각하게 되는데요. 영어로는 어떤 표현을 써서 상대방의 의견이나 말에 동의할 수 있을까요? 지금부터 함께 알아보죠.

준비단계 핵심 표현 입력하기

이미지와 함께 오늘 배울 핵심 표현을 입력하세요.

❶ **be totally on one's side**
전적으로 ~의 편이다

❷ **read one's mind**
~의 속을 꿰뚫다

❸ **be on the same wavelength**
잘 통하다

❹ **I couldn't agree with you more.**
완전 동감이야.

❺ **You're telling me!**
내 말이 그 말이야!

✔ 이 표현은 어떻게 말할까요?

❶ 난 전적으로 네 편이야. ....

❷ 내 속을 꿰뚫고 계셔. ....

❸ 우린 정말 잘 통해. ....

❹ 완전 동감이야. ....

❺ 내 말이 그 말이야! ....

16-1.mp3

1단계
핵심 표현 파헤치기

빈칸을 채운 후, 오디오를 들으며 핵심 표현을 익혀 보세요.

take one's side(~의 편을 들다)도 함께 알아 두세요.

❶ 난 전적으로 네 편이야.
I am totally on your side.

be on one's side는 '~의 편을 들다'는 의미의 표현입니다.

❶ 당연히 네 편이지. I am totally ________, of course.

❷ 난 완전히 네 편이고 네가 이기도록 도와줄 거야.
I ________ on your side and I will do my best to help you win.

❸ 가족은 항상 나의 편이 되어 주어 든든해.
I feel safe because my family is always ________.

❷ 내 속을 꿰뚫고 계셔.
She must have read my mind.

read one's mind는 '~의 심중을 읽다'라는 뜻입니다.

❶ 부장님은 우리 맘을 읽고 계신 게 틀림없어.
I am pretty sure that our department manager just ________.

❷ 그 감독은 배우들의 속을 꿰뚫고 있어.
The producer ________ of the actors and actresses.

❸ 남의 속을 꿰뚫다니, 너 점쟁이니?
Are you a fortuneteller to be able to ____ other people's ____?

be totally on the same page나 Great minds think alike.도 서로 잘 통할 때 쓸 수 있는 표현입니다.

❸ 우린 정말 잘 통해.
We must be on the same wavelength.

be on the same wavelength는 '~와 마음이 잘 맞다[통하다]'라는 뜻입니다.

❶ 너희 둘이 잘 통한다니 무슨 말이야?
What do you mean by being on the ________?

❷ 우리가 정말 잘 통하는 게 맞긴 한 건가?
I wonder if we really ________ or not.

| 정답 |
❶ 1 on your side
2 am totally
3 on my side
❷ 1 read our minds
2 reads the minds
3 read / minds

❸ 우리는 잘 통해서 말을 안 해도 서로 알아.

We understand each other without saying anything because we're ______________.

❹ 완전 동감이야.
I couldn't agree with you more.

I completely agree with you.로 바꿔 말할 수 있으며, 전적으로 동의할 때 격식을 차리지 않고 좀 더 가볍게 말할 때는 You said it. / Tell me about it. 등의 표현을 사용합니다.

잠깐만요!

반대로 I couldn't agree less.나 I completely disagree.는 '전적으로 동의하지 않는다.'는 의미의 표현입니다.

❶ 살 빼려면 안 먹는 게 최선이라는데 전적으로 동의해.

I heard that the best thing you can do to lose weight is not to eat. ______________ you more.

❷ 전적으로 너와 동감이야. I ______________.

❸ 피부가 좋아지려면 잠을 많이 자야 한다는데 전적으로 동감이야.

I heard that you need many hours of sleep if you want better skin. I ______________ it.

❺ 내 말이 그 말이야!
You're telling me!

상대의 의견에 맞장구칠 때 쓰이는 표현으로 You're telling me! 외에도 That's what I said. / That's exactly what I was thinking. / You can say that again! 등이 있습니다.

❶ 내 말이 그 말이야! 어쩜 나랑 똑같은 생각을 했니?

______________ How can you be thinking exactly what I am thinking?

❷ 오해한 것 같은데. 내 말은 그 말이 아닌데.

You must have misunderstood me. ______ not ______.

❸ 너도 그렇게 생각하고 있었어? 나도 그렇게 생각하고 있었는데.

Were you thinking that way, too? That's exactly ______________.

| 정답 |

❸ 1 same wavelength
2 are on the same wavelength
3 on the same wavelength

❹ 1 I couldn't agree with
2 completely agree with you
3 completely agree with

❺ 1 You're telling me!
2 That's / what I said
3 what I was thinking

2단계
실전 회화 도전하기

빈칸을 채운 후, 오디오를 들으며 따라 하세요.

❶ 언제나 내 편인 내 동생

16-2.mp3

My younger brother is always ______________. Ever since we were little, we have been best friends. We were close with each other. Whenever I [1]**got in a fight with** the other girls in the neighborhood, my brother always came to my side. In addition to that, he always [2]**stood up for** me and yelled at the other kids for bullying me. Although he is my younger brother, sometimes he's like an older brother who [3]**has my back**. Now that he is older, he wants to get married and I can't believe it. Unfortunately, my parents are strongly opposed to him getting married right now. However, I want to ________ my younger brother's ______ and support him [4]**as much as I can**, just this once.

내 동생은 늘 완전한 내 편이 되어 준다. 어렸을 때부터 우리는 둘도 없는 친구였다. 우리는 가까운 사이였다. 동네에서 여자아이들과 싸우게 되면 제일 먼저 달려와 준 사람이 내 남동생이었다. 게다가 늘 내 편이 되어서 나를 괴롭히는 아이들을 혼내 주었다. 동생이지만 든든한 오빠 같기도 했다. 그런 남동생이 이제 나이가 들어 결혼을 하겠다는데 믿기지가 않는다. 안타깝게도 지금 그의 결혼에 대해 부모님의 반대가 심하시다. 그러나 나는 남동생의 편이 되어 동생에게 힘이 되어 주고 싶다.

1 get in a fight with는 '~와 싸우게 되다', '~와 싸우다'라는 뜻의 표현입니다. get in은 '~에 말려들다'의 뜻입니다.
2 stand up for는 '~을 지지하다[옹호하다]'라는 뜻을 나타냅니다.
3 have one's back은 구어적인 표현으로 '~의 뒤를 받쳐 주다', '지지하다'의 뜻입니다. keep an eye out for / cover 등도 같은 뜻입니다.
4 '내가 할 수 있는 한 많이'라는 뜻의 표현입니다. 참고로 as much as somebody can do라고 하면 '~이 하기에 힘든 것'을 의미합니다.

❷ 정말 잘 통하는 20년지기 단짝 친구

16-3.mp3

My best friend of 20 years knows exactly what I am thinking by just looking into my eyes. We have a lot in common. We like the same movies, the same kind of music, the same actors, same songs and even same colors. Once, we [1]**went shopping** together and we were looking at some clothes when we even pulled out the same outfits [2]**at the same time**. It's sometimes shocking how many things we have in common. However, I am always grateful that I even have such a friend whom I can connect with. My best friend and I are always ______________________.

20년지기 내 단짝 친구는 내 눈빛만 봐도 내 생각을 꿰뚫어 본다. 우리는 서로 닮은 점이 많다. 영화 장르, 음악 장르, 좋아하는 배우, 노래, 하물며 좋아하는 색까지 똑같다. 한번은 함께 쇼핑하러 가서 옷을 고르는데 둘 다 같은 옷을 동시에 고른 적도 있다. 어떤 때는 좀 징그러울 정도로 닮은 점이 많아서 놀랍다. 그러나 이렇게 잘 통하는 친구가 있다는 것에 감사한다. 우린 정말 잘 통하는 친구가 틀림없다.

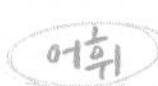

bully (약자를) 괴롭히다, 왕따시키다
be opposed to ~에 반대하다
pull out (~에서) 뽑다, 빼다
outfit 옷, 복장, 옷차림

1 go shopping은 '쇼핑하러 가다'라는 뜻입니다. go ~ing의 표현은 go fishing(낚시 하러 가다), go hiking(하이킹 하러 가다), go swimming(수영 하러 가다), go jogging(조깅하러 가다)처럼 다양하게 쓸 수 있습니다.
2 '동시에 (함께)'라는 뜻으로, 상황에 따라 고려해야 할 대조적인 사실 등을 언급할 때 써서 '그와 동시에'라는 의미로도 씁니다.

❸ 아빠의 조언을 새겨듣다

16-4.mp3

아빠는 늘 돈을 어떻게 잘 써야 하는지에 대해서 말씀하신다. 아빠는 최근에 돈을 모으는 것에 대해 말씀하셨다. 아빠는 이제 내게 어떻게 돈을 모아야 하는지 말씀하셨다. 그리고 요즘 물건들이 너무 비싸다고 말씀하셨는데, 맞는 말씀이다. 늘 사고 싶었던 자전거 하나가 있다. 아빠는 자전거를 살 수 있도록 돈 모으는 걸 도와주신다고 하셨다. 내 맘을 아신게다. 어떤 경우에는 매우 엄격하신 분이지만 사랑이 많고 인내심이 많은 분이시다. 아빠는 늘 내 편이어서 문제가 생기면 말하라고 하셨다. 아빠는 사람들이 거짓말하는 것을 싫어하신다. 지난주에 아빠는 한 직원이 사실을 말하지 않아 화가 나셨다. 난 아빠에게 "전적으로 아빠한테 동의해요."라고 말했다. 엄마는 아빠가 세상에서 가장 사려 깊은 분이라고 말씀하셨다. 나도 같은 생각이다.

My father always lectures me on how to spend money wisely. My father recently told me about saving money. [1] **He told me** I should learn how to save money. He also told me that things are very expensive nowadays and [2] **he's right**. There is a bicycle that [3] **I have been meaning to get**. But my father told me that he would help me save some money so that I could buy that bicycle. He must have ______________. On some occasions, my father can be very strict, but he is also someone who has a lot of love and patience. My father said that I should tell him if I had any problems because he was always ______________. My father hates people who lie. Last week, my father was angry because someone on his staff was not honest with him. I told my father that I ______________________ him. Mom says that my father is the most considerate person in the whole world. [4] **I think so, too.**

1 He told me ~는 '~이라고 말씀하셨다'라는 간접 화법으로 어떤 사람이 한 말을 전달자의 입장에서 전하는 말입니다. He told me I should learn how to save money.를 직접 화법으로 바꿔 말하면, He said to me, "You should learn how to save money."가 됩니다.

2 He can say that again. 즉, '맞는 말이다.'라는 의미로, 아버지 의견에 동의하는 문장입니다.

3 be meant to는 '~하지 않으면 안 된다', '~하기로 되어 있다', '~할 예정이다'라는 의미의 표현으로 뒤에는 동사원형이 옵니다. 본문에서는 사지 않으면 안 되는, 즉 '사고 싶었던'으로 해석하면 됩니다.

4 '나도 같은 생각이다'라는 뜻으로, 구어적인 표현 That makes two of us.로 바꿔 쓸 수 있습니다.

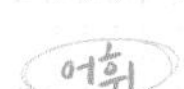

lecture 훈계하다
strict 엄격한
considerate 사려 깊은

| 정답 |

❶ on my side / be on / side

❷ on the same wavelength

❸ read my mind / on my side / completely agreed with

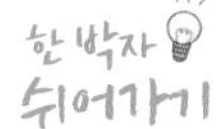

불평하는 말에 맞장구칠 때는?

상대방의 불평이나 부정적인 의견에는 어떻게 맞장구를 칠까요?

That's nonsense. 말도 안 돼.

Are you serious? = Seriously? 그거 정말이야?

Don't talk nonsense. 터무니 없는 소리 마라.

You cannot be serious. 설마.

It doesn't make sense to me. 말도 안 돼.

That's ridiculous. 황당하구나.

Don't talk rubbish! 실없는 소리 하지 마라!

That's silly. 그런 황당하고 멍청한 일이 다 있냐.

3단계
주요 표현 다시 보기

앞에서 익힌 모든 표현을 소리 내어 읽으며 복습하세요.

❶ 네 편이라고 지지할 때

당연히 네 편이지.	I am totally on your side, of course.
난 완전히 네 편이고 네가 이기도록 도와줄 거야.	I am totally on your side and I will do my best to help you win.
가족은 항상 나의 편이 되어 주어 든든해.	I feel safe because my family is always on my side.

❷ 누군가 속을 꿰뚫는 것 같을 때

부장님은 우리 맘을 읽고 계신 게 틀림없어.	I am pretty sure that our department manager just read our minds.
그 감독은 배우들의 속을 꿰뚫고 있어.	The producer reads the minds of the actors and actresses.
남의 속을 꿰뚫다니, 너 점쟁이니?	Are you a fortuneteller to be able to read other people's minds?

❸ 서로 잘 통할 때

너희 둘이 잘 통한다니 무슨 말이야?	What do you mean by being on the same wavelength?
우리가 정말 잘 통하는 게 맞긴 한 건가?	I wonder if we really are on the same wavelength or not.
우리는 잘 통해서 말을 안 해도 서로 알아.	We understand each other without saying anything because we're on the same wavelength.

❹ 상대 의견에 전적으로 동의할 때

살 빼려면 안 먹는 게 최선이라는데 전적으로 동의해.	I heard that the best thing you can do to lose weight is not to eat. I couldn't agree with you more.
전적으로 너와 동감이야.	I completely agree with you.
피부가 좋아지려면 잠을 많이 자야 한다는데 전적으로 동감이야.	I heard that you need many hours of sleep if you want better skin. I completely agree with it.

❺ 상대 의견에 맞장구칠 때

내 말이 그 말이야! 어쩜 나랑 똑같은 생각을 했니?	You're telling me! How can you be thinking exactly what I am thinking?
오해한 것 같은데. 내 말은 그 말이 아닌데.	You must have misunderstood me. That's not what I said.
너도 그렇게 생각하고 있었어? 나도 그렇게 생각하고 있었는데.	Were you thinking that way, too? That's exactly what I was thinking.

17

상대 의견에 반대할 때 하는 말

I have nothing more to say!

할 말이 더 이상 없다!

상대방의 의견에 반대할 때 여러분은 어떻게 말하나요? '절대 반대야', '그건 네 생각이지', '무슨 헛소리야?', '내 눈에 흙이 들어가기 전엔 절대로 안 돼' 등등 반대 의사를 나타낼 때 때로는 거칠게 표현하기도 하는데, 영어로는 어떻게 말해야 할지 지금부터 알아보죠.

준비단계
핵심 표현 입력하기

이미지와 함께 오늘 배울 핵심 표현을 입력하세요.

❶ **have nothing more to say**
할 말이 더 이상 없다

❷ **That's what you think.**
그건 네 생각이다.

❺ **Look who's talking.**
사돈 남 말 하고 있네.

❹ **What on earth ~?**
도대체 무슨 ~?

❸ **over my dead body**
내 눈에 흙이 들어가도 안 된다

V 이 표현은 어떻게 말할까요?

❶ 할 말이 더 이상 없다! ....

❷ 그건 네 생각이지. ....

❸ 내 눈에 흙이 들어가도 안 돼! ....

❹ 도대체 무슨 말을 하는 거야? ....

❺ 사돈 남 말 하고 있네. ....

17-1.mp3

1단계
핵심 표현 파헤치기

빈칸을 채운 후, 오디오를 들으며 핵심 표현을 익혀 보세요.

❶ 할 말이 더 이상 없다!
I have nothing more to say!

have nothing to say는 '할 말이 없다'는 뜻으로 어이없는 상황을 겪을 때 쓰는 말이죠. '할 말을 잃다'는 be lost for words나 I'm speechless.라고 합니다.

❶ 어이가 없네! 할 말이 더 이상 없다.
I am totally dumbfounded! I ________ more to say.

❷ 더 이상 듣고 싶지 않아. 할 말이 없어 정말.
I don't want to hear this any more. I have nothing ________.

❸ 황당한 이야기 때문에 할 말을 잃었어.
I am ________ after hearing that shocking story.

❷ 그건 네 생각이지.
That's what you think.

That's what ~에서 what은 '무엇'이 아니라 '(~한) 것'의 의미로 쓰였습니다.

❶ 모든 남자들이 널 좋아한다고? 그건 네 생각이지.
Did you say that all men like you? ________ you think.

❷ 내일 눈이 온다고? 그건 네 생각이야.
Is it going to snow tomorrow? That's what ________.

❸ 세상에서 자기가 제일 예쁘다고? 완전 자기 생각이지.
She really thinks that she is the prettiest in the whole world?
________ she ________.

❸ 내 눈에 흙이 들어가도 안 돼!
Over my dead body!

'내 눈에 흙이 들어가기 전에는 절대 안 돼.'라는 말에 딱 맞는 표현입니다.

| 정답 |
❶ 1 have nothing
2 more to say
3 lost for words
❷ 1 That's what
2 you think
3 That's what / thinks
❸ 1 over my dead body
2 over my dead body
3 over my dead body

비슷한 뜻의 표현으로 No way! / By no means! 등이 있습니다.

❶ 내 눈에 흙이 들어가도 일어날 수 없는 일이야.

It's not going to happen, even ______________.

❷ 내 눈에 흙이 들어가도 네 이혼은 반대야.

I am against you getting divorced, even ______________.

❸ 그 남자는 내 눈에 흙이 들어가도 내 사위가 될 수 없다.

There is no way that he is going to be my son-in-law, even ______________.

❹ 무슨 말을 하는 거야?
What on earth are you talking about?

'도대체 ~'라는 의미를 나타낼 때 How[Why] on earth ~?도 사용합니다. 구어체 표현으로 What the heck ~?도 있습니다.

What on earth ~?는 '도대체 무엇 ~?'이라는 뜻으로 전혀 모르겠거나 아주 궁금해서 물을 때 쓸 수 있죠.

❶ 도대체 지금 뭘 하고 있는 거니? ______________ are you doing now?

❷ 도대체 무슨 말을 하는 거야? 또박또박 말을 해.

______________ are you talking about? Try to speak clearly, will you?

❸ 도대체 무슨 말을 하는 거야? 정확하게 네 의견을 말해 봐.

______________ are you talking about? Try to tell me exactly what your opinion is.

❺ 사돈 남 말 하고 있네.
Look who's talking.

잠깐만요!

비웃음을 담아 말할 때 You're a fine one (to talk)!의 표현을 쓰기도 합니다. Speak for yourself.는 '너나 잘해.'라는 의미입니다.

상대방이 나에게 잘못이나 실수에 대해서 언급할 처지가 아님에도 불구하고 잔소리하는 것을 들었을 때 쓰는 표현입니다.

❶ 사돈 남 말하고 있네! 너나 잘해! ______________ Speak for yourself!

❷ 혼자 잘난 척하기는! 사돈 남 말 하고 있어.

Look at you on your high horse! ______________

❸ 너나 나나 똑같아. 사돈 남 말 하고 있어, 정말.

You and I are both the same. Really, ______________.

| 정답 |

❹ 1 What on earth
2 What on earth
3 What on earth

❺ 1 Look who's talking!
2 Look who's talking.
3 look who's talking

2단계
실전 회화 도전하기

빈칸을 채운 후, 오디오를 들으며 따라 하세요.

❶ 진수, 착각에 빠지다

17-2.mp3

I asked Jinsu what he thought of Jieun. He said that he felt really comfortable when he was with her and that he was planning on [1]**asking her out**. He also said that she [2]**was probably spellbound by** him because he was the best-looking guy on campus. I became speechless. No, actually I ________________ to this. [3]**All I can say is** that's only ____________.

진수에게 지은이에 대해 어떻게 생각하는지 물었다. 그는 그녀와 있으면 꽤 편하다면서 데이트 신청을 하려고 한다고 했다. 그는 또한 자신이 캠퍼스에서 가장 잘생겨서 그녀가 자신에게 매료된 것 같다고 말했다. 난 할 말을 잃었다. 아니 난 할 말이 없었다. 그건 완전 본인의 생각일 뿐이지.

1 ask ~ out은 '~을 밖으로 초대하다', 즉 '~에게 데이트를 청하다'라는 뜻입니다.

2 be spellbound by는 '(~으로 인해) 넋을 잃다[마음을 빼앗기다]'라는 뜻입니다. be attracted to (~에게 매료당하다)와 같은 의미로, 이때 attract는 '마음을 끌다', '끌어당기다'라는 뜻입니다.

3 '내가 할 수 있는 말은 ~이다'의 뜻으로 쓰이는 표현입니다.
e.g. All I can say is that it's better not to happen again.
(내가 말할 수 있는 거라곤 그게 다시 일어나지 않는 게 좋을 거라는 겁니다.)

❷ 직장 동료의 퇴사 소식을 듣다

17-3.mp3

[1]**One of my coworkers** came up to me and asked me if he could [2]**have a word with** me. He looked like he had something [3]**on his mind**. He told me that he was thinking of quitting his job. When I heard him say that, I said to him, "____________ are you talking about?" If I were his parents, I would probably have told him in a loud voice, "Not ______________! I am not going to let you quit!" However, it looked like he [4]**had his mind set on** quitting, and there was nothing I could do about it.

직장 동료가 내게 다가와선 얘기할 수 있는지 물었다. 뭔가 신경 쓰이는 게 있는 것 같아 보였다. 그는 내게 직장을 그만둘 것이라고 말했다. 난 그 소리를 듣고 "무슨 말을 하고 있는 거야?"라고 물었다. 내가 그의 부모라면 아마도 큰소리로 "내 눈에 흙이 들어가도 안 돼! 절대 그만두게 둘 수는 없다!"라고 말했을 것이다. 그러나 그는 그만두기로 작정한 것처럼 보였고 난 할 수 있는 일이 아무것도 없었다.

1 〈one of+복수 명사〉는 '~ 중의 하나'라는 뜻으로 주어 자리에 쓸 경우 현재 시제일 때 단수 동사를 써야 합니다.

2 '(~와) 잠깐 이야기를 하다', '(~에게) 잔소리를 하다'라는 뜻입니다. 여기서는 '잠깐 이야기하다'로 쓰였습니다.

3 on one's mind는 '마음에 걸려', '신경이 쓰여', '머릿속에 박혀', '~으로 머리가 가득하여', '우선 마음에 걸리는 일이 있어' 등의 의미로 사용됩니다.

4 have one's mind set on은 '마음을 굳게 먹다'라는 의미의 표현입니다. 같은 표현으로 have one's heart set on이 있습니다. '~에 대해 마음을 정하다'라고 말할 때는 set one's heart on으로 표현합니다.

comfortable 편안한
best-looking 가장 잘생긴
speechless 할 말을 잃은
quit 그만두다

③ 부모님의 결혼 반대에 굴하지 않다! 17-4.mp3

Hyeonjong and I have been dating for 7 years now. We decided to get married because we love one another. One thing that was [1]**bugging** us was that our parents were stubbornly opposing our marriage. Mom had a long talk with me and said, "You want to marry that bastard? __________ " I tried to get some help from my dad, who is usually on my side. However, he was [2]**as cold as stone**. He said, "__________ are you thinking about? I have __________ about it." My parents told us that we had to break up because [3]we **were not meant for each other**. I said to myself, "__________ Don't you think I know that both of you also have the wrong kind of chemistry?" They [4]**have no clue** how deep our love is for each other. I have a feeling that they were against us getting married because Hyeonjong doesn't have a stable job. Sure, it's important to marry someone who is financially stable, but I think the most important thing is how two people feel about each other. We are never going to break up.

1 bug는 명사일 때는 '도청기', '벌레'의 뜻으로 쓰이지만, 본문에서처럼 동사로 쓰일 때는 '성가시게 굴다', '괴롭히다'라는 의미입니다. 참고로 bug 대신 trouble을 써도 됩니다.
e.g. He kept bugging me to buy new pants.(그는 새 바지를 사라고 나를 계속 괴롭혔다.)

2 '몹시 차가운', '냉담한', '쌀쌀한', '비정한'의 의미입니다.

3 mean에는 '~이 될 운명이다'라는 의미가 있어서, be meant for each other라고 하면 '죽이 맞다', '궁합이 맞다'의 뜻으로 쓰입니다. be not meant for each other는 '궁합이 맞지 않다'라는 뜻이 되며, have the wrong kind of chemistry로 바꿔 표현할 수 있습니다. 여기서 chemistry는 '(특정 물질의) 화학적 성질' 또는 '화학'이라는 뜻으로 쓰인 것이 아니라 '(사람 사이에 보통 성적으로 강하게 끌리는) 화학적 반응'을 의미합니다.

4 have no idea와 같은 뜻으로 '알 수가 없다', 즉 '모른다'는 의미의 표현입니다.

현종이와 데이트한 지 7년이 되었다. 우린 서로 좋아해 결혼하기로 결정했다. 한 가지 괴로운 점이 부모님께서 우리 결혼을 완강히 반대하시는 것이었다. 엄마는 나와 함께 긴 이야기를 했는데, "그 놈이랑 결혼하겠다고? 내 눈에 흙이 들어가기 전에는 안 돼!"라고 말씀하셨다. 거의 내편인 아빠에게 도움을 청했지만 찬바람이 쌩쌩 불었다. 아빠는 "도대체 무슨 생각을 하고 있는 거니? 더 이상 말할 것도 없다."라고 말씀하셨다. 부모님은 우리 두 사람이 궁합이 맞지 않기 때문에 헤어져야 한다고 말씀하셨다. "사돈 남 말 하시고 계시네요. 궁합은 엄마, 아빠도 맞지 않는다고 생각하지 않으세요?" 혼잣말로 중얼거렸다. 우리 사랑이 얼마나 깊은지를 잘 아시지도 못하면서. 내가 생각하기에 현종이가 안정된 직업이 없기 때문에 결혼에 반대한다는 느낌이 들었다. 물론 경제적으로 안정적인 사람과 결혼하는 것이 중요하지만, 두 사람이 서로 어떻게 느끼는지가 제일 중요하다. 우린 절대로 헤어지지 않을 것이다.

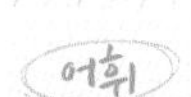

stubbornly 고집스럽게
break up 헤어지다

| 정답 |

① had nothing to say / what he thinks

② What on earth / over my dead body

③ Over my dead body! What on earth / nothing more to say / Look who's talking!

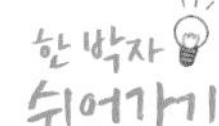

일부러 반대 의견을 말하는 사람?

어떤 의견이나 사안에 대해 일부러 반대 의견을 내는 사람 또는 역할을 가리키는 말이 있습니다. 일명 '악마의 대변인'이라고 하죠. 대부분의 사람들이 생각하지 못했던 거나, 혹은 옹호하지 못하는 의견을 내거나 반대 입장을 취하는 의견에 대해서도 생각할 기회를 주는 역할을 하는 사람으로, 영어로는 devil's advocate이라고 합니다.

3단계
주요 표현 다시 보기

앞에서 익힌 모든 표현을 소리 내어 읽으며 복습하세요.

❶ 황당해서 할 말이 없을 때

어이가 없네! 할 말이 더 이상 없다.	I am totally dumbfounded! I have nothing more to say.
더 이상 듣고 싶지 않아. 할 말이 없어 정말.	I don't want to hear this any more. I have nothing more to say.
황당한 이야기 때문에 할 말을 잃었어.	I am lost for words after hearing that shocking story.

❷ 혼자만의 착각이라고 말할 때

모든 남자들이 널 좋아한다고? 그건 네 생각이지.	Did you say that all men like you? That's what you think.
내일 눈이 온다고? 그건 네 생각이야.	Is it going to snow tomorrow? That's what you think.
세상에서 자기가 제일 예쁘다고? 완전 자기 생각이지.	She really thinks that she is the prettiest in the whole world? That's what she thinks.

❸ 절대 안 된다고 반대할 때

내 눈에 흙이 들어가도 일어날 수 없는 일이야.	It's not going to happen, even over my dead body.
내 눈에 흙이 들어가도 네 이혼은 반대야.	I am against you getting divorced, even over my dead body.
그 남자는 내 눈에 흙이 들어가도 내 사위가 될 수 없다.	There is no way that he is going to be my son-in-law, even over my dead body.

❹ 도대체 무슨 말을 하는 건지 물을 때

도대체 지금 뭘 하고 있는 거니?	What on earth are you doing now?
도대체 무슨 말을 하는 거야? 또박또박 말을 해.	What on earth are you talking about? Try to speak clearly, will you?
도대체 무슨 말을 하는 거야? 정확하게 네 의견을 말해 봐.	What on earth are you talking about? Try to tell me exactly what your opinion is.

❺ 사돈 남말 하고 있다고 핀잔줄 때

사돈 남 말하고 있네! 너나 잘해!	Look who's talking! Speak for yourself!
혼자 잘난 척하기는! 사돈 남 말 하고 있어.	Look at you on your high horse! Look who's talking.
너나 나나 똑같아. 사돈 남 말 하고 있어, 정말.	You and I are both the same. Really, look who's talking.

18

아쉽거나 후회할 때 하는 말

I was well off in those days.

왕년에 잘나갔었지.

어느 누구도 지난 시간에 대해 아쉬워하지 않거나 그리워하지 않는 사람은 없을 것입니다. 미루지 말고 진작 했어야 했는데 하며 뼈저리게 후회할 때도 있고, 돌아가고 싶을 만큼 그리운 한때도 있고, 누구나 한 번쯤 하게 되는 후회의 말들, 영어로는 어떻게 말하는지 배워 보기로 해요.

준비단계
핵심 표현 입력하기

이미지와 함께 오늘 배울 핵심 표현을 입력하세요.

❶ **be well off**
형편이 좋다

❷ **I wish I could go back**
~으로 돌아가고 싶다

❺ **obsess**
집착하다

❸ **miss the good old days**
좋았던 옛 시절이 그립다

❹ **What's the use of ~?**
~해서 뭐해?

V 이 표현은 어떻게 말할까요?

❶ 왕년에 잘나갔었지.

❷ 옛날로 돌아가고파.

❸ 좋았던 옛 시절이 그립다.

❹ 이제 와서 후회하면 뭐 해?

❺ 과거에 집착해 봤자 소용없는데.

18-1.mp3

1단계
핵심 표현 파헤치기

빈칸을 채운 후, 오디오를 들으며 핵심 표현을 익혀 보세요.

❶ 왕년에 잘나갔었지.
I was well off in those days.

well off는 '형편이 좋은'이란 뜻으로 be well off는 '잘나가다'의 의미입니다. have seen better days은 '(과거에) 잘 살았다', 즉 '왕년에 잘나갔다'는 뜻입니다.

❶ 왕년에 잘나갔던 때가 그립다. I miss those days when I ______________.

❷ 왕년에 잘나갔던 배우들은 요즘 TV에 나오질 않아.
The TV actors and actresses, who ______________ in the past, no longer appear on TV nowadays.

❸ 나이 드신 분들은 모두 왕년에 잘나갔다고 한다.
Most of the older generation says that they ______________.

❷ 옛날로 돌아가고파.
I wish I could go back in time.

잠깐만요!

back in time[the days, the past]는 모두 '예전에', '과거에'라는 뜻입니다.

〈I wish+주어+과거형 동사〉는 현재 또는 미래의 실현될 것 같지 않은 소망을 표현합니다.

❶ 학창 시절로 돌아가고 싶다. ______________ go back to my school years.

❷ 불가능하다는 걸 알지만 옛날로 돌아가고 싶어.
I know it's impossible, but I wish ______________ in time.

❸ 20대로 돌아가서 열정적으로 연애하고 싶어.
______________ to my 20s and date again with passion.

❸ 좋았던 옛 시절이 그립다.
I miss the good old days.

miss the good old days는 좋았던 옛 시절을 '놓치다'라는 뜻이 아니라, '그리워하다'라는 의미입니다.

❶ 대학교 다니던 시절이 좋았어. I miss the ______________ of going to college.

| 정답 |
❶ 1 was well off
2 were well off
3 have seen better days
❷ 1 I wish I could
2 I could go back
3 I wish I could go back

❷ 부모님 살아생전이 그립다.

I ______ the good old days when my parents were alive.

❸ 편지를 서로 주고받던 때가 좋았는데.

I ______________ when we wrote letters to each other.

❹ 이제 와서 후회하면 뭐 해?
What's the use of regretting it now?

What's the use of ~?는 '~해서 뭐해?'라는 뜻입니다. 참고로, What's the use!는 '소용없어!', '헛수고야!'라는 뜻입니다.

procrastinate은 '해야 할 일을 하기가 싫어서 질질 끌거나 미룬다'는 뜻이 있습니다.

❶ 어젯밤에 그녀에게 전화 안 한 걸 후회하면 뭐해?

______________ regretting not calling her last night?

❷ 과거에 집착하면서 후회하면 뭐해?

______________ obsessing about your past and regretting it now?

❸ 어젯밤에 진작 했어야 했는데. 이제 와서 후회하면 뭐해?

It would have been better if I didn't procrastinate last night. ______________ regretting it now?

❺ 과거에 집착해 봤자 소용없는데.
It's no use obsessing about the past now.

obsess는 '집착하다'의 뜻으로, 이 문장은 It's useless to think about the past now.처럼 말할 수도 있습니다.

It's no use ~ing는 '~해 봐야 소용없다'는 뜻입니다.

❶ 과거에 집착해 봤자 나만 손해야.

If I keep ________ about the past, it will only be my loss.

❷ 내 꿈이 멀어질수록 나는 계속 과거에 대해 집착해.

As my dreams get further and further away, I keep ________ about the past.

❸ 과거에 집착하는 사람은 발전이 없어.

There will be no future for the person who keeps ________ about the past.

| 정답 |
❸ 1 good old days
2 miss
3 miss the good old days
❹ 1 What's the use of
2 What's the use of
3 What's the use of
❺ 1 obsessing
2 obsessing
3 obsessing

2단계
실전 회화 도전하기

빈칸을 채운 후, 오디오를 들으며 따라 하세요.

❶ 누구나 리즈 시절은 있다!

18-2.mp3

어른들은 입만 열면 옛날 이야기를 하시면서 "왕년에 잘나갔었지!"라고 떠벌리신다. 한때 유명했던 가수도 영화배우도 아닌데 매번 왕년에 잘나갔다는 말을 하는 걸 난 잘 이해할 수 없다. 아마도 지나간 시간이 그리워 습관처럼 말하는 게 아닐까 싶다. 시간이 흐르면 때로 모든 것이 후회되고 그리워지는 것은 당연하다. 그러나 자신의 과거에 너무 연연하지 않고 앞으로 미래를 계획하고 도전하는 것도 멋지지 않을까 생각한다.

Whenever I hear grownups speak, they always [1]**brag about** the past and say, "I ____________." It's not like they were once famous singers or movie stars so I don't understand what they mean by having seen better days. Maybe they could be saying that as a habit because they miss the past. Of course, one has regrets and misses things of the past [2]**from time to time**. However, I think that it would be more beneficial for the person if he or she doesn't [3]**cling to** the past too much and challenges himself or herself and prepares for the future instead.

1 '(심하게) 자랑하다', '떠벌리다'라는 뜻입니다. 못마땅하다는 느낌을 담고 하는 말입니다.
2 '가끔', '때때로', '이따금'이란 뜻으로 sometimes 또는 occasionally와 같습니다.
3 '~을 고수하다', '~에 매달리다', '~에 집착하다'라는 뜻으로, cling to life라고 하면 '삶에 집착하다'라는 의미입니다.

❷ 엄마와 싸우고 후회하다

18-3.mp3

엄마와 대판 싸웠다. 엄마에게 소리쳐서 맘이 많이 상하셨을 거다. 그러지 말았어야 했는데. 뼈저리게 후회하지만 이제 와서 후회하면 뭐하나? 이미 엎질러진 물인데 말이다. 더 말조심하고 말을 더 잘 골라 써야 하는데. 오늘 아침 내 행동과 말투는 정말 너무 심했다. 깊이 반성하고 있지만, 다친 엄마의 마음을 어떻게 되돌릴 수 있을지 정말 미치겠다. 저녁에 일찍 집에 들어가 내가 저녁상을 차려야겠다. 엄마가 용서해 주시길 바랄 뿐이다.

I had a huge fight with mom. I yelled at my mom and I probably hurt her feelings. I really [1]**shouldn't have done** that. [2]**I bitterly regret my actions**, but ____________ regretting them now? [3]**It's no use crying over spilt milk.** I know that I should be more cautious of what I say and choose my words more wisely. I admit that my words and behavior were a little too harsh this morning. I am really reflecting deeply on my mistake, but I am going crazy trying to figure out how I can help heal my mother's hurt feelings. I think I should come home early today and make dinner. I hope she [4]**accepts my apology**.

1 should not have p.p.는 '~하지 말았어야 했다'라는 의미로, 이미 한 행동에 대한 후회를 담아 말할 때 사용합니다.
2 후회막심한 상황에서 하는 말이며, I regret what I did.라고 하면 더 자연스러운 표현이 됩니다.
3 격언으로 '엎질러진 우유를 두고 울어 봤자 소용없다', 즉 이미 벌어진 상황이나 사태를 돌이킬 수 없다는 뜻으로 후회해도 소용없다는 것을 나타냅니다.
4 accept one's apology는 '사과를 받아들이다', 즉 '용서하다'라는 뉘앙스가 있는 표현입니다.

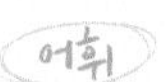

grownup 어른(= adult)
beneficial 유익한, 이로운
cautious 조심하는
harsh 조금 너무 심한, 냉혹한

③ 사이가 멀어진 영아와의 추억을 회상하다 18-4.mp3

영아와 나는 예전에는 정말 가까운 사이였지만, 요즘은 서로 말도 하지 않고 서로 만나지도 않는다. 어쩌다가 우리 둘의 사이가 이렇게 되었는지 잘 모르겠다. 우리는 절친한 사이였다. 걔 집에 놀러 가서 같이 공부도 하고 밥도 먹고, 공부하다 지치면 같이 잠도 자곤 했다. 가끔 친했던 그 시절을 떠올려 보면 그때 그 시절이 정말 그립다. 사람이 인생에 있어 세 명의 좋은 친구를 곁에 두고 있으면 그 인생은 성공한 인생이라는 옛말이 있다. 과연 나는 그런 친구가 있는지 되돌아보게 된다. 지금 와서 후회해도 소용없지만, 기회가 되면 영아를 만나서 사과하고 싶다. 오해가 있었다면 그 오해를 풀 수만 있다면 기뻐서 노래라도 부를 것 같다.

Yeonga and I were really close friends once, but now we don't talk to each other anymore or even see each other. I have no idea how our relationship [1]**turned out** to be like this. We were such good friends. I [2]**used to** go over to her house and we would study together, [3]**have meals** together, and would have [4]**sleepovers** if we got tired of studying. Sometimes I think of the days when we were really close and I really ______________. [5]**There is a saying** that if you have at least three close friends in your life, then you will have success in life. This makes me think if I have three such close friends. I know it's no use regretting it now, but if the occasion arises, I would like to meet with Yeonga and apologize for things I did. If there was a misunderstanding, it would make my heart sing with joy to be able to clear up that misunderstanding, if possible.

1 turn out은 '일, 진행, 결과가 특정 방식으로 되다'라는 뜻이며, how로 시작하는 간접 의문문에 쓰였습니다. e.g. I don't know how my children will turn out.(우리 자녀가 어떻게 될지는 모르겠다.)

2 '~하곤 했다'라는 뜻으로 과거에 그랬던 것이고 '이제는 더 이상 ~ 않다'라는 의미를 담고 있습니다. used to 다음에는 동사원형이 옵니다.

3 '식사를 하다'라는 뜻으로, 여기서 have는 eat의 뜻으로 쓰였습니다.

4 명사 sleepover는 아이들이나 청소년들이 한집에 모여 '함께 자며 놀기', '밤샘 파티'를 가리키는데 보통 slumber party로 많이 알려져 있습니다. sleep over는 '(남의 집에서) 자고 가다[오다]'라는 뜻입니다.

5 '옛말에 ~이 있다'는 의미의 표현으로, saying은 '격언', '속담'을 가리킵니다.

regret 후회하다
clear up 해결하다
misunderstanding 오해, 착오

| 정답 |

① have seen better days
② what's the use of
③ miss those days

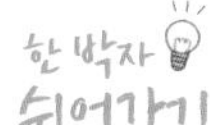

그때가 좋았지.

힘들거나 고달픈 현실 세계를 떠나 과거를 회상하며 흔히 하는 말이 있죠. '그때가 좋았어.'라고 많이 말하는데, 영어로는 Those were the days.라고 하며, 가수 이선희의 '아~ 옛날이여'도 이 말로 나타낼 수 있습니다. '지금과는 아주 다른 인생을 살았다.'라고 할 때는 I had this whole other life.라고 하는데 과거를 그리워하거나 회상할 때 자주 쓰입니다.

3단계
주요 표현 다시 보기

앞에서 익힌 모든 표현을 소리 내어 읽으며 복습하세요.

❶ 왕년에 잘나갔다고 할 때

왕년에 잘나갔던 때가 그립다.	I miss those days when I was well off.
왕년에 잘나갔던 배우들은 요즘 TV에 나오질 않아.	The TV actors and actresses, who were well off in the past, no longer appear on TV nowadays.
나이 드신 분들은 모두 왕년에 잘나갔다고 한다.	Most of the older generation says that they have seen better days.

❷ 옛 시절로 돌아가고 싶을 때

학창 시절로 돌아가고 싶다.	I wish I could go back to my school years.
불가능하다는 걸 알지만 옛날로 돌아가고 싶어.	I know it's impossible, but I wish I could go back in time.
20대로 돌아가서 열정적으로 연애하고 싶어.	I wish I could go back to my 20s and date again with passion.

❸ 좋았던 시절을 그리워 할 때

대학교 다니던 시절이 좋았어.	I miss the good old days of going to college.
부모님 살아생전이 그립다.	I miss the good old days when my parents were alive.
편지를 서로 주고받던 때가 좋았는데.	I miss the good old days when we wrote letters to each other.

❹ 후회해도 소용없다고 말할 때

어젯밤에 그녀에게 전화 안 한 걸 후회하면 뭐해?	What's the use of regretting not calling her last night?
과거에 집착하면서 후회하면 뭐해?	What's the use of obsessing about your past and regretting it now?
어젯밤에 진작 했어야 했는데. 이제 와서 후회하면 뭐해?	It would have been better if I didn't procrastinate last night. What's the use of regretting it now?

❺ 과거에 집착하지 말라고 충고할 때

과거에 집착해 봤자 나만 손해야.	If I keep obsessing about the past, it will only be my loss.
내 꿈이 멀어질수록 나는 계속 과거에 대해 집착해.	As my dreams get further and further away, I keep obsessing about the past.
과거에 집착하는 사람은 발전이 없어.	There will be no future for the person who keeps obsessing about the past.

19

비판하거나 비난할 때 하는 말

How could anyone be like that?

뭐 저런 인간이 다 있어?

털어서 먼지 안 나는 사람 없긴 하지만 상처가 될 만큼 심한 비난의 소리는 삼가야겠죠? 그래도 이런저런 사람들과 섞여 살다 보면 비판하고 비난하는 말 한 번 안 하고 살기는 쉽지 않습니다. 자기 자신에 대해서나 타인에 대해서 비난하고 질타할 때 쓸 수 있는 영어 표현들을 알아볼까요?

준비단계
핵심 표현 입력하기

이미지와 함께 오늘 배울 핵심 표현을 입력하세요.

❶ **How could anyone ~?**
어떻게 ~할 수 있지?

❷ **act one's age**
나잇값을 하다

❺ **be blinded by love**
콩깍지가 씌이다

❸ **be sick and tired of**
~에 질리다

❹ **be embarrassed**
창피하다

V 이 표현은 어떻게 말할까요?

❶ 뭐 저런 인간이 다 있어? ....

❷ 나잇값 할 때야. ....

❸ 징징거리는 데 질렸어. ....

❹ 창피해 죽겠어요. ....

❺ 그 남자 눈에 콩깍지가 씌었어. ....

19-1.mp3

1단계
핵심 표현 파헤치기

빈칸을 채운 후, 오디오를 들으며 핵심 표현을 익혀 보세요.

❶ 뭐 저런 인간이 다 있어?
How could anyone be like that?

'어떻게 저런 사람이 있을 수 있나?'라고 할 때는 How could anyone ~?이라고 합니다. 직설적으로 '나쁜 인간'이라고 말할 때는 What a jerk!와 같이 표현하기도 합니다.

❶ 노부모를 버리다니, 뭐 저런 인간이 다 있어?

______ leave their elderly parents behind?

❷ 저게 인간이야? 어떻게 사람의 도리를 저버릴 수가 있지?

______ be like that? How can someone even think about abandoning one's duties?

❸ 뭐 저런 인간이 다 있냐! 돈을 빌려갔으면 갚아야지.

______ If he borrows money, then he should repay it.

❷ 나잇값 할 때야.
It's time for you to act your age.

철 좀 들라는 의미의 말로 Don't act like a child.와 함께 자주 쓰입니다. act one's age는 '나잇값을 하다'라는 뜻의 표현입니다.

❶ 현종이는 나잇값을 못해. Hyeonjong doesn't know how to ______.

❷ 지은이도 이제 서른 살인데, 나잇값을 해야지.

Jieun is 30 years old now. She should start ______.

❸ 나이만 먹으면 뭐해? 사람이 나잇값을 해야지.

What's the use of getting older when he doesn't know how to ______?

잠깐만요!

It's time to ~는 '~할 시간이다'의 뜻으로, It's time for ~의 형태로도 쓰입니다. to 다음에는 동사원형이, for 다음에는 명사 상당 어구가 옵니다.

❸ 징징거리는 데 질렸어.
I am sick and tired of your whining.

| 정답 |

❶ 1 How could anyone
2 How could anyone
3 What a jerk!

❷ 1 act his age
2 acting her age
3 act his age

be sick and tired of는 '~에 질리다', '~이 지긋지긋하다'입니다.

❶ 징징거리는 아이들은 정말 지긋지긋해. I am ________ of whining kids.

❷ 한두 번도 아니고 너 매번 징징거리는 데 질렸어.

I am ________ hearing you whine, not once but all the time.

❸ 시집가라는 소리 들을 때마다 징징대는 내 친구한테 정말 질렸다.

I ________ hearing my friend whine whenever people tell her she should get married.

❹ 창피해 죽겠어요.
I am so embarrassed.

잠깐만요!

좀 격하게 '창피해 죽겠다'고 할 때는 I could die of embarrassment.와 같이 말할 수 있습니다.

be[feel] embarrassed는 '창피하다'라는 뜻입니다. 난처하거나 부끄러워 쥐구멍에라도 숨고 싶다고 할 때는 I am so embarrassed. I wish there was a hole I could crawl into.라고 합니다.

❶ 내가 저 사람이라면 창피할 텐데.

If I was in his position, I would ____ so ________.

❷ 시험 점수가 엉망이라 정말 창피하겠다.

You must ____ so ________ by your poor test results.

❸ 남자 친구 때문에 창피해 죽겠어. My boyfriend made me ________.

잠깐만요!

be infatuated with도 '~에게 홀딱 반하다'라는 의미의 표현입니다.

❺ 그 남자 눈에 콩깍지가 씌었어.
He's blinded by love.

blind를 동사로 쓰면 '눈을 멀게 하다'는 뜻이 있습니다. 그래서 콩깍지가 씌었다고 할 때는 수동태인 be blinded by love로 씁니다.

❶ 너 눈에 콩깍지가 씐 게 분명해.

It's obvious that you have ________.

❷ 내가 눈에 콩깍지가 씌었던 거야. 어떻게 저런 거짓말쟁이를 사랑했었지?

I think I ________. How could I have loved such a liar?

❸ 눈에 콩깍지가 씌어서 다른 사람은 생각하기도 싫어.

I don't want to think about other people because love has ________ me.

| 정답 |

❸ 1 sick and tired
2 sick and tired of
3 am sick and tired of

❹ 1 be / embarrassed
2 be / embarrassed
3 feel so embarrassed

❺ 1 been blinded by love
2 was blinded by love
3 blinded

빈칸을 채운 후, 오디오를 들으며 따라 하세요.

❶ 나잇값 못하는 남자 친구에 대해 푸념하다 19-2.mp3

I no longer feel like arguing with him any more. I'm ______ it. That's because my boyfriend tends to [1]**act like a child** sometimes. If something doesn't work out the way he wants it to work out, he will get angry and then get frustrated with me. It's time for him to be more mature. [2]**I can't stand it any more.** [3]**It's time for him to ______.** My boyfriend is so pathetic.

더 이상 그와 말다툼하기 싫다. 이제 질렸다. 왜냐하면 내 남자 친구는 자주 아이처럼 행동을 하기 때문이다. 그는 뭔가가 제 맘대로 되지 않으면 쉽게 화를 내고 나에게 짜증을 낸다. 그가 이제는 철이 좀 들어야 할 때인 것 같다. 난 더 이상 견딜 수 없을 것 같다. 이젠 나잇값 할 때다. 정말 남자 친구가 한심하다.

1 '아이처럼 행동하다'라는 뜻인데요. childlike(아이 같은, 순수한)와 혼동하지 마세요. 그리고 childish는 '(어린아이처럼) 유치한'이란 뜻이므로 childlike와 구분해서 사용하세요.

2 '더 이상 견딜 수 없다'는 뜻으로 stand가 '참다', '견디다'의 의미로 쓰였습니다. 특히 부정문이나 의문문에 쓰여 싫은 것을 강조할 때 사용합니다.

3 〈It's time for+사람+to+동사원형〉은 '(사람)이 ~할 때이다'라는 뜻의 표현입니다. It이 act his age 해야 하는 것이 아니라 him이 act his age를 해야 한다는 의미로, 이때 for him을 to부정사의 의미상의 주어라고 합니다.

❷ 최악의 소개팅을 하다 19-3.mp3

I experienced something awful when I [1]**went out on a blind date** the other day. Firstly, the guy was late for the date and, secondly, his clothes were messy. I felt so ______ at the coffee shop. I was so resentful of my friend for [2]**setting me up** with such a guy. During the date, he told me that he was going to use the restroom. He took a long time in the restroom. When he came back, he told me that he had to leave because he had a lot of things to do. I know I may be an old maid, but for me to experience something as ridiculous as this was very unpleasant. How can there even be such a person on this earth? I returned home and then called my friend who set up the blind date. I yelled at her on the phone, "Have you [3]**lost your mind**?" I almost died of embarrassment that day.

며칠 전에 소개팅 나갔을 때 정말 황당한 일을 당했다. 우선, 만나는 남자가 늦게 왔고, 둘째로, 옷차림도 엉망이었다. 커피숍에서 어찌나 창피하던지. 어떻게 저런 남자를 내게 소개했는지 친구가 원망스러웠다. 만나는 도중에 화장실에 다녀온다더니 한참 걸렸다. 돌아와서 한다는 말이 할 일이 많아서 가야 한다고 했다. 내가 아무리 노처녀이지만 이렇게 황당한 일을 겪다니 정말 불쾌했다. 뭐 저런 인간이 다 있을까? 집에 와 소개팅을 해 준 친구에게 전화를 걸어 "너 정신 나갔어?"라고 소리를 질러댔다. 그 날은 정말 황당해 죽을 뻔했다.

1 go out on a blind date에서 blind date는 소위 말하는 '소개팅'을 의미하고 go out on a date는 '데이트하러 나가다'라는 뜻이므로 '소개팅을 나간다'라는 뜻이 되죠.

2 set up은 '~에게 자금을 대 주다', '~에게 소개팅을 주선하다', '~에게 누명을 씌우다'와 같이 다양한 의미로 쓰입니다. 여기서는 '소개팅을 주선하다'는 뜻입니다.

3 lose one's mind는 '미치다', '(정신이) 돌다'라는 뜻의 표현입니다.

get frustrated 짜증내다
pathetic 한심한, 불쌍한
messy 지저분한, 엉망인
resentful 분한, 분개하는, 억울한
ridiculous 웃기는, 말도 안 되는, 터무니없는

❸ 징징거리는 영자에게 따끔한 한마디! 19-4.mp3

I ________________ hearing my friend, Yeongja, whine all day long every time I see her. It looks like [1] **she has nothing better to do than whine**. Yeongja is the type of friend whom I don't feel seeing any more because all she does is whine every time we meet. When I do meet her, I feel so frustrated. Once I tried to [2] **block her out** with my earplugs, but I could still hear her annoying voice. I tried to be patient, but I couldn't bear her whining any more. I finally [3] **blew up** and told her that she should stop whining and grow up. I told her that the world is not perfect. And that it was not possible for her to be a perfect person either. She is a good friend, but sometimes she needs to [4] **be woken up to face reality**. She is obviously ________________ and is wasting her time and money on this guy who doesn't even like her. What's the use of whining about it? She is really pitiful sometimes. She's a good person, but sometimes she just needs a little jolt to make her realize the truth.

내 친구 영자는 만날 때마다 하루 종일 징징거리는데 아주 지긋지긋하다. 징징거리는 거 외엔 할 일이 없는 거 같다. 영자는 만날 때마다 징징거리기만 해서 사실 더 이상 만나기 싫은 친구 중 하나이다. 만나면 답답해진다. 한번은 귀마개로 소리를 차단하려 해 봤지만, 여전히 짜증나는 그녀의 목소리가 들렸다. 참다 참다 영자의 징징거리는 소리를 더 이상 참지 못했다. 나는 화가 치밀어서 그만 징징거리고 철 좀 들라고 소리쳤다. 세상은 완벽하지 않다고 했다. 그리고 영자 역시 완벽해질 수 없다고 말했다. 그녀는 좋은 친구지만, 때로는 그녀에게 현실을 직시하도록 일깨워 줄 필요가 있다. 남자에게 콩깍지가 씌어서 자신을 좋아하지도 않는 이 남자에게 시간과 돈을 낭비하고 있으니. 그렇다고 징징거리기만 하면 뭐하냐 말이다. 정말 한심하다. 그녀는 좋은 사람이지만, 때로는 현실을 직시할 수 있는 약간의 충격이 필요하다.

1 she has nothing else to do but whine처럼 바꿔 말할 수 있습니다. have nothing better to do than은 '~ 외엔 할 일이 없다'라는 뜻입니다.
2 block out은 '봉쇄하다', '막아버리다', '차단하다'라는 의미로, 본문에서는 징징거리는 소리를 차단하기 위해서 earplugs를 사용했다는 의미로 쓴 것입니다.
3 blow up은 '폭발하다', '화내다', '이성을 잃다'의 의미를 나타냅니다.
4 wake up은 '~을 정신 들게 하다', face reality는 '현실을 직시하다'라는 뜻으로, 상대방에게 정신 차리라고 충고할 때 쓸 수 있습니다.

earplugs 귀마개
whine 징징거리다
jolt 충격

| 정답 |
❶ sick and tired of / act his age
❷ embarrassed
❸ am sick and tired of / blinded by love

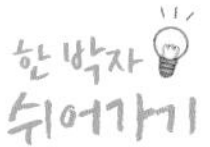

'트집 잡는다'고 할 때 knock

Knock, knock, knock!
'똑, 똑, 똑' 하고 문 두드릴 때 나는 노크 소리죠? knock이 동사일 때는 주로 '두드리다'라는 뜻으로 쓰이지만, '비판하다', '트집 잡다'라는 의미도 있어 다음과 같이 쓸 수 있습니다.
e.g. Don't knock it unless you've tried it. 해 보지도 않고 트집 잡지 마.

3단계
주요 표현 다시 보기

앞에서 익힌 모든 표현을 소리 내어 읽으며 복습하세요.

❶ 누군가의 나쁜 행실에 대해 비난할 때

노부모를 버리다니, 뭐 저런 인간이 다 있어?	How could anyone leave their elderly parents behind?
저게 인간이야? 어떻게 사람의 도리를 저버릴 수가 있지?	How could anyone be like that? How can someone even think about abandoning one's duties?
뭐 저런 인간이 다 있냐! 돈을 빌려갔으면 갚아야지.	What a jerk! If he borrows money, then he should repay it.

❷ 나잇값 못하는 사람에 대해 말할 때

현종이는 나잇값을 못해.	Hyeonjong doesn't know how to act his age.
지은이도 이제 서른 살인데. 나잇값을 해야지.	Jieun is 30 years old now. She should start acting her age.
나이만 먹으면 뭐해? 사람이 나잇값을 해야지.	What's the use of getting older when he doesn't know how to act his age?

❸ 무언가에 질리거나 지긋지긋할 때

징징거리는 아이들은 정말 지긋지긋해.	I am sick and tired of whining kids.
한두 번도 아니고 너 매번 징징거리는 데 질렸어.	I am sick and tired of hearing you whine, not once but all the time.
시집가라는 소리 들을 때마다 징징대는 내 친구한테 정말 질렸다.	I am sick and tired of hearing my friend whine whenever people tell her she should get married.

❹ 창피할 때

내가 저 사람이라면 창피할 텐데.	If I was in his position, I would be so embarrassed.
시험 점수가 엉망이라 정말 창피하겠다.	You must be so embarrassed by your poor test results.
남자 친구 때문에 창피해 죽겠어.	My boyfriend made me feel so embarrassed.

❺ 눈에 콩깍지가 씌었다고 할 때

너 눈에 콩깍지가 씐 게 분명해.	It's obvious that you have been blinded by love.
내가 눈에 콩깍지가 씌었던 거야. 어떻게 저런 거짓말쟁이를 사랑했었지?	I think I was blinded by love. How could I have loved such a liar?
눈에 콩깍지가 씌어서 다른 사람은 생각하기도 싫어.	I don't want to think about other people because love has blinded me.

20 이성을 묘사할 때 하는 말

She is the total package.

그 여자는 '엄친딸'이야.

강의 및 예문듣기

이성에 대해 묘사할 때 어떤 말들을 가장 많이 하게 될까요? 딱 자기 이상형이라든가, 집안이 좋다든가, 엄친아라든가 하는 얘기도 할 수 있겠고, 특히 상대가 여성일 경우 몸매가 멋지다는 얘기도 하곤 하죠. 이번에는 이런 말들을 영어로 배워 보세요.

준비단계
핵심 표현 입력하기

이미지와 함께 오늘 배울 핵심 표현을 입력하세요.

❶ **be the total package**
모든 것을 다 갖췄다

❷ **have a killer figure**
몸매가 멋지다

❺ **make ~ pay for one's beauty**
얼굴값을 하다

❹ **come from a good home**
집안이 좋다

❸ **have excellent qualifications**
스펙이 좋다

V 이 표현은 어떻게 말할까요?

❶ 그 여자는 '엄친딸'이야. ______

❷ 그 여자 쭉쭉빵빵이야. ______

❸ 그 여자 스펙이 빵빵해. ______

❹ 그 여자는 집안이 좋아. ______

❺ 예쁜 여자들은 모두 얼굴값을 해요. ______

20-1.mp3

1단계

핵심 표현 파헤치기

빈칸을 채운 후, 오디오를 들으며 핵심 표현을 익혀 보세요.

❶ 그 여자는 '엄친딸'이야.
She is the total package.

total package는 '능력, 외모, 성격을 두루 갖춘 사람', 요즘 소위 말하는 '엄친아', '엄친딸'을 일컫습니다.

❶ 엄친딸이면 엄친딸처럼 예의를 갖춰야지.
If she thinks she ______________, then she should have the common courtesy to show respect.

❷ 엄친아면 다야? You think it's enough to be called ______________?

❸ 도대체 '엄친'이라는 말은 언제부터 생긴 거야?
I wonder when the word 'eomchin' got started as ______________.

❷ 그 여자 쭉쭉빵빵이야.
She has a killer figure.

아주 좋은 몸매를 가리켜 killer figure, voluptuous figure라고 합니다.

❶ 소개팅에 나갔는데, 여자가 완전 쭉쭉빵빵이더라고.
I went out on a blind date and this lady ______________.

❷ 가로수 길에 가면 쭉쭉빵빵한 여성들로 가득이야.
You will see lots of women with ______________ in Garosu Road.

❸ 쭉쭉빵빵한 여성들이 과연 살림도 잘할까?
I wonder if women with ______________ will also be excellent homemakers, too.

❸ 그 여자 스펙이 빵빵해.
She has excellent qualifications.

qualifications는 '(어떤 일, 활동에 필요한) 자격'을 뜻하는데 자격을 모두 갖췄다, 즉 요즘 말로 스펙이 빵빵하다고 할 때 활용할 수 있습니다.

| 정답 |
❶ 1 is the total package
2 the total package
3 the total package
❷ 1 had a killer figure
2 killer figures
3 voluptuous figures

❶ 스펙이 꼭 빵빵해야만 하는 건가? Is it necessary to ______________________?

❷ 고학력자는 스펙이 빵빵할 수밖에 없어.

A highly educated person can only ______________________.

❸ 스펙보다는 인성이 더 중요하다고 생각해.

I believe that one's character is more important than one's ____________.

❹ 그 여자는 집안이 좋아.
She **comes from a good home.**

come from은 '~ 출신이다'라는 뜻이죠. well off(부유한)를 써서 Her family is well off.와 같이 말해도 비슷한 의미입니다.

❶ 지영이는 집안이 좋아. Jiyeong ______________________.

❷ 집안이 좋다고 사람 됨됨이가 다 좋은 것은 아닐 거야.

I don't think that a person has a good character just because he ______________________.

❸ 결혼하기 전에 집안이 좋은지를 알아봐야 해.

You have to find out whether he __________ a well-off family before you marry him.

❺ 예쁜 여자들은 모두 얼굴값을 해요.
All pretty women **make you pay for their beauty.**

소위 '얼굴값을 하다'는 〈make+사람+pay for one's beauty〉입니다.

❶ 그 여자는 얼굴값을 해. She makes you ______________.

❷ 예쁜 여자들은 꼭 얼굴값을 하는 것 같아.

I think all pretty women ____________ for their beauty.

❸ 대부분의 얼굴값 하는 남자들은 결혼한 후에도 문제를 일으키지.

The majority of the men who ______ women ______________ are known to cause trouble, even after they get married.

| 정답 |

❸ 1 have excellent qualifications
2 have excellent qualifications
3 qualifications

❹ 1 comes from a good home
2 comes from a good home
3 comes from

❺ 1 pay for her beauty
2 make you pay
3 make / pay for their beauty

2단계
실전 회화 도전하기

빈칸을 채운 후, 오디오를 들으며 따라 하세요.

❶ 완벽녀와 소개팅하다

20-2.mp3

내 친구가 소개팅을 주선했다. 난 소개팅에 나가기 싫었다. 하지만 만난 여자가 정말 엄친딸이었기 때문에 가길 잘했다. 외모, 성격, 능력, 뭐 하나 빠지는 게 없는 사람을 내가 만나다니! 그 여자 집안도 좋다. 완벽한 엄친딸이다! 오늘 완전 기분 끝내준다!

My friend [1] **set me up on a blind date**. I really didn't want to go out on the blind date. However, I am so glad I did because the woman I met was ____________. How can it be possible that I, of all people, get to meet someone who had everything including good looks, a great personality and ____________? She also came ____________ ____________. She was the total package! [2] **I'm in seventh heaven!**

1 set ~ up on a blind date라고 하면 '~에게 소개팅을 주선하다'라는 의미입니다.

2 '최고로 행복하다', '기분이 끝내준다'라는 뜻을 나타냅니다. I'm on top of the world. / I'm on cloud nine. / I'm walking on air. 등이 비슷한 의미의 표현입니다.

❷ 꿈에 그리던 완벽한 여자를 만나다

20-3.mp3

사람들은 어떤 타입의 사람을 만나고 싶은지 묻지만, 그건 참 답변하기 어려운 질문이다. 상냥하고 잘 돌봐 주는 사람, 나와 비슷한 관심사를 갖고 있는 사람을 만나고 싶긴 하다. 어제 누굴 만났는데 그녀는 아주 세련된 성격에 몸매도 쭉쭉빵빵이었다. 스펙도 빵빵하고 집안도 좋았다. 내가 그런 여자를 만나다니 믿기지 않는다. 난 정말 행운아다.

Some people ask me what type of person I would like to meet one day, but I find that question very hard to answer. I would like to meet someone who is kind and caring, someone who [1] **has similar interests** to mine. I met someone yesterday and she was a woman who had a very sophisticated personality and a very ____________. She also happened to have excellent ____________ and also came from a great home. I can't believe that I actually met someone like that. [2] **I am so fortunate.**

1 have similar interests는 '비슷한 관심사를 갖고 있다'는 뜻으로 have common interests로 바꿔 표현할 수 있습니다.

2 I'm so lucky.라고도 할 수 있으며, '난 행운아다', '난 운이 너무 좋다'라는 뜻을 나타냅니다.

blind date 소개팅
personality 성격
caring 배려하는, 보호하는
sophisticated 세련된, 정교한, 수준 높은
fortunate 운 좋은, 다행한

❸ 현실적인 이상형을 생각해 보다

20-4.mp3

얼굴이 예쁜 여성들은 꼭 얼굴값을 한다고 들었다. 하지만 예외는 늘 있다고 생각한다. 얼굴도 예쁘고 몸매도 빵빵하고, 스펙도 좋고, 그리고 무엇보다도, 마음씨까지 예쁜 여자가 있지 않을까? 만일 그런 여자가 내 앞에 나타난다면, 난 그 자리에서 청혼을 하고 바로 결혼할 것 같다. 하지만 현실은 불가능하다는 것을 안다. 그래서 외모보다는 마음이 잘 통하는 여자를 만난다면 결혼 생활에 더 좋지 않을까 생각한다. 휴우! 난 언제쯤 내 반쪽을 만나게 될까? 나만 빼고 모두 품절이다. 하루빨리 그날이 오면 좋겠다. 얼굴값 하는 여성이 아니라 마음으로 나를 사로잡는 여자를 정말 만나고 싶다.

I heard that all women with pretty faces live up to their looks. However, I believe that [1]there are always some exceptions. [1]**I wonder if** there are women who have everything including a pretty face, a voluptuous figure, ______________, and most importantly a kind heart. If such a woman appears before me, I will propose to her on the spot and marry her right away. But I know this is impossible in real life. So that's why I think it will be more beneficial to my marriage if I meet someone whom I can connect with rather than someone who just has good looks. Phew! I wonder when I will meet my other half. Everybody is taken but me. [2]**I wish** that day would come sooner rather than later. I really want to meet a woman who [3]**captures** my heart and not a woman who just ______________.

1 '~인지 궁금하다'라는 의미의 표현으로 뭔가에 대해 알고 싶을 때 자주 사용합니다.

2 현실과는 반대로 '~하면 좋겠다고 생각하거나 바랄 때 사용하는 표현입니다. I wish 다음에 that을 생략하고 쓰는 경우가 많습니다.

3 여기서 capture는 catch보다 딱딱한 말로, 사람의 마음 등을 '사로잡다'라는 의미로 쓰였습니다.

voluptuous 관능적인, 육감적인
on the spot 현장에서, 즉석에서
beneficial 유익한, 이로운
other half 다른 반쪽, 배우자
be taken (사람이) 결혼했다; (물건이) 다 팔리다

| 정답 |
❶ the total package / qualifications / from a good home
❷ killer figure / qualifications
❸ excellent qualifications / makes me pay for her beauty

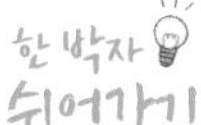

코드가 맞는다???

남자와 여자가 서로에게 이끌리는 조건 중 가장 중요한 것들이 어디 한두 가지인가요? 무엇보다도 두 사람의 성격, 취미, 좋아하는 영화 장르, 음식 등이 골고루 맞아야 하는데, 우리는 이런 것을 '코드가 맞는다'라고 표현하죠. 영어로 '코드'는 code로 '암호', '부호', '암호로 쓰다' 등의 의미가 있으며, postcode, zip code, bar code처럼 쓰입니다. 우리말에서 말하는 '코드가 맞는다'는 말은 '서로 통한다', '서로 잘 맞는다'는 의미죠. 영어로는 have good chemistry(통하는 데가 있다)라고 합니다. hit it off라고도 하며, '코드가 맞는다', '죽이 맞는다'라는 의미입니다.

3단계
주요 표현 다시 보기

앞에서 익힌 모든 표현을 소리 내어 읽으며 복습하세요.

❶ 모든 게 완벽한 사람에 대해 말할 때

엄친 딸이면 엄친 딸처럼 예의를 갖춰야지.	If she thinks she is the total package, then she should have the common courtesy to show respect.
엄친아면 다야?	You think it's enough to be called the total package?
도대체 '엄친'이라는 말은 언제부터 생긴 거야?	I wonder when the word 'eomchin' got started as the total package.

❷ 몸매 좋은 사람에 대해 말할 때

소개팅에 나갔는데, 여자가 완전 쭉쭉빵빵이더라고.	I went out on a blind date and this lady had a killer figure.
가로수 길에 가면 쭉쭉빵빵한 여성들로 가득이야.	You will see lots of women with killer figures in Garosu Road.
쭉쭉빵빵한 여성들이 과연 살림도 잘할까?	I wonder if women with voluptuous figures will also be excellent homemakers, too.

❸ 스펙에 대해 말할 때

스펙이 꼭 빵빵해야만 하는 건가?	Is it necessary to have excellent qualifications?
고학력자는 스펙이 빵빵할 수밖에 없어.	A highly educated person can only have excellent qualifications.
스펙보다는 인성이 더 중요하다고 생각해.	I believe that one's character is more important than one's qualifications.

❹ 집안이 좋다고 할 때

지영이는 집안이 좋아.	Jiyeong comes from a good home.
집안이 좋다고 사람 됨됨이가 다 좋은 것은 아닐 거야.	I don't think that a person has a good character just because he comes from a good home.
결혼하기 전에 집안이 좋은지를 알아봐야 해.	You have to find out whether he comes from a well-off family before you marry him.

❺ '얼굴값 한다'고 할 때

그 여자는 얼굴값을 해.	She makes you pay for her beauty.
예쁜 여자들은 꼭 얼굴값을 하는 것 같아.	I think all pretty women make you pay for their beauty.
대부분의 얼굴값 하는 남자들은 결혼한 후에도 문제를 일으키지.	The majority of the men who make women pay for their beauty are known to cause trouble, even after they get married.

: **셋째**마당 :

매일 나누는 대화, 영어로 어떻게 말할까?

21 외모를 묘사할 때 하는 말
22 휴대 전화를 이용할 때 하는 말
23 휴대 전화의 사용 및 문제에 대해 하는 말
24 대중교통을 이용할 때 하는 말
25 TV 프로그램에 관해 수다 떨며 하는 말
26 주말에 한 일에 대해 하는 말
27 약속을 잡을 때 하는 말
28 음식을 주문할 때 하는 말
29 술 마신 다음날에 하는 말
30 미용실에서 하는 말

21 외모를 묘사할 때 하는 말

You haven't changed at all.

하나도 안 변했구나.

사람들이 겉모습에 대해 이야기할 때 가장 먼저 꺼내는 얘기가 피부 아닐까요? 피부가 깨끗하면 외모가 좀 떨어져도 충분히 커버가 되니까요. 이번 시간에는 피부 얘기뿐 아니라 동안이라든가, 주름이 없다든가, 제 나이보다 어려 보인다든가 하는 등 외모에 대한 영어 표현을 알아보기로 해요.

준비단계 핵심 표현 입력하기

이미지와 함께 오늘 배울 핵심 표현을 입력하세요.

❶ **not change at all**
하나도 변하지 않다

❷ **have fair skin**
피부가 백옥 같다

❺ **look too ~**
너무 ~해 보이다

❸ **have no wrinkles**
주름이 없다

❹ **have perfect skin**
잡티 하나 없다

V 이 표현은 어떻게 말할까요?

❶ 하나도 변하지 않았어. ....

❷ 피부가 백옥이야. ....

❸ 얼굴에 주름 하나 없어. ....

❹ 어떻게 잡티 하나 없을 수 있니? ....

❺ 40대라고 하기엔 너무 젊어 보이네. ....

21-1.mp3

1단계
핵심 표현 파헤치기

빈칸을 채운 후, 오디오를 들으며 핵심 표현을 익혀 보세요.

❶ 하나도 변하지 않았어.
You haven't changed at all.

'하나도 변하지 않다'는 not change at all입니다. 흔히 현재완료형으로 씁니다. '하나도 늙지 않았다'는 haven't aged라고 합니다.

❶ 어쩜 옛날과 똑같니? 하나도 변하지 않았네.
How can you be the same as before? You ________.

❷ 어떻게 하나도 변하지 않았어? How come you ________ a bit?

❸ 10년 만에 보는데 하나도 늙지 않았어. You ________ a bit in 10 years.

❷ 피부가 백옥이야.
You have fair and white skin.

피부색이 '하얀' 편일 때는 fair, '까만' 편일 때는 dark, '피부'는 skin이나 complexion이라는 표현을 씁니다.

피부가 좋다고 할 때 smooth as a baby's bottom(피부가 아기 엉덩이처럼 부드럽다)의 표현을 쓸 수 있습니다.

❶ 어쩜 피부가 이렇게 백옥이야! How can you ____ such ____?

❷ 피부가 탱탱하고 백옥이야. Your skin is so firm and very ____.

❸ 넌 피부가 까무잡잡해서 섹시해 보여.
Your ________ makes you look sexy.

❸ 얼굴에 주름 하나 없어.
You have no wrinkles on your face.

wrinkle은 '주름'이죠. have no wrinkles나 don't have a wrinkle은 말 그대로 '주름이 없다'는 뜻입니다. 주름이 많다고 할 땐 have a lot of wrinkles라고 합니다.

❶ 주름이 없어서 그런지 나이 안 들어 보여.
You don't look your age at all. Maybe it's because you ________ ________ at all.

| 정답 |
❶ 1 haven't changed at all
2 haven't changed
3 haven't aged
❷ 1 have / fair skin
2 fair
3 dark complexion

❷ 입 주위 근육 운동을 열심히 해야 해. 그럼 더 이상 주름이 없을 거야.

You should exercise the muscles around your mouth. Then there will be ______ any more.

❸ 눈가에 주름 좀 봐봐. 자글자글하잖아.

Look at the wrinkles around your eyes. There are ______.

❹ 어떻게 잡티 하나 없을 수 있니?

How can you **have** such **perfect skin**?

perfect skin은 '깨끗한 피부'로, flawless complexion으로 바꿔 말해도 되죠. such perfect skin에서 such는 '너무 ~한'이란 뜻으로 쓰였습니다.

❶ 그 여잔 얼굴에 잡티 하나 없어. She has such ______.

❷ 주근깨가 많아서 그렇지, 네 얼굴 피부는 너무 좋아.

You just have a lot of freckles; otherwise you ______ such ______ ______.

❸ 피부 관리 받았니? 정말 피부 좋다.

Did you get facial treatments? You have a ______.

❺ 40대라고 하기엔 너무 젊어 보이네.

You **look too** young to be in your 40s.

look too young은 '너무 젊어[어려] 보인다'는 의미의 표현입니다. look too 다음에 형용사를 써서 '너무 ~해 보이다'라는 뜻을 나타낼 수 있으니 활용해 보세요. '40대'는 in one's 40s로 나타내죠. '40대 후반'이라고 할 때는 in one's late 40s라고 합니다.

❶ 네 실제 나이로 보이지 않아. You ______ young for your age.

❷ 당신은 별로 추레해 보이지 않아요. You don't ______ shabby yourself.

❸ 그는 나이에 비해서 그렇게 나빠 보이지 않아. He doesn't ______ bad for his age.

| 정답 |

❸ 1 have no wrinkles
2 no wrinkles
3 a lot of wrinkles

❹ 1 perfect skin
2 have / perfect skin
3 flawless complexion

❺ 1 look too
2 look too
3 look too

2단계
실전 회화 도전하기

빈칸을 채운 후, 오디오를 들으며 따라 하세요.

❶ 10대 같은 40대의 비결은? 21-2.mp3

Jieun Did you see Miyeon at our elementary school [1]**reunion** yesterday?

Hyeonhui Yes. Who thought she would still look like a teenager?

Jieun [2]**Tell me about it.** We hadn't seen each other in 30 years and instead of looking like she was in her 40s, and I know I may be exaggerating a bit, but she really __________ __________. She __________ at all.

Hyeonhui I wonder what her secret is.

Jieun Hyeonhui, why don't you call and ask her?

Hyeonhui Good idea. I will. Nobody is going to think Miyeon is in her 40s.

Jieun It was nice to see her timeless beauty.

지은 어제 초등학교 동창회에서 미연이 봤지?
현희 응. 걔는 어쩜 아직도 십대 같더라.
지은 그러게 말이야. 30년 만에 만났는데 40대로 안 보이고, 조금 과장해서 말하자면 정말 십대 같아 보였어. 주름도 하나 없고.
현희 비결이 뭘까?
지은 미연이한테 전화해서 한 번 물어봐, 현희야.
현희 좋은 생각이야. 그렇게 할게. 아무도 미연이를 40대라고 생각하지 못할 거야.
지은 세월이 흘러도 변하지 않은 모습이어서 보기에 좋더라.

1 '상봉', '재회', '동창회'라는 뜻이 있으며, '동창회'는 class reunion으로도 표현합니다.
2 상대방의 말에 맞장구치며 '그러게 말이야', '네 말이 맞아'의 의미를 나타낼 때 쓸 수 있습니다.

❷ 도자기 피부인 친구를 부러워하다 21-3.mp3

Yumi Jieun, which [1]**dermatology clinic** do you go to? How can you have such __________?

Jieun Actually, I get a facial [2]**treatment** at a dermatology clinic once every three weeks. It's best if we take care of our skin when we are young. That way, our skin will look better as we get older.

Yumi You are right. Although some people may have natural beauty, our skin won't look pretty without making an effort, right?

Jieun Of course. People even say that I don't look my age at all.

Yumi I would like to go with you to your dermatology clinic.

유미 지은아, 너 어디 피부과 다니니? 어떻게 잡티 하나 없어?
지은 사실은, 피부과에 3주에 한 번씩 가서 얼굴 피부 관리를 받고 있어. 젊을 때 관리를 해줘야 좋아. 그래야 나이 들었을 때 더 괜찮아 보여.
유미 네 말이 맞아. 타고난 피부 미인도 있겠지만, 노력해야 피부도 좋아지겠지?
지은 그럼 당연하지. 사람들이 내 나이로 전혀 보이지 않는다고 하더라구.
유미 나도 네가 다니는 피부과에 같이 가 보고 싶다.

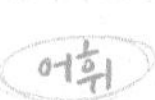

exaggerate 과장해서 말하다
although ~임에도 불구하고
make an effort 노력하다, 애쓰다

1 '피부과 의원'을 가리키며, 보통 clinic은 '전문 분야의 병원[병동]'을 가리킵니다.
2 대화에서 treatment는 '관리'의 의미로 쓰였습니다. beauty treatment(미용 관리), hair treatment(헤어 관리)처럼 쓸 수 있습니다. treatment에는 '치료', '처치'라는 뜻도 있습니다.

❸ 백옥 피부의 비결을 공유하다!

21-4.mp3

세희 지영아, 넌 내가 없는 걸 다 가졌어.
지영 그게 다 뭔데?
세희 음, 두상도 작고 피부도 백옥이잖아. 거기다 주름 하나 없으니, 정말 부럽다.
지영 음, 외모가 괜찮고 피부가 좋을지는 몰라도, 너처럼 똑똑하지 않잖아. 남자애들은 머리 좋은 여자를 좋아한단다.
세희 웃기고 있네! 그렇지 않아. 하지만 언제든지 네가 원한다면 너와 바꿀 준비가 되어 있어.
지영 야, 됐어. 여기, 내가 얼굴에 사용하는 로션 종류를 보여 줄게. 여기 샘플 있어. 네 피부에도 맞는지 한 번 써 봐.
세희 고맙다, 지영아. 넌 좋은 친구야.
지영 그렇게 말해 주니 고맙다. 세희야, 넌 태어날 때부터 피부가 그렇게 까무잡잡했어?
세희 응, 우리 엄마 피부가 나처럼 좀 까매. 내가 엄마를 쏙 빼닮았잖아.

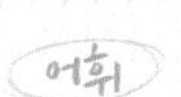

in addition 게다가, 또한
exactly 꼭, 정확히

| 정답 |
❶ looked like a teenager / has no wrinkles
❷ perfect skin
❸ don't have a wrinkle / dark complexion

Sehui Jiyeong, you have everything that I don't.

Jiyeong What are those things that I have?

Sehui Well, you have a small head and fair skin. In addition, you ______________ on your face. I [1] **am so envious of** you.

Jiyeong Well, although I look okay and have good skin, I am not as smart as you are. [2] **Guys like girls with brains**.

Sehui Don't be funny! I don't think that's true. However, I will always be ready to trade with you if you want.

Jiyeong That's quite alright. Here, I'll show you what kind of lotion I use on my face. Here is a sample. Try it and see if it is okay for your skin type.

Sehui Thank you, Jiyeong. You are a good friend.

Jiyeong Thanks for saying so. Sehui, have you had ______________ since you were born?

Sehui Ah, yes. Uh huh. My mom's skin is also dark like mine. I look exactly like my mom, you know.

1 be envious of는 '~을 부러워하다'라는 뜻으로 envy[be] jealous of와 비슷한 뜻으로 쓰입니다. 구어체에서는 '몹시 샘을 내는'이라는 뜻의 be green with envy도 많이 사용됩니다.

2 Guys like smart girls.라고 바꿔 말할 수 있습니다.

한 박자 쉬어가기

여자 얼굴에 난 애교점

태어날 때부터 갖고 태어난 자국은 birthmark라고 합니다. '모반'이나 '점'을 말하는데, 이 단어는 남성이나 여성 모두에게 사용됩니다. 그런데 birthmark보다 크기가 작고 여성의 미모를 돋보이게 해 주는 것으로 알려진 '애교점'은 beauty mark 또는 beauty spot이라고 합니다. 일명 고소영 점, 김남주 점과 같이 주로 입이나 코에 있는 '점'을 가리키죠.

3단계
주요 표현 다시 보기

앞에서 익힌 모든 표현을 소리 내어 읽으며 복습하세요.

❶ 하나도 변하지 않았다고 할 때

어쩜 옛날과 똑같니? 하나도 변하지 않았네.	How can you be the same as before? You haven't changed at all.
어떻게 하나도 변하지 않았어?	How come you haven't changed a bit?
10년 만에 보는데 하나도 늙지 않았어.	You haven't aged a bit in 10 years.

❷ 백옥 같은 피부를 보며 감탄할 때

어쩜 피부가 이렇게 백옥이야!	How can you have such fair skin?
피부가 탱탱하고 백옥이야.	Your skin is so firm and very fair.
넌 피부가 까무잡잡해서 섹시해 보여.	Your dark complexion makes you look sexy.

❸ 주름에 관해 말할 때

팔자 주름이 없어서 그런지 나이 안 들어 보여.	You don't look your age at all. Maybe it's because you have no wrinkles at all.
입 주위 근육 운동을 열심히 해야 해. 그럼 더 이상 주름이 없을 거야.	You should exercise the muscles around your mouth. Then there will be no wrinkles any more.
눈가에 주름 좀 봐봐. 자글자글 하잖아.	Look at the wrinkles around your eyes. There are a lot of wrinkles.

❹ 깨끗한 피부에 대해 말할 때

그 여잔 얼굴에 잡티 하나 없어.	She has such perfect skin.
주근깨가 많아서 그렇지, 네 얼굴 피부는 너무 좋아.	You just have a lot of freckles; otherwise you have such perfect skin.
피부 관리 받았니? 정말 피부 좋다.	Did you get facial treatments? You have a flawless complexion.

❺ 나이에 비해 젊어 보인다고 말할 때

네 실제 나이로 보이지 않아.	You look too young for your age.
당신은 별로 추레해 보이지 않아요.	You don't look too shabby yourself.
그는 나이에 비해서 그렇게 나빠 보이지 않아.	He doesn't look too bad for his age.

22 휴대 전화를 이용할 때 하는 말

Did you get my text message?

내 문자 받았어?

현대인의 필수품인 휴대 전화. 하루 중 휴대 전화를 사용하는 데 보내는 시간을 따져 보면 대부분 놀라지 않을 수 없을 겁니다. 그런데 통화하고, 문자 보내고, 검색하고, 다운받고 업로드하고 사진을 카카오톡으로 보내는 등, 휴대 전화를 사용할 때 우리가 하게 되는 일들을 영어로는 어떻게 표현할까요?

준비단계
핵심 표현 입력하기

이미지와 함께 오늘 배울 핵심 표현을 입력하세요.

❶ **get a text message**
문자를 받다

❷ **send a text message**
문자를 보내다

❸ **set up**
~을 설치하다

❹ **send a photo on Kakaotalk**
카카오톡으로 사진을 보내다

❺ **by using**
사용해서

V 이 표현은 어떻게 말할까요?

❶ 내 문자 받았어?

❷ 문자 보내고 있어.

❸ 새로 나온 앱을 어떻게 깔아야 해?

❹ 사진을 카카오톡으로 보내 줘.

❺ 밴드 앱을 사용해서 친구들과 계속 연락해 봐.

22-1.mp3

1단계
핵심 표현 파헤치기

빈칸을 채운 후, 오디오를 들으며 핵심 표현을 익혀 보세요.

❶ 내 문자 받았어?
Did you **get my text message**?

문자를 '받는다'고 할 때는 get이나 receive를 써서 나타낼 수 있습니다.

❶ 내가 언제 문자 받았지? When did I get the ______?

❷ 아직 내 문자를 받지 않은 거야? You didn't ______ yet?

❸ 너한테 온 문자는 하나도 없었어. I didn't ___ any ______ from you.

❷ 문자 보내고 있어.
I am **sending a text message**.

send a text message(문자를 보내다)와 같은 의미로 동사 text를 활용하여 I'm texting.이라고 할 수도 있습니다.

❶ 나 지금 문자 보낼 수가 없어. 극장 안이야.
I can't ______ right now. I am inside a movie theater.

❷ 지금 막 너한테 문자 보내려고 했어. I was just about to send you a ______.

❸ 그 사람은 문자 보낸다고 하고, 왜 아직도 안 보내는 거야?
I was told that he was going to ___ me; so why hasn't he ___ me yet?

❸ 새로 나온 앱을 어떻게 깔아야 해?
How do I **set up** this new application on my cell phone?

set up은 install, 즉 '설치하다', '깔다'의 뜻이 있기 때문에, 전화나 인터넷을 설치하거나 바이러스 프로그램 등을 깐다고 할 때 set up을 자주 사용합니다.

❶ 지하철 노선 앱을 까는 것은 무료야. It's free to ___ the subway line app.

❷ 다이어트 앱은 어떤 걸 까는 게 가장 좋을까?
Which diet apps do you think are best to ___?

| 정답 |
❶ 1 text message
2 get my text message
3 get / text messages
❷ 1 send a text message
2 text message
3 text / texted

❸ 여러 유용한 앱을 무료로 깔 수 있어.

I could ________ many different kinds of useful apps for free.

❹ 사진을 카카오톡으로 보내 줘.
Please send me the photo on Kakaotalk.

'~에게 …을 보낸다'고 할 때는 동사 send를 활용할 수 있으며, 카카오톡을 매개로 하여 보낼 때는 전치사 on을 활용하여 on Kakaotalk으로 표현합니다.

❶ 카카오톡으로 사진 보내지 마! 사진이 뿌옇게 보여.

Don't ________ on Kakaotalk! The image is blurry.

❷ 그 서류 사진 찍어서 카카오톡으로 전송해.

Take a picture of the document and send it ________.

❸ 사진 용량이 큰데 카카오톡으로 보낼 수 있을까?

Do you think I can ________ this picture ________ even if the image file is big?

❺ 밴드 앱을 사용해서 친구들과 계속 연락해 봐.
Do stay in touch with your group of friends by using the BAND app.

BAND를 영어로 표현하면 the social networking mobile application for groups라고 하면 됩니다. 뭔가를 '사용해서' 어떤 것을 한다고 할 때는 by using을 사용하세요.

❶ 친구들과 핸드폰으로 밴드에서 자주 채팅해.

I chat often with my friends ________ the BAND app on my mobile phone.

❷ 핸드폰으로 집에 있는 보일러도 켤 수 있어.

You can even turn on the heater in your home ________ your mobile phone.

❸ 티켓 예매, 좌석 예약, 티켓 결제 모두 핸드폰으로 할 수 있어.

You can make ticket reservations, seat reservations and also pay for tickets ________ your mobile phone.

| 정답 |
❸ 1 set up
2 set up
3 set up
❹ 1 send the photo
2 on Kakaotalk
3 send / on Kakaotalk
❺ 1 by using
2 by using
3 by using

2단계
실전 회화 도전하기

빈칸을 채운 후, 오디오를 들으며 따라 하세요.

❶ 약속 시간에 늦은 영란, 문자도 안 받다 22-2.mp3

Jongmi	It looks like Yeongran is late again. Maybe [1]**I should send her a text message.**
Sujin	Do you know her telephone number?
Jongmi	Yes, but when I ______ Yeongran a text message, she never checks the text messages right away.
Sujin	I see Yeongran coming in the cafe.
Jongmi	Hey, did you ______________? Why don't you answer your text messages when you see them?
Yeongran	I am sorry. I was going to answer your ____________ and then I forgot. I keep getting forgetful nowadays.
Sujin	[2]**That's really unfortunate.** It's evidence that you are getting older.

종미 영란이가 또 늦는 것 같네. 아무래도 문자를 보내 봐야겠다.
수진 걔 전화번호 알아?
종미 응. 그런데 영란이는 문자를 보내면 바로 확인을 하는 법이 없더라고.
수진 영란이가 카페에 들어오고 있네.
종미 야, 내 문자 받았어? 넌 문자 보고 왜 답장을 안 하니?
영란 미안해. 문자 답장 한다 해놓고 깜빡 잊었어. 내가 요즘 계속 깜빡깜빡 잊어.
수진 안됐다. 나이 먹고 있다는 증거지 뭐.

1 동사 text를 써서 간단히 I should text her.처럼 표현할 수도 있습니다.
2 How sad!처럼 바꿔 표현할 수 있습니다.

❷ 스마트폰으로 바꾼 엄마에게 앱 설치 방법을 알려 주다 22-3.mp3

Mom	I bought a new cell phone, but I don't know how to use it. How do I ______ applications?
Donggon	[1]**It's a piece of cake.** If you look on your phone, you will see the play store. If you click on this, you will see the button for apps, games, movies, books, and also a menu for additional apps. [2]**All you need to do is** to choose the free apps that you want and then download them here.
Mom	It sounds so simple, but [3]**it's all Greek to me.**
Donggon	Mom, do you want me to show you how to change your phone to vibration mode?
Mom	Really? Thank you.

엄마 새 휴대폰을 장만했는데 사용하는 방법을 모르겠어. 앱을 어떻게 까는 거니?
동곤 정말 쉬워요. 전화에 보면 플레이스토어가 있어요. 여길 클릭하면, 앱, 게임, 영화, 도서, 그리고 더 보기 메뉴가 있어요. 여기서 원하는 무료 앱을 선택한 다음 다운받기만 하면 돼요.
엄마 간단한 것 같지만, 난 뭐가 뭔지 하나도 모르겠다.
동곤 엄마, 제가 전화기를 진동 모드로 변환시키는 것도 알려 드릴까요?
엄마 그럴래? 고맙다.

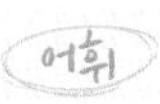

evidence 증거, 근거, 흔적, 단서
vibration mode 진동 모드

1 '쉽다'라는 뜻의 관용적인 표현입니다.
2 '~하기만 하면 된다'의 의미로 all you can do is ~(할 수 있는 거라고는 ~이다)와 구분해서 알아 두세요.
e.g. All you can do is simply endure.(할 수 있는 거라고는 참는 거밖에 없지.)
3 '난 뭐가 뭔지 하나도 모르겠다'는 뜻으로 I cannot make heads or tails of it.처럼 표현할 수도 있습니다.

③ 카카오톡으로 사진을 보내다

22-4.mp3

미란 요즘 한국 날씨는 어떠니?
선희 아주 추워. 실은 너무 추워서 한강이 얼었어.
미란 감기 걸리지 않게 조심해야겠구나.
선희 참. 내가 며칠 전에 이메일로 보낸 사진 받았니?
미란 아니. 이메일 받은 거 아무것도 없는데. 무슨 사진을 보냈어?
선희 지난번에 내가 미국 가서 함께 라스베이거스 갔었지? 그때 우리 함께 찍은 사진 보냈어.
미란 그러니? 난 받지 못했어. 선희야. 그럼 지금 카카오톡으로 그 사진 보내줘.
선희 그래. 내가 카카오톡으로 사진이랑 문자 같이 보낼게.
미란 (잠시 후) 선희야. 보냈니? 아직 안 왔어. 어서 보내 봐. 사진 잘 나왔는지 보고 싶어.
선희 지집애. 조금 기다려 봐. 지금 문자랑 사진 보내는 중이야.
미란 (10초 후) 선희야. 받았어. 우와. 우리 사진 정말 끝내주게 나왔다. 우리 10년은 젊어 보인다.
선희 그렇지? 잘 간직해라.

nowadays 요즘
perfectly 완벽하게

Miran [1]**How is the weather** in Korea nowadays?

Seonhui It's very cold. In fact it's so cold that the Han River has frozen.

Miran Be careful you don't [2]**catch a cold**.

Seonhui By the way, did you get the picture that I sent to you by e-mail a few days ago?

Miran No, I didn't get anything by e-mail. What kind of picture did you ________ me?

Seonhui Do you remember going to Las Vegas together, the last time I visited you in the U.S.? I sent you the picture we took together there.

Miran Really? I didn't get the picture. Seonhui, why don't you ________ the picture ________ right now?

Seonhui Okay. I will send you the picture together with the text message on Kakaotalk.

Miran (*a few minutes later*) Seonhui, did you send it? I didn't get it yet. Hurry up and send it, will you? I want to see [3]**if** the picture came out nicely **or not**.

Seonhui [4]**Hold your horses,** girl. I [5]**am in the middle of** ________ ________ and the picture now.

Miran (*10 seconds later*) I got it, Seonhui. Wow, our picture came out perfectly. We look ten years younger in this picture.

Seonhui Don't we? Store it carefully.

1 날씨를 묻는 표현으로 What's the weather like ~?로 바꿔 말할 수 있습니다.
2 '감기에 걸리다'라는 뜻으로 come down with a cold와 같은 뜻입니다.
3 if ~ or not은 '~인지 아닌지'란 표현으로 if 대신 whether를 써도 됩니다.
4 명령문으로 '흥분부터 하지 마라', '잠깐 생각을 먼저 해 보아라'라는 의미를 나타냅니다. 비슷한 표현으로는 Hold on! 또는 Be patient!도 있습니다.
5 be in the middle of는 상황에 따라 '한참 ~하는 중이다' 또는 '~의 한가운데에 있다'처럼 쓰입니다. 여기서는 '한참 ~하는 중이다'의 뜻으로 쓰였습니다.

| 정답 |
① send / get my text message / text message
② set up
③ send / send me / on Kakaotalk / sending the text

3단계
주요 표현 다시 보기

앞에서 익힌 모든 표현을 소리 내어 읽으며 복습하세요.

❶ 문자를 받을 때

내가 언제 문자 받았지?	When did I get the text message?
아직 내 문자를 받지 않은 거야?	You didn't get my text message yet?
너한테 온 문자는 하나도 없었어.	I didn't get any text messages from you.

❷ 문자를 보낼 때

나 지금 문자 보낼 수가 없어. 극장 안이야.	I can't send a text message right now. I am inside a movie theater.
지금 막 너한테 문자 보내려고 했어.	I was just about to send you a text message.
그 사람은 문자 보낸다고 하고, 왜 아직도 안 보내는 거야?	I was told that he was going to text me; so why hasn't he texted me yet?

❸ 앱 설치에 대해 말할 때

지하철 노선 앱을 까는 것은 무료야.	It's free to set up the subway line app.
다이어트 앱은 어떤 걸 까는 게 가장 좋을까?	Which diet apps do you think are best to set up?
여러 유용한 앱을 무료로 깔 수 있어.	I could set up many different kinds of useful apps for free.

❹ 카카오톡을 이용할 때

카카오톡으로 사진 보내지 마! 사진이 뿌옇게 보여.	Don't send the photo on Kakaotalk! The image is blurry.
그 서류 사진 찍어서 카카오톡으로 전송해.	Take a picture of the document and send it on Kakaotalk.
사진 용량이 큰데 카카오톡으로 보낼 수 있을까?	Do you think I can send this picture on Kakaotalk even if the image file is big?

❺ 핸드폰의 기능에 대해 말할 때

친구들과 핸드폰으로 밴드에서 자주 채팅해.	I chat often with my friends by using the BAND on my mobile phone.
핸드폰으로 집에 있는 보일러도 켤 수 있어.	You can even turn on the heater in your home by using your mobile phone.
티켓 예매, 좌석 예약, 티켓 결제 모두 핸드폰으로 할 수 있어.	You can make ticket reservations, seat reservations and also pay for tickets by using your mobile phone.

23 휴대 전화의 사용 및 문제에 대해 하는 말

The screen is cracked.

액정이 깨졌어.

강의 및 예문듣기

휴대 전화로 전화를 하다가 갑자기 내 목소리가 상대편에게 들리지 않아 당황한 적 있나요? 화장실에 빠뜨려 헤어드라이어로 말려 본 적은요? 휴대 전화 때문에 다양한 에피소드가 생기는데요. 이럴 때는 영어로 어떻게 말해야 할까요?

준비단계
핵심 표현 입력하기

이미지와 함께 오늘 배울 핵심 표현을 입력하세요.

❶ **be launched**
출시되다

❷ **turn on**
켜(지)다

❺ **be cracked**
금이 가다

❸ **connect to the Wi-Fi**
무선 인터넷에 연결하다

❹ **have no reception**
(전화가) 안 터지다

V 이 표현은 어떻게 말할까요?

❶ 최신 스마트폰이 출시된 지 얼마나 됐어요? ______

❷ 갑자기 전원이 나가더니 켜지질 않아요. ______

❸ 무선 인터넷 연결이 되나요? ______

❹ 전화가 안 터져. ______

❺ 액정이 깨졌어. ______

23-1.mp3

1단계
핵심 표현 파헤치기

빈칸을 채운 후, 오디오를 들으며 핵심 표현을 익혀 보세요.

❶ 최신 스마트폰이 출시된 지 얼마나 됐어요?

How long has it been since the latest smartphone was launched?

'출시되다'는 be launched로 나타냅니다.

❶ 최신 스마트폰이 출시되자마자 구입하지 말아요.

Please don't buy the newest smartphone as soon as it ________.

❷ 최신 스마트폰이 나오자마자 구입했어요?

Did you purchase the newest smartphone as soon as it ________?

❸ 최신 스마트폰 나온 지가 언제인데 또 나왔네.

It seemed like it was yesterday when the newest smartphone ________ and now they have launched another one.

❷ 갑자기 전원이 나가더니 켜지질 않아요.

My smartphone suddenly shut off and now it's not turning on.

전원이 켜지지 않는다는 의미의 it's not turning on은 the power won't come back on으로 바꿔 말할 수 있습니다.

❶ 전원이 나가더니 아예 켜지지 않아요.

My phone shut off and now it won't ________ at all.

❷ 다 해 봤는데 아직도 핸드폰이 켜지지 않아.

I tried everything, but my phone is still not ________.

❸ 가끔 배터리가 닳아서 전원이 안 들어오기도 해요.

Sometimes your phone will not ________ because your battery is low.

❸ 무선 인터넷 연결이 되나요?

Can I connect to the Wi-Fi here?

스마트폰으로 무선 인터넷을 연결할 수 있는지 물을 때는 Can I use the Wi-Fi on my phone?이라고 말할 수도 있습니다.

| 정답 |
❶ 1 is launched
2 was launched
3 was launched
❷ 1 turn on
2 turning on
3 turn on

❶ 지하철 안에서 무선 인터넷 연결이 가능해요.

I can ______________ inside the metro train.

❷ 커피를 주문해야 무선 인터넷 연결이 돼요.

In order to ______________, you have to order coffee first.

❸ 여기 식당에서 무선 인터넷 연결이 자동으로 돼요?

Can I ________ automatically ________ here at this restaurant?

❹ 전화가 안 터져.
I have no reception.

전화가 안 터질 때는 have no reception (signal)이라고 합니다 reception에는 '받기'의 뜻이 있죠. My phone has no reception signal.이라고 해도 됩니다.

❶ (비행기) 국제선이라서 전화가 안 터지네.

The phone ______________ signal because this is an international flight.

❷ 지하에서는 내 전화가 안 터져.

My phone doesn't have a ______________ in the basement.

❸ 여기는 시골인데 전화가 잘 터지네.

My phone still ______________ even though we're in the countryside.

❺ 액정이 깨졌어.
The screen is cracked.

액정이 깨졌다는 말을 할 때는 동사 crack을 수동태로 쓰면 됩니다.

❶ 전화 액정이 깨진 걸 언제 알았나요?

When did you find out that the screen ________?

❷ 전화를 떨어뜨려 액정이 깨졌어요.

My phone's screen ________ because I dropped it.

❸ 액정 깨진 전화를 팔 수 있다구요?

Did you say that it's possible to sell phones that have ________ screens?

| 정답 |
❸ 1 connect to the Wi-Fi
2 connect to the Wi-Fi
3 connect / to the Wi-Fi
❹ 1 has no reception
2 reception signal
3 has good reception
❺ 1 was cracked
2 is cracked
3 cracked

2단계
실전 회화 도전하기

빈칸을 채운 후, 오디오를 들으며 따라 하세요.

❶ 구식 핸드폰이 고장 나다!

23-2.mp3

Minju [1]**My phone isn't working** properly. It suddenly stopped working.

Clerk Sometimes this happens when you use public transportation or go through a tunnel. How about exchanging it for a smartphone?

Minju When is the newest smartphone going to ______? There were a lot of commercials on TV about the new phone the other day.

Clerk It will ______ at the end of this month. Why don't you trade your phone in for a new one?

Minju So if I trade in this damaged phone, [2]**do I get some sort of discount** when I pay for a smartphone?

1 work는 '작동하다'라는 뜻으로 쓰여서 '전화기가 작동되지 않는다'는 의미입니다.

2 Do I get discount?는 직역하면 '할인을 받나요?'라는 뜻이죠. 할인이 되는지 물을 때 이 표현을 쓸 수 있습니다.

민주 전화가 말썽인데요. 갑자기 전화가 터지질 않아요.
점원 가끔 대중교통을 이용하거나 터널을 통과할 때 이런 일이 생기긴 해요. 스마트폰으로 교체하는 게 어떠세요?
민주 최신 스마트폰이 언제 출시되나요? 얼마 전에 텔레비전에서 광고를 엄청 하던데.
점원 이달 말에 나옵니다. 이번 기회에 바꿔 보세요.
민주 그럼 이 고장 난 전화기를 드리면, 스마트폰 살 때 할인을 좀 받게 되나요?

❷ 미진, 핸드폰을 떨어뜨려 먹통이 되다

23-3.mp3

Mijin I [1]**have really done it** now. I dropped my cellphone on the floor and it was working fine for a few minutes until it suddenly shut off. Now it won't ___ back ___.

Jinsu I see that there's a huge crack on the screen. There is also ______ on your phone and the screen has frozen.

Mijin I know. I tried to turn on the phone, but it wouldn't ___ back ___.

Jinsu I think you should take it to the repair center. I think they will know [2]**whether** they can fix it **or not**, once they open the phone up.

1 have done it은 여기서 '실수를 저질렀다'는 의미로 쓰였습니다.

2 whether ~ or not은 '~인지 아닌지'의 뜻으로 타동사의 목적어인 간접 의문문에 자주 쓰입니다.

미진 일 저질렀어. 휴대 전화를 바닥에 떨어뜨렸는데 잠시 제대로 작동하다가 갑자기 전원이 나가더니 켜지질 않아.
진수 액정에 엄청 크게 금이 갔네. 전화도 안 터지고 아예 먹통이네.
미진 그러게. 전원을 켰는데 안 켜지더라고.
진수 대리점에 가져가야겠다. 그 사람들이 열어 보면 고칠 수 있는지 없는지 알겠지.

public transportation 대중교통
commercial 광고
trade in (쓰던 물건을 주고) 보상 판매를 하다
fix 수리하다, 고치다

❸ 거금을 들여 스마트폰을 구입하다

23-4.mp3

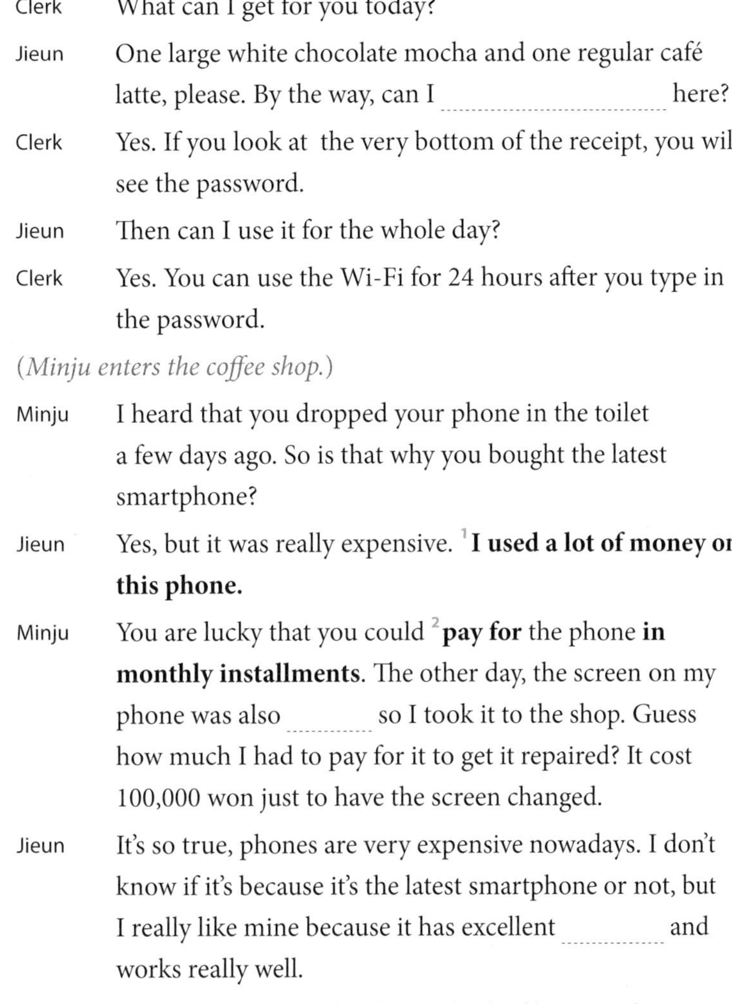

Clerk What can I get for you today?

Jieun One large white chocolate mocha and one regular café latte, please. By the way, can I _____ here?

Clerk Yes. If you look at the very bottom of the receipt, you will see the password.

Jieun Then can I use it for the whole day?

Clerk Yes. You can use the Wi-Fi for 24 hours after you type in the password.

(Minju enters the coffee shop.)

Minju I heard that you dropped your phone in the toilet a few days ago. So is that why you bought the latest smartphone?

Jieun Yes, but it was really expensive. [1] **I used a lot of money on this phone.**

Minju You are lucky that you could [2] **pay for** the phone **in monthly installments**. The other day, the screen on my phone was also _____ so I took it to the shop. Guess how much I had to pay for it to get it repaired? It cost 100,000 won just to have the screen changed.

Jieun It's so true, phones are very expensive nowadays. I don't know if it's because it's the latest smartphone or not, but I really like mine because it has excellent _____ and works really well.

Minju Of course, you should like it. Think of how much you spent on the phone!

1 I spent a lot of money on this phone.으로 바꿔 말할 수 있습니다. It costed me a lot. 또는 It costed me a fortune.과 같이 바꿔 말해도 역시 같은 의미입니다.

2 pay for ~ in monthly installments는 '할부로 지불하다'란 뜻입니다.

점원 뭘로 주문하시겠어요?
지은 화이트 초콜릿 모카 라지 사이즈 한 잔이랑 카페라테 레귤러 사이즈 한 잔 주세요. 그런데 여기 와이파이 되나요?
점원 네, 영수증 제일 하단에 암호가 있습니다.
지은 그럼 하루 종일 사용 가능한 건가요?
점원 네. 한 번 입력하시면 24시간 사용 가능하세요.
(민주가 커피숍에 들어온다.)
민주 너 며칠 전에 핸드폰을 화장실 변기에 빠뜨렸다면서? 그래서 최신 스마트폰으로 구입한 거야?
지은 그래. 완전 비싸. 거금이 들어갔어.
민주 할부로 살 수 있어서 다행이지 뭐. 나도 얼마 전에 핸드폰 액정이 깨져서 상점에 갖고 갔는데. 수리 받는 데 얼마나 냈는지 알아? 액정 가는 데만 10만원이 들어갔어.
지은 요즘 전화 너무 비싼 게 사실이야. 최신 스마트폰이라서 그런 건지는 잘 모르겠지만, 잘 터지고 작동이 잘 되니까 정말 좋다.
민주 그럼. 돈이 얼만데!

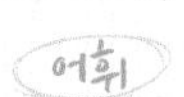

the other day 일전에, 며칠 전에
expensive 값이 비싼

| 정답 |
❶ be launched / be launched
❷ turn / on / no reception signal / turn / on
❸ connect to the Wi-Fi / cracked / reception

3단계
주요 표현 다시 보기

앞에서 익힌 모든 표현을 소리 내어 읽으며 복습하세요.

❶ 최신 스마트폰에 대해 말할 때

최신 스마트폰이 출시되자마자 구입하지 말아요.	Please don't buy the newest smartphone as soon as it is launched.
최신 스마트폰이 나오자마자 구입했어요?	Did you purchase the newest smartphone as soon as it was launched?
최신 스마트폰 나온 지가 언제인데 또 나왔네.	It seemed like it was yesterday when the newest smartphone was launched and now they have launched another one.

❷ 핸드폰 전원이 안 들어올 때

전원이 나가더니 아예 켜지지 않아요.	My phone shut off and now it won't turn on at all.
다 해 봤는데 아직도 핸드폰이 켜지지 않아.	I tried everything, but my phone is still not turning on.
가끔 배터리가 닳아서 전원이 안 들어오기도 해요.	Sometimes your phone will not turn on because your battery is low.

❸ 무선 인터넷 연결에 대해 말할 때

지하철 안에서 무선 인터넷 연결이 가능해요.	I can connect to the Wi-Fi inside the metro train.
커피를 주문해야 무선 인터넷 연결이 돼요.	In order to connect to the Wi-Fi, you have to order coffee first.
여기 식당에서 무선 인터넷 연결이 자동으로 돼요?	Can I connect automatically to the Wi-Fi here at this restaurant?

❹ 전화 신호가 안 터질 때

(비행기) 국제선이라서 전화가 안 터지네.	The phone has no reception signal because this is an international flight.
지하에서는 내 전화가 안 터져.	My phone doesn't have a reception signal in the basement.
여기는 시골인데 전화가 잘 터지네.	My phone still has good reception even though we're in the countryside.

❺ 액정이 깨졌을 때

전화 액정이 깨진 걸 언제 알았나요?	When did you find out that the screen was cracked?
전화를 떨어뜨려 액정이 깨졌어요.	My phone's screen is cracked because I dropped it.
액정 깨진 전화를 팔 수 있다구요?	Did you say that it's possible to sell phones that have cracked screens?

24 대중교통을 이용할 때 하는 말

You have three stops left before you get off.

내리려면 세 정거장 남았어.

새벽부터 졸린 눈 비비며 일어나 서둘러 준비하고 나선 등굣길 또는 출근길. 버스 정거장에서 차례대로 줄 서서 버스를 기다리는데 얌체같이 새치기하는 사람을 보면 정말 화 나죠. 이런 사람들에게 따끔하게 일침을 가하는 말부터 대중교통을 이용할 때 상황들을 영어로는 어떻게 표현할까요?

준비단계
핵심 표현 입력하기

이미지와 함께 오늘 배울 핵심 표현을 입력하세요.

❶ **get off**
하차하다

❷ **cut in line**
새치기하다

❺ **give up one's seat**
자리를 양보하다

❸ **watch one's step**
발조심하다

❹ **hold onto**
~을 꽉 잡다

V 이 표현은 어떻게 말할까요?

❶ 내리려면 세 정거장 남았어. ____________________
❷ 새치기하지 말아요. ____________________
❸ 버스에서 내릴 때 잘 살펴봐야 해요. ____________________
❹ 손잡이를 꽉 잡아야 넘어가지 않아요. ____________________
❺ 장애인, 노약자에게 자리를 양보하세요. ____________________

24-1.mp3

1단계
핵심 표현 파헤치기

빈칸을 채운 후, 오디오를 들으며 핵심 표현을 익혀 보세요.

잠깐만요!

반대로 버스 등에 '탄다'고 할 때는 get on을 씁니다.

❶ 내리려면 세 정거장 남았어.

You have three stops left before you get off.

get off는 디디고 있던 발이 바닥에서 떨어지는 상황을 연상하면 쉽게 이해할 수 있는 표현으로 버스 등에서 '내리다'의 뜻으로 쓰입니다.

1 여기서 안 내려요. I'm not supposed to ______ here.

2 내리기 1분 전쯤에 벨을 미리 눌러야 해.
Please press the stop button a minute or so before you need to ______.

3 기사 아저씨, 벨 눌렀는데 왜 안 서요? 여기서 내려야 해요.
Bus driver, why didn't you stop the bus at the last stop after I pressed the stop button? I needed to ______ back there.

❷ 새치기하지 말아요.

Please don't cut in line.

cut in line은 길게 늘어선 줄 중간을 딱 끊는 것이니까 '새치기하다'는 뜻이 됩니다. '순서를 지키다'는 get into line으로, '줄에 들어가 서다'는 get in line으로 표현합니다.

1 저기요, 어떻게 새치기를 하세요? Excuse me, how come you're ______?

2 저 사람 양심도 없이 새치기를 하네.
He must have no conscience to be ______ like that.

3 순서를 지켜야 해요. Please ______.

❸ 버스에서 내릴 때 잘 살펴봐야 해요.

Please watch your step when you get off the bus.

watch one's step은 말 그대로 '발밑을 주의하다'는 의미로 '조심하다'라는 뜻입니다.

| 정답 |
❶ 1 get off
2 get off
3 get off
❷ 1 cutting in line
2 cutting in line
3 get into line

❶ 발 조심하세요. 계단이 미끄러워요.

__________. The steps are slippery.

❷ 버스가 완전히 정차하면 내리면서 발조심하세요.

Please get off the bus and __________ after it has stopped completely.

❸ 버스에서 내릴 때 지나가는 차들을 조심하세요.

When getting off the bus, please ______ for passing vehicles.

❹ 손잡이를 꼭 잡아야 넘어지지 않아요.

Hold onto a hand rail to avoid falling down.

hold onto는 '매달리다', '붙잡고 늘어지다'라는 뜻으로, 여기서는 버스 손잡이를 '꽉 잡다'라는 뜻입니다. 손잡이를 '놓치다'라고 할 때는 lose grip of를 쓰면 됩니다.

❶ 버스에 사람이 너무 많아서 손잡이를 꼭 잡고 있을 수가 없네.

The bus is so crowded that I can't __________ a hand rail.

❷ 난 균형을 잡기 위해 버스에서 손잡이를 잡고 있었어.

I was __________ a hand rail to keep my balance on the bus.

❸ 손잡이를 놓쳐 넘어졌어.

I __________ the hand rail and fell down.

❺ 장애인, 노약자에게 자리를 양보하세요.

Please give up your seat to the handicapped and the elderly.

버스나 지하철 등에서 give up을 쓰면 '자리를 (~에게) 양보하다'의 의미입니다.

❶ 제가 짐이 많아서 자리를 양보해 줄 수가 없어요.

I have a lot of bags so I can't __________.

❷ 저 할머니에게 자리를 양보해 주실래요?

I was wondering if you could __________ to that old woman.

❸ 지하철에서 아줌마들은 쉽게 자리를 양보하지 않아요.

Middle-aged women don't __________ easily on the subway.

| 정답 |

❸ 1 Watch your step
2 watch your step
3 watch

❹ 1 hold onto
2 holding onto
3 lost grip of

❺ 1 give up my seat
2 give up your seat
3 give up their seats

2단계
실전 회화 도전하기

빈칸을 채운 후, 오디오를 들으며 따라 하세요.

❶ 지은, 새치기에 분노하다 24-2.mp3

Jieun	I was waiting ________ for the bus when this man came along and ____ in front of me.
Miran	[1] **How rude of him!** So what did you do next?
Jieun	What do you think? I yelled out in a loud voice, "Don't you see the people ____________? Go to the end of the line!"
Miran	You did a good thing, Jieun. I see that you had some self-control today, Jieun. I guess it was his lucky day.
Jieun	Actually, if it was really up to me, I would have called the police. I can't control myself when I see injustice.
Miran	I think you [2] **are in over your head**. You are not Wonder Woman, Jieun!

지은 버스 기다리고 있는데 이 남자가 바로 내 앞에 끼어드는 거야.
미란 싸가지도 없네! 그래서 어떻게 했어?
지은 내가 누구니? "사람들 줄 서 있는 거 안 보여요? 맨 뒤로 가세요!"라고 소리를 버럭 질렀지.
미란 아주 잘했어, 지은아. 네가 오늘은 좀 참았구나. 그 사람 운 좋은 날이었던 거 같은데.
지은 사실, 내 성질대로 한다면 경찰을 불렀겠지. 난 불의를 보면 참지 못하겠어.
미란 좀 오버인 것 같은데. 넌 원더우먼이 아니라구, 지은아!

1 〈How+형용사 ~〉 어순의 감탄문이죠. '싸가지가 없다'고 할 때는 rude(무례한)를 사용해 표현합니다. 그래서 How rude ~라고 하면 '어쩜, 이렇게 무례할 수가…'라는 의미가 됩니다.

2 be in over one's head는 '자신의 능력을 넘어서는 일 등에 얽히다'라는 의미로, 쓸데없는 일 등에 참견한 경우 You're in over your head.라고 할 수 있습니다.

❷ 민호, 버스를 잘못 탔을까봐 걱정하다 24-3.mp3

Minho	It's just that it seems like the bus is [1] **taking a detour**. Do you think we might have [2] **taken the wrong bus**?
Mincheol	No, this is the bus that goes to Hongik University. We will ________ the bus after three more stops.
Minho	Oh, I see.
	(The bus makes a sudden stop and Minho accidentally steps on Mincheol.)
Mincheol	Ouch!!!!
Minho	Sorry. I wasn't ____________ the hand rails and I lost my balance when the bus stopped suddenly.
Mincheol	Don't you know better than that? That's why you should hold onto the ____________ when you are inside the bus.

민호 버스가 너무 많이 돌아서 가는 거 같아. 우리 설마 버스 잘못 탄 거 아니겠지?
민철 아니야. 이 버스 홍익대 가는 거 맞아. 앞으로 세 정거장 더 가서 내리면 돼.
민호 아, 그렇구나.
(갑자기 버스가 급정거하여 민호가 민철의 발을 밟는다.)
민철 아야!
민호 미안. 손잡이를 안 잡고 있다가 버스가 갑자기 서는 바람에 균형을 잃었어.
민철 버스에서 손잡이 안 잡으면 넘어질거라는 거 모르니?. 그러니까 버스 안에서는 꼭 손잡이를 잡고 있어야 해.

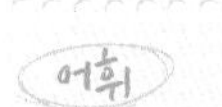

injustice 불의, 부정, 불법
accidentally 실수로
cf. on purpose 고의로
lose one's balance 균형을 잃다

1 take a detour는 '돌아서 가다', '우회하다'라는 의미로 U-turn과는 다른 의미입니다.

2 take the bus는 '버스를 타다'라는 표현으로, 버스를 잘못 탔을 때는 bus 앞에 wrong을 붙여 take the wrong bus라고 하면 됩니다.

③ 버스를 타고 가다가 내리다

24-4.mp3

지은 사람들이 새치기하는 거 싫지 않아?
현종 맞아. 사람들이 전혀 양심이 없어. 세상에 맙소사! 지은아, 저기 저 버스 좀 봐!. 운전기사가 미친 사람처럼 운전을 하네.
지은 사람들 안전에 대한 책임을 지고 있으니까 좀 조심해서 운전해야 하는데. 정말 난폭한 운전기사네!
현종 헐! 우리가 타야 할 버스야! 뛰자!
(버스에 올라 탄 후)
현종 여기 앉아. 사람들이 앉기 전에 서둘러.
지은 근데, 오빠, 여기는 장애인, 노약자, 임산부 좌석이잖아. 여기 앉으면 안 되지.
현종 괜찮아. 우선 앉았다가 장애인, 임산부나 노약자가 버스에 타면, 자리 양보해 주면 돼.
지은 그래도 난 여기 앉기 싫은데. 그냥 버스 뒤쪽으로 가자.
현종 그래. 괜찮아. 그럼 손잡이 꼭 잡아라. 버스 기사 아저씨 운전 정말 난폭하다. (잠시 후) 이제 내릴 때 다 됐어. 하차벨 눌러, 지은아. 우리 다음 정류장에서 내려야 해.
지은 응. 오빠, 잘 붙잡아. 안 그러면 넘어질지도 몰라.
현종 그래. 지나가는 오토바이나 다른 차가 있을지도 모르니까 버스 내릴 때 잘 살펴봐.

Jieun	Don't you hate it when people ________?
Hyeonjong	Yeah. People [1]**have no conscience whatsoever**. For crying out loud! Look at that bus over there, Jieun! The bus driver is driving [2]**like a lunatic**.
Jieun	He should drive more carefully since he is responsible for the safety of the passengers. [3]**What an aggressive bus driver!**
Hyeonjong	Oh my god! That's our bus! Let's run!

(after they get on the bus)

Hyeonjong	Sit here, Jieun. Hurry up before other people sit here.
Jieun	But Hyeonjong, this seat is reserved for the handicapped, elderly, and pregnant women. We can't sit here.
Hyeonjong	It's okay. You can sit here first. Then, if you see any handicapped, elderly or pregnant women getting on the bus, you can ________ to them.
Jieun	I still don't feel good sitting here. Let's just go to the back of the bus.
Hyeonjong	Okay. No problem. Then, make sure you ________ the bus straps. Bus drivers can drive very aggressively. (*a few minutes later*) It's almost time for us to get off. Jieun, press the stop button. We have to ______ at the next bus stop.
Jieun	Okay. Hyeonjong, hold on tight or you might fall down.
Hyeonjong	Okay. ________ when you get off the bus since you never know if there is a passing motorcycle or car.

어휘

pregnant 임신한
reserved 지정된
aggressively 난폭하게, 험악하게
fall down 넘어지다

1 '양심이 전혀 없다'는 뜻으로 no[not] ~ whatsoever[whatever]는 '전혀', '어떤 종류의 것도'라는 의미를 나타냅니다.

2 like a lunatic에서 like는 '좋아하다'라는 뜻의 동사가 아니라 '~처럼'의 뜻으로 쓰인 전치사입니다. lunatic 대신 madman으로 바꿔 쓸 수 있습니다.

3 What으로 시작한 감탄문은 〈What a+형용사+명사〉의 어순으로 씁니다. aggressive는 '난폭한', '공격적인'의 뜻으로, '난폭 운전'은 aggressive driving, '난폭 운전자'는 aggressive driver라고 표현할 수 있습니다.

| 정답 |

① in line / cut / standing in line

② get off / holding onto / hand rails

③ cut in line / give up your seat / hold onto / get off / Watch your step

3단계
주요 표현 다시 보기

앞에서 익힌 모든 표현을 소리 내어 읽으며 복습하세요.

❶ 버스 하차 벨에 대해 말할 때

여기서 안 내려요.	I'm not supposed to get off here.
내리기 1분 전쯤에 벨을 미리 눌러야 해.	Please press the stop button a minute or so before you need to get off.
기사 아저씨, 벨 눌렀는데 왜 안 서요? 여기서 내려야 해요.	Bus driver, why didn't you stop the bus at the last stop after I pressed the stop button? I needed to get off back there.

❷ 누군가 새치기 할 때

저기요, 어떻게 새치기를 하세요?	Excuse me, how come you're cutting in line?
저 사람 양심도 없이 새치기를 하네.	He must have no conscience to be cutting in line like that.
순서를 지켜야 해요.	Please get into line.

❸ 버스 승하차 시 주의를 줄 때

발 조심하세요. 계단이 미끄러워요.	Watch your step. The steps are slippery.
버스가 완전히 정차하면 내리면서 발조심하세요.	Please get off the bus and watch your step after it has stopped completely.
버스에서 내릴 때 지나가는 차들을 조심하세요.	When getting off the bus, please watch for passing vehicles.

❹ 버스 손잡이 사용에 대해 말할 때

버스에 사람이 너무 많아서 손잡이를 꼭 잡고 있을 수가 없네.	The bus is so crowded that I can't hold onto a hand rail.
난 균형을 잡기 위해 버스에서 손잡이를 잡고 있었어.	I was holding onto a hand rail to keep my balance on the bus.
손잡이를 놓쳐 넘어졌어.	I lost grip of the hand rail and fell down.

❺ 대중 교통 자리 양보에 대해 말할 때

제가 짐이 많아서 자리를 양보해 줄 수가 없어요.	I have a lot of bags so I can't give up my seat.
저 할머니에게 자리를 양보해 주실래요?	I was wondering if you could give up your seat to that old woman.
지하철에서 아줌마들은 쉽게 자리를 양보하지 않아요.	Middle-aged women don't give up their seats easily on the subway.

25

TV 프로그램에 관해 수다 떨며 하는 말

There was a fly in the ointment.

옥에 티가 있었어.

강의 및 예문듣기

'TV가 없으면 무슨 재미로 살까?'하는 생각이 들 정도로 우리는 매일 TV를 시청합니다. 그래서 수다 떨 때 TV 프로그램이 주요 화제가 되기도 하지요. 무슨 프로그램을 봤는지부터 너무 슬퍼서 울었다든가, 배꼽 빠지게 웃었다든가, 이런 얘기를 영어로 하려면 어떤 표현을 쓸까요?

준비단계
핵심 표현 입력하기

이미지와 함께 오늘 배울 핵심 표현을 입력하세요.

❶ **Who doesn't ~?**
~하지 않는 사람이 어디 있어?

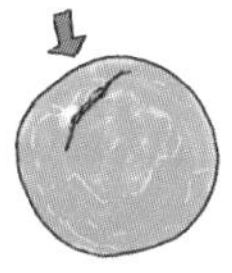

❷ **a fly in the ointment**
옥에 티

❸ **cry one's eyes out**
눈이 퉁퉁 붓도록 울다

❹ **keep ~ in stitches**
~을 배꼽 잡고 웃게 하다

❺ **rather than**
~보다는

V 이 표현은 어떻게 말할까요?

❶ 요즘 〈미생〉 안 보는 사람이 어디 있어? ....

❷ 옥에 티가 있었어. ....

❸ 눈이 빠지게 울었어. ....

❹ 배꼽 빠지는 줄 알았어. ....

❺ 라디오 듣는 것보다는 TV를 보는 게 더 재미있어. ....

25-1.mp3

1단계
핵심 표현 파헤치기

빈칸을 채운 후, 오디오를 들으며 핵심 표현을 익혀 보세요.

❶ 요즘 〈미생〉 안 보는 사람이 어디 있어?
Who doesn't watch the Korean drama *Misaeng* nowadays?

대부분의 사람들이 〈미생〉이라는 드라마를 시청한다는 것을 우회적으로 표현한 말로 Everybody watches the Korean drama *Misaeng* nowadays.와 같습니다.

❶ 페이스북을 사용 안 하는 사람이 있을까? ______ use Facebook?

❷ 요즘 스마트폰 사용하지 않는 사람이 어딨어?
______ use a smartphone nowadays?

❸ 요즘 신용카드 없는 사람이 어딨어?
______ have a credit card nowadays?

❷ 옥에 티가 있었어.
There was a fly in the ointment.

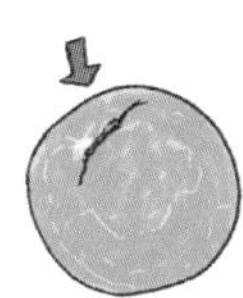

a fly in the ointment나 a flaw in the crystal은 '옥에 티'라는 의미입니다.

'큰 실수'라는 뜻의 표현인 a major goof-up이나 a huge blooper도 '옥에 티'를 가리킬 때 사용할 수 있습니다.

❶ 사극에서 어떻게 여자 주인공이 매니큐어를 바르고 나오냐? 완전 옥에 티였어.
How can the lead actress be seen in a historical drama having manicured fingers? That's ___ in the ointment.

❷ 시계는 오후 7시를 가리키고 있는데 그 장면은 대낮이었어. 완전 옥에 티였어.
The clock was showing 7 p.m., but the scene took place in the middle of the day. It was a fly ______ in the drama.

❸ 거울에 연기자 아닌 다른 사람이 서 있는 게 카메라에 잡혔나봐. 완전 옥에 티였지.
I think the camera caught somebody else in the mirror and not the actor. It was ______.

❸ 눈이 빠지게 울었어.
I cried my eyes out until my eyes became puffy.

cry[weep]one's eyes out은 '눈이 퉁퉁 붓도록 울다'라는 뜻의 표현입니다. '웃

| 정답 |
❶ 1 Who doesn't
2 Who doesn't
3 Who doesn't
❷ 1 a fly
2 in the ointment
3 a flaw in the crystal

다가 죽을 뻔하다'는 almost die laughing입니다.

❶ 슬픈 영화 보다가 눈이 빠지게 울었어.

I watched a sad movie and ______ my eyes ______.

❷ 별일도 아닌데 자꾸 눈물이 나서 울었더니 머리가 아프네.

I ______________ for nothing and now I have a headache.

❸ 배꼽 빠지게 웃다 울다 죽을 뻔했어. I ______________ and crying so much.

❹ 배꼽 빠지는 줄 알았어.
He **kept me in stitches.**

keep ~ in stitches는 '~을 배꼽을 잡고 웃게 하다'라는 뜻이고, be in stitches는 '포복절도하다'입니다.

잠깐만요!

laugh one's head off나 laugh one's ass off도 '포복절도한다'는 의미입니다.

❶ 개그 콘서트 보고 배꼽 빠지게 웃었더니 스트레스가 다 풀렸어.

The gag concert ______ in stitches and now I am not stressed out any more.

❷ 그의 농담에 우리들은 모두 배꼽 빠지는 줄 알았어.

We were all ______ after he cracked a joke.

❸ 배꼽 빠지게 웃었더니 정말 배가 아프네.

I ______________ and now my tummy really hurts.

❺ 라디오 듣는 것보다는 TV를 보는 게 더 재미있어.
It's more fun to watch TV **rather than** listen to the radio.

rather than은 '~보다', '~ 대신'이란 뜻의 숙어입니다.

❶ 죽기보다는 살고 싶어. I want to live ______ die.

❷ 눈물을 쥐어짜는 영화보다는 코믹 영화가 더 땡겨.

I prefer comedies ______ tear-jerkers.

❸ 값비싼 보석보다는 감동적인 말 한 마디가 좋은 선물이야.

The best present of all is a word of encouragement ______ an expensive jewel.

| 정답 |

❸ 1 cried / out
2 cried my eyes out
3 almost died laughing

❹ 1 kept me
2 in stitches
3 was in stitches

❺ 1 rather than
2 rather than
3 rather than

2단계
실전 회화 도전하기

빈칸을 채운 후, 오디오를 들으며 따라 하세요.

❶ 유행에 뒤처진 누나에게 인기 드라마를 추천하다 25-2.mp3

Jiho Which is the most popular program on TV these days?

Jieun Well, I don't really know. Is it *The Return of Superman* by any chance?

Jiho Um... That program is also very popular, but I think that the most popular TV drama of all is *Misaeng*.

Jieun I haven't seen *Misaeng* yet. Is it any good?

Jiho __________ watch the Korean drama, *Misaeng* nowadays? Jieun, [1]**you must be** part of the older generation.

Jieun Oh, my gosh! As if it's not bad enough getting older every year, I even have to get abused by you, Jiho!

Jiho *Misaeng* __________ and it is [2]**a touching drama**, so please make sure you watch it.

1 You must be ~라고 하면 '너 ~인가 보구나', '너 ~이겠구나'의 의미를 나타냅니다.

2 touching은 '감동적인'이란 뜻으로, 연설, 영화 장면 등이 감동적일 때 a touching speech, a touching scene이라고 할 수 있으며, touching 대신 moving, impressive를 쓸 수도 있습니다.

지호 요즘 TV에서 어떤 프로그램이 제일 인기가 좋아?
지은 글쎄, 잘 모르겠는데. 혹시 〈슈퍼맨이 돌아왔다〉 아니야?
지호 음... 그 프로그램도 인기 좋긴 한데, 가장 인기 있는 드라마는 〈미생〉이야.
지은 난 아직 못 봤는데, 재미있어?
지호 요즘 〈미생〉 안 보는 사람이 어디 있어? 누나는 완전 구세대 사람인가 보네.
지은 맙소사! 나이 먹는 것도 서러운데, 너한테 구박까지 당해야 하는구나!
지호 〈미생〉은 배꼽 빠지게 웃기고 감동도 있는 드라마니까 꼭 봐.

❷ 슬픈 영화를 보고 눈이 빠지게 울다! 25-3.mp3

Jumin Did you cry all night long or something? Why are your eyes so puffy?

Yeongmi I watched a movie called, [1]***Ode to My Father***, with my brother yesterday.

Jumin Was it a real tear jerker? I heard that the movie's attendance has passed ten million already.

Yeongmi Yes, we can say that this is a movie about a father's life and the war which divided our country. The human emotions in the story are very powerful. We __________ __________ until our eyes became puffy.

1 〈국제 시장〉이라는 영화의 영어 제목으로 원래 뜻은 '나의 아버지에게 부치는 시'라는 뜻입니다.

주민 밤새 울기라도 한 거야? 왜 그렇게 눈이 부었어?
영미 어제 오빠랑 〈국제 시장〉이라는 영화를 봤거든.
주민 그렇게 슬픈 영화야? 벌써 천만 관객을 돌파했다고 하더라고.
영미 응. 아버지의 인생과 우리나라를 분단시킨 전쟁에 관한 영화라고 할 수 있어. 스토리 속 희로애락이 정말 감동적이지. 우리는 눈이 빠지게 울었어.

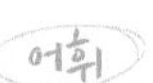

by any chance 혹시
make sure 확실히 하다
puffy 부은
tear jerker 눈물을 쥐어짜는 영화

❸ 요즘 대세는 공중파 방송보다는 케이블 방송!

25-4.mp3

Minju You look exhausted. You were up all night?

Mincheol Not really. You see, I went to bed late because I was watching *Misaeng*. [1]I stayed up all night watching parts 1 to 20.

Minju Wow! What a life! Isn't *Misaeng* a TV drama shown on cable TV?

Mincheol Yes. [1]**It's much more fun to watch cable TV programs ______ the regular public TV programs.**

Minju That's so true.

Mincheol I think the writers have a little more freedom when they work for cable broadcasting stations. [2]**You can tell** by looking at the contents of the dramas.

Minju That's totally true. Sometimes I feel liberated when I watch cable TV programs because the actors and actresses are not as restricted in what they can say.

Mincheol I don't know if that's the reason, but clearly viewers seem to prefer watching cable TV programs.

1 TV 시청이 주어로 쓰인 문장이죠. 대화자가 주체가 되어 표현할 때는 I think the programs on cable TV are more interesting than the programs on public TV.처럼 표현합니다.

2 여기서 tell은 '말하다'라는 뜻이 아니라 '알다', '판단하다'의 의미입니다. 부정문으로 You can never tell.이라고 하면 '절대 모를 거야.'라는 뜻이 됩니다.

민주 지쳐 보이네. 잠 못 잤어?
민철 별로. 있잖아, 〈미생〉 보느라 늦게 잤거든. 1편부터 20편까지 보느라 밤 꼴딱 샜어.
민주 와! 세월 좋구나! 〈미생〉은 케이블에서 하는 드라마 아니야?
민철 그래. 요즘은 공중파 TV 프로그램보다 케이블 TV 프로그램 보는 게 훨씬 더 재미있어.
민주 맞아.
민철 작가들도 케이블 방송국 쪽에서 일할 때는 조금 더 자유로운가봐. 드라마 내용을 보면 알 수 있잖아.
민주 정말 그래. 배우들이 하고 싶은 말들을 거침없이 하니까 케이블 TV 프로그램 볼 때는 속이 다 시원할 때도 있어.
민철 그래서 그런지, 확실히 시청자들이 케이블 TV 프로그램을 더 선호하는 것 같아.

exhausted 기진맥진한
liberated 해방된, 자유로운
restricted 제한된, 한정된

| 정답 |
❶ Who doesn't / keeps you in stitches
❷ cried our eyes out
❸ rather than

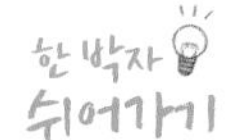

튜브 톱이 텔레비전을 가리킨다고?

boob tube는 여성용 튜브 톱(어깨끈 없이 가슴까지만 가리는 몸에 딱 달라붙는 상의)을 가리키는 말인데, 한 가지 뜻이 더 있습니다. 바로 '바보 상자', 즉 '텔레비전'을 가리킬 때도 사용합니다.

e.g. Ken is always in front of the boob tube. 켄은 텔레비전 앞에 노상 붙어 산다.

3단계
주요 표현 다시 보기

앞에서 익힌 모든 표현을 소리 내어 읽으며 복습하세요.

❶ 누구나 하는 것에 대해 말할 때

페이스북을 사용 안 하는 사람이 있을까?	Who doesn't use Facebook?
요즘 스마트폰 사용하지 않는 사람이 어딨어?	Who doesn't use a smartphone nowadays?
요즘 신용카드 없는 사람이 어딨어?	Who doesn't have a credit card nowadays?

❷ 드라마에서 옥의 티를 발견했을 때

사극에서 어떻게 여자 주인공이 매니큐어를 바르고 나오냐? 완전 옥에 티였어.	How can the lead actress be seen in a historical drama having manicured fingers? That's a fly in the ointment.
시계는 오후 7시를 가리키고 있는데 그 장면은 대낮이었어. 완전 옥에 티였어.	The clock was showing 7 p.m. but the scene took place in the middle of the day. It was a fly in the ointment in the drama.
거울에 연기자 아닌 다른 사람이 서 있는 게 카메라에 잡혔나봐. 완전 옥에 티였지.	I think the camera caught somebody else in the mirror and not the actor. It was a flaw in the crystal.

❸ 많이 울었을 때

슬픈 영화 보다가 눈이 빠지게 울었어.	I watched a sad movie and cried my eyes out.
별일도 아닌데 자꾸 눈물이 나서 울었더니 머리가 아프네.	I cried my eyes out for nothing and now I have a headache.
배꼽 빠지게 웃다가 울다 죽을 뻔했어.	I almost died laughing and crying so much.

❹ 배꼽 빠질 듯이 웃었을 때

개그 콘서트 보고 배꼽 빠지게 웃었더니 스트레스가 다 풀렸어.	The gag concert kept me in stitches and now I am not stressed out any more.
그의 농담에 우리들은 모두 배꼽 빠지는 줄 알았어.	We were all in stitches after he cracked a joke.
배꼽 빠지게 웃었더니 정말 배가 아프네.	I was in stitches and now my tummy really hurts.

❺ 비교하여 더 나은 것을 언급할 때

죽기보다는 살고 싶어.	I want to live rather than die.
눈물을 쥐어짜는 영화보다는 코믹 영화가 더 땡겨.	I prefer comedies rather than tear-jerkers.
값비싼 보석보다는 감동적인 말 한 마디가 좋은 선물이야.	The best present of all is a word of encouragement rather than an expensive jewel.

26 주말에 한 일에 대해 하는 말

I was cooped up at home all day.

하루 종일 방콕했지.

주말에 여러분들은 특별한 일을 하나요? 저는 홈페이지의 밀린 원고를 쓰느라 정신이 없거든요. 보통 특별한 약속이 없는 한 집에서 푸욱 쉬는 게 좋은 것 같아요. 이번에는 함께 주말에 한 일들을 이야기할 때 요긴한 영어 표현들을 익혀 보는 게 어떨까요?

준비단계
핵심 표현 입력하기

이미지와 함께 오늘 배울 핵심 표현을 입력하세요.

❶ **be cooped up**
틀어박히다

❷ **go**
가다, 진행되다

❸ **goof around**
빈둥거리다

❹ **catch up on**
(밀린 일 등을 처리하여) 만회하다

❺ **work up some sweat**
땀을 빼다

V 이 표현은 어떻게 말할까요?

❶ 하루 종일 방콕했지. ____________________

❷ 극장에 갔어. ____________________

❸ 그냥 빈둥거렸어. ____________________

❹ 밀린 빨래 했어. ____________________

❺ 사우나 가서 땀 뺐어. ____________________

26-1.mp3

1단계
핵심 표현 파헤치기

빈칸을 채운 후, 오디오를 들으며 핵심 표현을 익혀 보세요.

❶ 하루 종일 방콕했지.
I was cooped up at home all day.

be cooped up은 '틀어박히다', '처박히다'라는 뜻이며, be stuck도 같은 의미로 쓰이는 표현입니다.

❶ 하루 종일 집에만 있었어? Were you __________ at home all day?

❷ 이렇게 하루 종일 집에만 있다가는 왕따 당할지도 몰라.
You might be ostracized if you continue to __________ at home all day long.

❸ 남동생 숙제 도와주느라 집에 박혀 있었어.
I __________ at home all day helping my younger brother with his homework.

❷ 극장에 갔어.
I went to the movie theater.

동사 go는 '가다'라는 뜻 외에도 '(일이) 어떤 상태로 진행되어 가다' 또는 '(이야기가) 전개되다'라는 뜻으로도 사용됩니다.

❶ 어디에 갈 거야? Where are you going to ____?

❷ 우린 N 서울 타워에 갔다가 외식했어.
We ____ to N Seoul Tower and ate dinner out.

❸ 여행 어땠어? How did your trip ____?

❸ 그냥 빈둥거렸어.
I was just goofing around.

goof around는 fool around와 비슷한 의미의 표현으로 '시간을 허비하다'라는 뜻입니다. goof off는 특히 '(할 일을 안 하고) 빈둥거리다'라는 뜻이니까 구분해서 알아 두세요.

| 정답 |
❶ 1 cooped up
2 be cooped up
3 was cooped up
❷ 1 go
2 went
3 go

❶ 빈둥거리는 사람은 먹을 자격도 없어.

He, who ______, doesn't deserve to eat.

❷ 너 빈둥거리면서 시간 다 낭비하겠다.

You are going to waste all your time ______.

❸ 왜 그렇게 빈둥거리니? 할 일을 찾아서 해 봐.

Why are you ______ like that? Look for something to do.

❹ 밀린 빨래 했어.
I caught up on the laundry.

catch up on은 '뒤떨어진 일을 만회하다'의 뜻으로 쓰이는 표현입니다. I took care of the backed-up laundry. 또는 I did my backed-up laundry.라고 바꿔 표현해도 됩니다.

❶ 밀린 이메일 답장 좀 해. Please ______ replying to your e-mails.

❷ 밀린 일이 많았니? Did you have a lot of work to ______?

❸ 이번 주말엔 밀린 잠을 잘 거야.

I'm going to ______ my sleep this weekend.

❺ 사우나 가서 땀 뺐어.
I worked up some sweat at the sauna.

work up some sweat은 우리말로 '땀을 빼다'라는 뜻입니다.

❶ 찜질방에서 땀을 빼면 해독이 되는 거야?

If I work up ______ in the dry sauna, will it cleanse out my system?

❷ 찜질방에서 땀을 많이 빼면 피부가 건조해져.

Your skin will become dry if you ______ too much sweat at the health spa.

❸ 고혈압 환자는 찜질방에서 땀 너무 오래 빼면 기절할지도 몰라.

Patients with high blood pressure might pass out if they ______ too much ______ in the dry sauna.

| 정답 |

❸ 1 goofs around
2 goofing around
3 goofing around

❹ 1 catch up on
2 catch up on
3 catch up on

❺ 1 some sweat
2 work up
3 work up / sweat

2단계
실전 회화 도전하기

빈칸을 채운 후, 오디오를 들으며 따라 하세요.

❶ 하루 종일 방콕하며 책을 읽다

26-2.mp3

Boyeong I am so proud of you because you have been working so hard while I was just __________ at home all day long.

Yongjin (*laughs*) What are you talking about? You said you read some books all day long.

Boyeong Yes, I wasn't bored. [1] **You see**, I almost finished reading all the books that I have neglected to read for a while.

Yongjin [2] **Good gracious!** [3] **What's the occasion?**

Boyeong Actually, I was very happy because I could read a book from beginning to end, without any interruptions from anyone.

보영 하루 종일 방콕만 한 나보다 열심히 일한 네가 자랑스러워.
용진 (웃음) 뭔 소리야? 넌 하루 종일 집에서 책 읽었다면서.
보영 응. 지루하진 않았어. 그동안 못 읽었던 책들 거의 다 읽었거든.
용진 맙소사! 네가 웬일이야?
보영 사실, 아무한테도 방해받지 않고 책을 처음부터 끝까지 다 읽을 수 있어서 너무 행복했어.

1 You know what?처럼 말을 건넬 때 쓰는 구어체 표현으로 우리말의 '있잖아', '있지'에 해당합니다.
2 '맙소사!'라는 뜻입니다. 비슷한 표현에 Gracious heaven! / Goodness! / Oh, no! / Good Lord! 등이 있습니다.
3 '무슨 일이야?', '어머 어쩐 일이야?'라는 뜻입니다.

❷ 밀린 빨래와 청소로 하루를 보내다

26-3.mp3

Jieun I called you yesterday, but you weren't at home.

Mincheol I was a little busy. I cleaned my room and also __________ laundry. It took a very long time. I didn't even hear the phone ringing.

Jieun That's awesome that you have been cleaning. You [1] **used to** __________ all weekend.

Mincheol Oh my! I never expected to receive such compliments from you. You are just like my mom.

Jieun [2] **Are you in a good mood** because I complimented you instead of nagging you?

지은 어제 전화했더니 안 받더라.
민철 좀 바빴어. 방 청소 좀 하고 밀린 빨래 했지. 시간 엄청 걸리더라고. 전화 온 줄도 몰랐어.
지은 아주 잘했네. 주말마다 빈둥거리기만 하더니.
민철 이런, 내가 너한테 칭찬을 다 듣다니. 꼭 네가 내 엄마 같다.
지은 잔소리가 아니라 칭찬하니까 기분은 좋지?

1 과거에 '~하곤 했다'라는 의미로, '더 이상은 그렇게 하지 않는다'는 뜻이 포함되어 있는 표현입니다. 이와 유사한 형태의 be used to는 '~에 익숙하다'라는 뜻이므로 구분해서 알아 두세요. 각각 〈used to+동사원형〉, 〈be used to+(동)명사〉의 형태로 쓰입니다.
2 be in a good[bad] mood는 '기분이 좋다[나쁘다]'라는 뜻으로 feel good[bad]처럼 바꿔 표현할 수 있습니다.

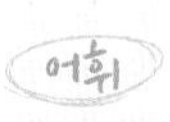

neglect 도외시하다, 등한시하다
for a while 잠시 동안
interruption 중단, 가로막음, 방해
compliment 칭찬
nag 잔소리하다

❸ 잘 쉬어야 건강해진다!

26-4.mp3

Hojin	[1] **I'm running on empty.**
Minji	Why does it look like your cheeks were sunken in?
Hojin	I went to the dry sauna together with my parents to __________ __________.
Minji	Don't you think that you worked up too much sweat? Your face has gotten thin.
Hojin	It is a problem because I am supposed to be losing fat on my belly and not on my face.
Minji	But how did you manage to think about taking your parents to the dry sauna too?
Hojin	I had no choice but to take my parents to the dry sauna because my mom kept bothering me.
Minji	[2] **That's obvious**, isn't it? Of course she's going to keep nagging at you since you aren't married and all you do is __________ at home on weekends.
Hojin	I heard that you were also __________ all day long.
Minji	Yesterday, I was at the fitness center all day long together with my younger sister, learning how to dance the zumba.
Hojin	Wow! That's great. It's much better than being a couch potato all day.
Minji	Of course, but sometimes it's also good to just do nothing at home. After we relax, our minds become clearer.

호진 기운이 쏙 빠진다.
민지 왜 그렇게 얼굴이 반쪽이야?
호진 부모님 모시고 같이 찜질방 가서 땀을 왕창 뺐거든.
민지 너무 심하게 뺀 거 아니야? 너 얼굴이 핼쑥해졌어.
호진 뱃살이 빠져야 하는데 얼굴 살이 빠져서 큰일이야.
민지 근데 어떻게 부모님 모시고 찜질방 갈 생각을 다했어?
호진 엄마가 하도 나를 괴롭혀서 마지못해 부모님 모시고 다녀온 거야.
민지 당연한 거 아니야? 장가도 안 가고 주말마다 집에서 빈둥거리고 있는 아들이니 당연히 계속 잔소리하시지.
호진 너도 어제 하루 종일 집에서 방콕했다며?
민지 나 어제 하루 종일 내 동생이랑 헬스 클럽에 가서 줌바 댄스 배웠어.
호진 오호! 잘했네. 하루 종일 TV 앞에 있는 것보다 훨씬 좋지.
민지 물론, 가끔은 집에서 빈둥거리기만 하는 것도 좋긴 해. 쉬고 나면 정신이 맑아지잖아.

couch potato 텔레비전광

| 정답 |
❶ cooped up
❷ caught up on / goof around
❸ work up some sweat / goof around / cooped up

1 run on empty는 '자력이 다하다', '힘을 잃다', '역부족이다'라는 뜻으로, 종종 진행형으로 쓰입니다. e.g. The work is running on empty on me.(그 일은 내게 역부족이야.)

2 눈으로 보거나 이해하기에 '분명하다'라는 의미가 있으며, 대화에서는 '당연하다'의 의미로 쓰였습니다.

한 박자 쉬어가기

homebody가 뭐지?

somebody도 아니고, anybody도 아니고 homebody라고 들어 보셨나요? homebody는 '집에 있는 것을 좋아하는 사람'을 일컫는 말입니다. 강조하여 말할 때는 homebody 앞에 '완전한'이란 뜻의 total, complete, absolute을 덧붙여 말할 수 있습니다.

3단계
주요 표현 다시 보기

앞에서 익힌 모든 표현을 소리 내어 읽으며 복습하세요.

❶ 하루 종일 집에만 있었을 때

하루 종일 집에만 있었어?	Were you cooped up at home all day?
이렇게 하루 종일 집에만 있다가는 왕따 당할지도 몰라.	You might be ostracized if you continue to be cooped up at home all day long.
남동생 숙제 도와주느라 집에 박혀 있었어.	I was cooped up at home all day helping my younger brother with his homework.

❷ 어디에 갔을 때

주말에 어디에 갈 거야?	Where are you going to go?
우린 N 서울 타워에 갔다가 외식했어.	We went to N Seoul Tower and ate dinner out.
여행 어땠어?	How did your trip go?

❸ 빈둥거리는 사람에게 충고할 때

빈둥거리는 사람은 먹을 자격도 없어.	He, who goofs around, doesn't deserve to eat.
너 빈둥거리면서 시간 다 낭비하겠다.	You are going to waste all your time goofing around.
왜 그렇게 빈둥거리니? 할 일을 찾아서 해 봐.	Why are you goofing around like that? Look for something to do.

❹ 밀린 일을 할 때

밀린 이메일 답장 좀 해.	Please catch up on replying to your e-mails.
밀린 일이 많았니?	Did you have a lot of work to catch up on?
이번 주말엔 밀린 잠을 잘 거야.	I'm going to catch up on my sleep this weekend.

❺ 찜질방에서 땀 뺐을 때

찜질방에서 땀을 빼면 해독이 되는 거야?	If I work up some sweat in the dry sauna, will it cleanse out my system?
찜질방에서 땀을 많이 빼면 피부가 건조해져.	Your skin will become dry if you work up too much sweat at the health spa.
고혈압 환자는 찜질방에서 땀 너무 오래 빼면 기절할지도 몰라.	Patients with high blood pressure might pass out if they work up too much sweat in the dry sauna.

27 약속을 잡을 때 하는 말

When is it the most convenient for you?

언제가 제일 편하니?

강의 및 예문듣기

친구나 동료와 함께 식사 한 번 하려고 해도 워낙 바쁘게 돌아가는 세상인지라 쉽지 않죠? 그렇다고 매번 거절하기도 미안하고 말이에요. 어떻게든 짬을 내서 소중한 사람들을 만나도록 노력해 보세요. 약속을 잡을 때 상대방을 배려해서 만날 장소, 일정을 정하는 것을 영어로 어떻게 말하는지 지금부터 배워 볼까요?

준비단계
핵심 표현 입력하기

이미지와 함께 오늘 배울 핵심 표현을 입력하세요.

❶ **the most convenient**
가장 편리한

❷ **be free**
한가하다

❸ **have more free time**
시간이 더 있다

❹ **be tied up**
꼼짝없이 바쁘다

❺ **pick**
고르다

V 이 표현은 어떻게 말할까요?

❶ 언제가 제일 편하니? ______

❷ 화요일만 빼고 다 좋아. ______

❸ 주중보다는 주말이 한가해. ______

❹ 다음 주까지 꼼짝도 못해. ______

❺ 너희 집에서 가까운 데로 정하자. ______

27-1.mp3

1단계
핵심 표현 파헤치기

빈칸을 채운 후, 오디오를 들으며 핵심 표현을 익혀 보세요.

❶ 언제가 제일 편하니?
When is it the most convenient for you?

convenient는 '편한', '편리한'이란 뜻으로 이 문장에서는 '편한'이란 의미로 사용되었습니다. What's the best time for you?로 물어도 같은 표현입니다.

❶ 몇 시가 제일 편하니? What time is ______ time for you?

❷ 언제가 제일 편한지 알려 줘.
Please tell me what time is ______ for you.

❸ 네가 시간 정해 봐. Why don't you ______ for yourself?

❷ 화요일만 빼고 다 좋아.
I am free every day except Tuesday.

여기서 free는 '한가한'이라는 의미로 Any day is fine for me other than Tuesday.로 바꿔 말할 수 있습니다. 이때 other than은 '~ 이외의', 즉 except의 의미로 쓰였죠.

❶ 주중에는 한가한데, 주말에는 아니야.
I ______ on weekdays but not on weekends.

❷ 주중 중간에 만나자. 그때가 제일 한가해.
I would like to meet on "hump day." I ______ on that day.

❸ 민지는 월요일만 빼고 다 되니까 우리 화요일에 보면 어떨까?
Why don't we meet on Tuesday since Minji ______ every day except Monday?

❸ 주중보다는 주말이 한가해.
I have more free time on weekends than during the week.

have more free time은 '더 한가하다', '시간이 더 있다'는 뜻으로, free time은 '비는 시간', '한가한 시간'이라는 의미입니다.

| 정답 |
❶ 1 the most convenient
2 the most convenient
3 pick the best time
❷ 1 am free
2 am free
3 is free

주말은 weekend죠? on weekends라고 하면 '주말마다'라는 뜻으로 weekend에 -s가 붙습니다.

❶ 내일보다는 내일 모레가 더 한가해.
I will have ____________ the day after tomorrow.

❷ 일요일은 쉬는 날이니까 더 한가하겠지?
Do you think you will ________________ since Sunday is a day of rest?

❸ 네가 한가할 때 요일을 정해 줘.
When you ____ some _______, why don't you decide on the day?

❹ 다음 주까지 꼼짝도 못해.
I am tied up until next week.

be tied up은 '꼼짝 못할 정도로 바쁘다'라는 의미의 표현입니다.

❶ 바빠서 이달은 꼼짝도 못할 것 같아. I think I will ________ this month.

❷ 이번 주는 이 프로젝트 때문에 꼼짝도 못해.
I ________ this week working on this project.

❸ 어제 연말 정산 때문에 꼼짝 못했어.
I _________ all day yesterday filing my income tax return.

❺ 너희 집에서 가까운 데로 정하자.
Let's pick a place that is close to your house.

날이나 장소를 '정한다'고 할 때는 pick을 쓸 수 있습니다. 위 문장은 Let's decide on a place that is close to your house.로 바꿔 표현해도 됩니다. pick up이라는 숙어를 쓰면 '~을 차에 태우다'라는 뜻이 되죠.

❶ 네가 알아서 요일을 정해라. Why don't you ____ the day? It's up to you.

❷ 네 집 근처로 정하는 게 편할 것 같아.
I think it will be best if we ____ a place that is closer to your house.

❸ 중간 지점에서 널 픽업할게. I'll ____ you ___ at a halfway point.

| 정답 |
❸ 1 more free time
2 have more free time
3 have / free time
❹ 1 be tied up
2 am tied up
3 was tied up
❺ 1 pick
2 pick
3 pick / up

2단계
실전 회화 도전하기

빈칸을 채운 후, 오디오를 들으며 따라 하세요.

❶ 수지, 지아에게 번개 치다!

27-2.mp3

Suji	Hi, Jia. It's me, Suji. Do you have some free time in the afternoon?
Jia	Hold on a second, I have to check my calendar. *(returns after 5 minutes)* I am sorry, Suji, but I __________ all day today because of a meeting.
Suji	That's okay. [1] **I was in the neighborhood**, so I just wanted to drop by and say hello.
Jia	[2] **What kind of business brings you to this neighborhood?**
Suji	Ah, I came here because I had some business to do with a client. When is it __________ for you? Let's fix another date to meet.
Jia	Well, I __________ every day except Tuesdays. How about you?
Suji	I will let you know as soon as I check my calendar.

수지 안녕, 지아야. 나야, 수지. 오후에 시간 있어?
지아 잠깐 달력 좀 보고. (5분 후에 돌아와서) 미안해, 수지야. 회의 때문에 오늘 종일 꼼짝 못 해.
수지 괜찮아. 그냥 근처에 왔다가 들러서 인사나 하려고 했어.
지아 무슨 일로 이 근처에 왔어?
수지 아, 거래처에 볼일이 있어서 왔어. 그럼, 어느 때가 제일 편하니? 날 정해서 우리 얼굴 보자.
지아 음, 난 화요일만 빼고 시간 있어. 너는 어때?
수지 달력 확인해 보고 바로 알려 줄게.

1 '그냥 근처에 왔다가'라는 의미로 말할 때는 I was in the neighborhood라고 합니다.

2 What brings you to ~[here]?는 '무슨 일로 ~[여기]에 왔니?'라는 뜻으로 Why are you here?라고도 합니다. What brought you here?도 '어쩐 일로 여기에 오셨나요?'의 뜻입니다.

❷ 민정의 생일 선물을 위해 약속을 잡다

27-3.mp3

Donggon	Don't forget that it's Minjeong's birthday next week.
Suji	What do you think about going together to look for a birthday present for her?
Donggon	Let's do that. That's a great idea. Which day is best for you? What time is __________ for you?
Suji	Um... I __________ every day except Thursdays.
Donggon	Great, [1] **let's agree on Saturday** then. We can always change the day if we need to.
Suji	Where shall we meet? I'll meet you halfway.
Donggon	How about we decide on a place that is closer to your house?

동곤 다음 주가 민정이 생일이니까 잊지 말아라.
수지 같이 가서 생일 선물을 보면 어때?
동곤 그러자. 좋은 생각이야. 무슨 요일이 제일 좋아? 언제가 제일 편한 시간이야?
수지 음, 목요일 빼고 다 좋아.
동곤 좋아. 그럼 토요일로 하자. 필요하면 요일을 바꾸면 되고.
수지 어디서 볼까? 중간에서 볼까?
동곤 너희 집에서 가까운 데로 정하는 게 어때?

1 agree on은 '~에 동의하다'의 의미로, 결국 토요일에 만나자고 제안한 것입니다. '~을 노리다', '~을 목표로 하다'라는 뜻의 표현 shoot for를 써서 Let's shoot for Saturday.라고 해도 됩니다.

hold on a second 잠시 기다리다
drop by 별안간 방문하다
fix 시간이나 일정을 정하다
meet ~ halfway ~을 중간 지점에서 만나다

❸ 맛있는 중식을 먹기 위해 약속을 잡다

27-4.mp3

문규 철아, 이번 주 스케줄이 어떠니?
철 이번 주에 인도네시아에서 바이어들이 방문해서 다음 주까지 꼼짝 못해.
문규 나도, 일이 바빠지면 짜증이 나. 하루 일 안 하고 아무것도 안 하면 좋지 않을까?
철 너만 그런 게 아니라 다 그래. 있잖아, 중국 음식이 당기는데. 다음 주에 같이 가서 뭐 좀 먹을래? 언제가 좋아?
문규 안타깝게도, 다음 주까지 꼼짝도 못할 것 같아. 다음 주 말고 2주 후에 보는 게 어때? 그 주에는 목요일 빼고는 다 좋아. 내가 확인 전화 할게. 언제가 전화 받기 제일 좋아?
철 아무 때나 전화해.
문규 알겠어. 백화점에서 만날까?
철 미안한테, 괜찮으면 우리 집에서 만날까? 우리 집에서 아주 가까운 맛난 중국집을 알거든.
문규 그래? 그럼 그렇게 하자.
철 내 차 타고 금방 갈 수 있으니까 우리 집에서 같이 출발하자.
문규 알겠어. 내가 부모님께 드릴 케이크 하나 사 갈게.
철 괜찮아. 뭐 갖고 와야 한다는 부담 느끼지 마. 그냥 몸만 와. 너 오자마자 바로 나갈 건데.
문규 그래도, 부모님께 인사는 드려야지.

get swamped in work 일에 빠져 있다
feel burdened 부담을 느끼다

| 정답 |
❶ am tied up / the most convenient / am free
❷ the most convenient / am free
❸ am tied up / am all tied up / am free

Munkyu Hey, Cheol, what does your schedule look like this week?

Cheol I ________ until next week because buyers from Indonesia will be visiting us this week.

Munkyu Me, too. I get frustrated when I get swamped in work. Wouldn't it be nice if we could skip one day of work and not do anything at all?

Cheol It's not just you, we all feel that way. You know what? I [1]**have a craving for** Chinese food. Do you want to go out and eat something next week? When is it best for you?

Munkyu Unfortunately, I ________ next week. Why don't we meet not next week, but two weeks from now? I ________ every day except Thursday that week. I will give you a call to confirm the day. When is it best for you to answer the phone?

Cheol You can call me anytime.

Munkyu Okay. Shall we meet at the department store?

Cheol I am sorry, but [2]**would you mind meeting me** at my house? I know an awesome Chinese restaurant that is very near my house.

Munkyu Really? Okay, let's do that.

Cheol Let's leave from my house because then we can take my car and we can get there faster.

Munkyu Alright. I'm going to buy a cake for your parents.

Cheol It's okay. You don't have to feel burdened about bringing something. [3]**Just bring yourself**. We will be leaving right away anyway.

Munkyu But still, [4]**I don't want to leave without greeting your parents.**

1 '~을 열망하다[갈망하다]'의 뜻으로, have a craving for sweets라고 하면 '단것이 땡긴다'는 의미가 됩니다. 비슷한 표현으로는 long for가 있습니다.
2 Would you mind ~ing?에서 mind 뒤에는 동명사나 명사가 옵니다. mind는 '~(하는 것)을 꺼리다'라는 의미라서, 수락할 때는 부정문으로 말해야 하니까 주의하세요.
3 '몸만 와라', 즉 아무것도 가지고 오지 말라는 뜻입니다.
4 I really want to greet your parents first before we go.처럼 바꿔 말해도 됩니다.

3단계
주요 표현 다시 보기

앞에서 익힌 모든 표현을 소리 내어 읽으며 복습하세요.

❶ 약속 시간을 맞출 때

몇 시가 제일 편하니?	What time is the most convenient time for you?
언제가 제일 편한지 알려 줘.	Please tell me what time is the most convenient for you.
네가 시간 정해 봐.	Why don't you pick the best time for yourself?

❷ 한가한 시간을 말할 때

주중에는 한가한데, 주말에는 아니야.	I am free on weekdays but not on weekends.
주중 중간에 만나자. 그때가 제일 한가해.	I would like to meet on "hump day." I am free on that day.
민지는 월요일만 빼고 다 되니까 우리 화요일에 보면 어떨까?	Why don't we meet on Tuesday since Minji is free every day except Monday?

❸ 좀더 한가한 시간을 언급할 때

내일보다는 내일 모레가 더 한가해.	I will have more free time the day after tomorrow.
일요일은 쉬는 날이니까 더 한가하겠지?	Do you think you will have more free time since Sunday is a day of rest?
네가 한가할 때 요일을 정해 줘.	When you have some free time, why don't you decide on the day?

❹ 바쁘다고 할 때

바빠서 이달은 꼼짝도 못할 것 같아.	I think I will be tied up this month.
이번 주는 이 프로젝트 때문에 꼼짝도 못해.	I am tied up this week working on this project.
연말 정산 때문에 꼼짝 못했어.	I was tied up all day yesterday filing my income tax return.

❺ 요일과 장소 정할 때

네가 알아서 요일을 정해라.	Why don't you pick the day? It's up to you.
네 집 근처로 정하는 게 편할 것 같아.	I think it will be best if we pick a place that is closer to your house.
중간 지점에서 널 픽업할게.	I'll pick you up at a halfway point.

28 음식을 주문할 때 하는 말

Please give me one more bottle of soju.

소주 한 병 더 주세요.

식당에서 음식을 주문할 때 자주 하는 말들이 있죠. 먹고 싶은 음식이나 주류를 주문하는 것에서부터 음식에 대한 불만 사항이나 추가로 필요한 것을 요구하며 하는 말들이요. 음식 주문과 관련된 다양한 영어 표현을 알아보기로 해요.

준비단계
핵심 표현 입력하기

이미지와 함께 오늘 배울 핵심 표현을 입력하세요.

❶ **one more**
하나 더

❷ **fresh**
신선한

❸ **order today's special**
오늘의 요리를 주문하다

❹ **not be fully cooked**
완전히 익지 않다

❺ **be prepared quickly**
빨리 준비되다

V 이 표현은 어떻게 말할까요?

❶ 소주 한 병 더 주세요.

❷ 굴이 싱싱하지 않아요.

❸ 오늘의 요리 주세요.

❹ 생선이 덜 익었어요.

❺ 제일 빨리 되는 게 뭐죠?

28-1.mp3

1단계
핵심 표현 파헤치기

빈칸을 채운 후, 오디오를 들으며 핵심 표현을 익혀 보세요.

잠깐만요!

술은 액체라서 셀 수 없기 때문에 술이 담긴 bottle(병)이나 glass(잔)를 단위로 하여 a bottle of soju, a glass of beer처럼 표현합니다.

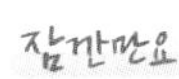

잠깐만요!

메뉴를 봐도 입맛이 당기는 게 없다면 What's good on the menu today?라고 물어보면 됩니다.

| 정답 |
❶ 1 one more 2 one more 3 one more
❷ 1 freshest 2 bad 3 bad

❶ 소주 한 병 더 주세요.
Please give me one more bottle of soju.

술자리에서 술 한 병이나 생맥주 한 잔을 추가 주문할 때는 one more의 표현을 써 보세요.

❶ 딱 한 잔만 더 합시다. Let's have ________ for the road.

❷ 생맥주 한 잔 더 할까? Shall we have ________ glass of draft beer?

❸ 한 잔 더 해도 탈은 없을 겁니다.
You won't get sick after just ________ round of beer.

❷ 굴이 싱싱하지 않아요.
The oysters don't seem to be fresh.

음식이 '신선하거나 싱싱하다'고 할 때는 fresh를 쓰며, 반대로 '상한' 음식에 대해서는 bad를 씁니다. go bad는 '상하다'라는 뜻입니다.

❶ 어떤 굴이 제일 싱싱한가요? Which oysters are the ________?

❷ 생선이 상한 것 같아요. I think the fish has gone ____.

❸ 상한 굴을 먹은 거 아니야? Did you eat a ____ oyster or something?

❸ 오늘의 요리 주세요.
I would like to order today's special, please.

레스토랑에서 말하는 today's special은 '오늘의 특별 요리'를 가리키며, 주문할 때는 동사 order를 같이 씁니다.

❶ 오늘의 특별 메뉴를 주문하고 싶은데 얼마인가요?
I would like to order ________. How much is it?

❷ 한 시간 전에 주문한 오늘의 요리가 아직 안 나왔어요.
I ________ an hour ago and it hasn't been served yet.

❸ 오늘의 요리를 주문했는데, 이건 제가 주문한 음식이 아닌 것 같은데요.

I ______________ and I don't think this is the meal that I ordered.

❹ 생선이 덜 익었어요.
The fish isn't fully cooked.

익은 정도에 따라 '익었다'는 be cooked, '익지 않았다'는 not be cooked, '덜 익었다'는 not be fully cooked와 같이 표현합니다. fully 대신 completely를 쓰기도 하죠.

❶ 생선이 덜 익어서 맛이 비려요.

The fish tastes fishy because it ______________.

❷ 생선을 완전히 익혀 주세요. Please, I want my fish to ______________.

❸ 생선 튀김이 완전히 익지 않았어요. The fried fish ______________ completely yet.

❺ 제일 빨리 되는 게 뭐죠?
Which meal can be prepared quickly?

식당에서 주문할 때 빨리 나오는 메뉴가 무엇인지 묻는 표현입니다. Which is the fastest meal I can have?라고 하거나 Can I have it right away?(금방 먹을 수 있나요?)라고 물어볼 수도 있습니다.

❶ 가벼운 걸로 빨리 되는 거 뭐 없습니까?

Is there anything simple that can be prepared ______?

❷ 빨리 되는 걸로 주문할게요.

I would like to order something that can ______________ quickly.

❸ 메뉴판에서 뭐가 빠르게 되는지 알려 줄래요?

Can you please show me on the menu which meal can ______________?

| 정답 |

❸ 1 today's special
2 ordered today's special
3 ordered today's special

❹ 1 isn't fully cooked
2 be fully cooked
3 isn't cooked

❺ 1 quickly
2 be prepared
3 be prepared quickly

2단계
실전 회화 도전하기

빈칸을 채운 후, 오디오를 들으며 따라 하세요.

❶ 상한 굴을 바꿔 달라고 요청하다

28-2.mp3

Mincheol [1]**I am in the mood for drinking** today. __________ bottle of soju, please.

Sujin Why don't you eat some oyster pancake, too?

Mincheol Alright. But the oysters are not fresh. Don't you think there is a bad smell coming from the oysters?

Sujin Hmm. Let me check. *(pause)* Yes, the oysters do [2]**taste funny**. It's either because they __________ or they are bad.

Mincheol Excuse me, please. The oysters also don't seem to be ______, so can you bring us another one, please?

Waiter I'm sorry, sir. I'll bring you a new dish.

민철 오늘 술 땡긴다. 여기 소주 한 병 더 주세요.
수진 굴전이랑 같이 좀 먹지 그래?
민철 그래. 그런데 굴이 싱싱하지 않아. 굴에서 이상한 냄새가 나는 거 같지 않아?
수진 음. 확인해 볼게. (잠시 후) 그래. 맛이 이상야릇해. 좀 덜 익었거나 상했기 때문이야.
민철 여기요. 굴이 좀 상한 거 같은데 바꿔 주세요.
종업원 죄송합니다. 손님. 새 요리로 갖다 드리겠습니다.

1 be in the mood for는 '~할 기분이다'라는 의미로 소위 '~이 땡긴다'라고 할 때 이 표현을 쓸 수 있죠. My body needs alcohol. 또는 I feel like alcohol.처럼 말할 수도 있습니다.

2 funny는 '이상한', '기괴한'의 의미로 strange와 같이 쓰였습니다. 그래서 '맛이 이상하다'란 의미입니다.

❷ 시간에 쫓겨 부대찌개를 주문하다

28-3.mp3

Jieun [1]**What shall we eat?** Should we try __________ on the menu?

Jiseong No, how about we order something that can be prepared quickly? You see, I don't have much time.

Jieun Really? I guess I have no choice. Okay, let's order something that can be prepared quickly. Excuse me. Can you please take our orders now? Is there a meal that can __________ __________?

Waiter Yes, budaejjige can be prepared quickly.

Jiseong We would like two servings of budaejjigae, please. Please give us [2]**two bowls of rice**, too. Please add two servings of ham and rice cakes. In addition, please add one ramen noodle, too.

지은 뭐 먹을까? 메뉴에 있는 오늘의 요리 먹을까?
지성 아니 그거 말고 제일 빨리 되는 걸로 먹자. 내가 시간이 별로 없잖아.
지은 그래? 할 수 없지 뭐. 그럼 빨리 되는 걸로 주문하자. 저기요. 주문 좀 받으실래요? 빨리 되는 게 있나요?
종업원 네. 부대찌개가 빨리 됩니다.
지성 그걸로 2인분 해 주세요. 밥 두 공기도 주시구요. 사리는 햄, 떡을 2인분씩 넣어 주세요. 라면도 하나 넣어 주시구요.

instead of ~ 대신에
either A or B (둘 중에서 선택을 할 때) A나 B
serving 1인분

1 What shall we have?로 바꿔 말할 수 있습니다.

2 밥(rice)은 셀 수 없는 명사라서 그릇(bowl)을 사용하여 셀 수 있습니다. 그래서 '공기밥 두 개'는 rice에 -s를 붙이는 것이 아니라 bowl에 -s를 붙여 two bowls of rice처럼 표현합니다.

③ 공짜 김치찌개에 화가 누그러지다 28-4.mp3

지은 민호야, 이 생선 좀 이상하지 않아?
민호 흠, 생선이 덜 익은 것 같아.
지은 여기요, 생선이 덜 익어서 저희 이거 못 먹겠어요.
종업원 아닌데요, 잘 익혀 나온 건데요.
민호 (어이없다는 듯이) 맛이 어떤지 한 번 드셔 보세요.
종업원 (맛을 보더니) 죄송합니다. 생선이 좀 상한 것 같습니다. 새로운 걸로 다시 갖다 드릴게요.
민호 이제야, 말귀를 알아들어 먹네. 지은아, 생선 요리를 기다리느니, 그냥 빨리 되는 음식으로 주문할까?
지은 그래. 여기요, 생선 취소해 주세요. 그리고 빨리 되는 다른 음식으로 할게요.
종업원 그럼, 생선 요리 대신에 김치찌개가 어떠신가요?
민호 네, 그렇게 해 주세요. 공기밥 두 개 주세요.
(종업원이 김치찌개를 갖고 온다.)
식당 주인 오늘 김치찌개는 무료입니다. 항상 싱싱한 재료를 사용하는데, 아무래도 냉장고가 고장이 났던 모양입니다. 식사 맛있게 하세요.
민호 아싸! 점심은 무료로 먹네.
지은 역시 공짜가 좋긴 좋아.

off 음식이 상한
on the house (식당 부담으로) 공짜로, 무료로
ingredient 재료

| 정답 |
① One more / are not fully cooked / fresh
② today's special / be prepared quickly
③ fresh / isn't cooked / was fully cooked / be prepared quickly / can be prepared

Jieun Minho, don't you think that this fish doesn't look ______?

Minho Hmm. I think [1] **the fish isn't fully cooked.**

Jieun Excuse me, please. We can't eat this fish because it ______ ______ completely.

Waiter That can't be possible. The fish ______ and then served.

Minho (*dumbfounded*) Why don't you [2] **have a taste** to see what it tastes like?

Waiter (*tastes the fish*) I am sorry. I think the fish is a little off. I will [3] **serve you a new dish**.

Minho [4] **Now, you are talking.** Jieun, shall we order something that can ______ instead of waiting for the fish?

Jieun Yes. Excuse me, we would like to cancel the fish, please. And we'll have something else that ______ and served quickly.

Waiter Then, how about kimchijjige instead of the fish?

Minho Yes, we would like kimchijjige. Please give us two bowls of rice.

(*The waiter serves the kimchijjige.*)

Owner Today's kimchijjige is on the house. We always use fresh ingredients, so I think there has to be something wrong with our refrigerator. Please enjoy your meal.

Minho Oh yeah! We get free lunch.

Jieun Free meals are the best.

1 The fish isn't cooked completely.로 바꿔 말할 수 있습니다.
2 have a taste는 '맛을 보다'라는 의미를 나타냅니다.
3 '새 음식을 제공하다'의 뜻으로 여기서 dish는 '접시'가 아니라 '요리', 즉 food, cuisine, cooking의 의미로 쓰인 것입니다.
4 '이제야 말이 통하네.'라는 뜻으로 상대방의 제안이 아주 마음에 들 때 하는 말입니다. 참고로, Now you're catching on.이라고 하면 '이제야 감을 잡는군.'이란 뜻입니다.

3단계
주요 표현 다시 보기

앞에서 익힌 모든 표현을 소리 내어 읽으며 복습하세요.

❶ 한 잔 더 하자고 할 때

딱 한 잔만 더 합시다.	Let's have one more for the road.
생맥주 한 잔 더 할까?	Shall we have one more glass of draft beer?
한 잔 더 해도 탈은 없을 겁니다.	You won't get sick after just one more round of beer.

❷ 음식의 신선도에 대해 말할 때

어떤 굴이 제일 싱싱한가요?	Which oysters are the freshest?
생선이 상한 것 같아요.	I think the fish has gone bad.
상한 굴을 먹은 거 아니야?	Did you eat a bad oyster or something?

❸ '오늘의 요리'를 주문할 때

오늘의 특별 메뉴를 주문하고 싶은데 얼마인가요?	I would like to order today's special. How much is it?
한 시간 전에 주문한 오늘의 요리가 아직 안 나왔어요.	I ordered today's special an hour ago and it hasn't been served yet.
오늘의 요리를 주문했는데, 이건 제가 주문한 음식이 아닌 것 같은데요.	I ordered today's special and I don't think this is the meal that I ordered.

❹ 생선을 익힌 정도에 대해 말할 때

생선이 덜 익어서 맛이 비려요.	The fish tastes fishy because it isn't fully cooked.
생선을 완전히 익혀 주세요.	Please, I want my fish to be fully cooked.
생선튀김이 완전히 익지 않았어요.	The fried fish isn't cooked completely yet.

❺ 식사 시간이 촉박할 때

가벼운 걸로 빨리 되는 거 뭐 없습니까?	Is there anything simple that can be prepared quickly?
빨리 되는 걸로 주문할게요.	I would like to order something that can be prepared quickly.
메뉴판에서 뭐가 빠르게 되는지 알려 줄래요?	Can you please show me on the menu which meal can be prepared quickly?

29 술 마신 다음날에 하는 말

He drank like a fish.

그 사람 술고래던데.

기분 좋게 마실 때는 즐겁지만 그 다음날 숙취 때문에 고생하는 사람들 많죠? 주사가 없어 별 탈 없이 음주를 했다면 모를까, 상사나 선배 앞에서 추태라도 부렸다면 다음날은 정말 끔찍한 날이 되겠죠. 음주 후 다음날 어떤 이야기를 영어로 할 수 있는지 함께 알아보죠.

준비단계
핵심 표현 입력하기

이미지와 함께 오늘 배울 핵심 표현을 입력하세요.

❶ **limit**
한계, 주량

❷ **drink like a fish**
술고래이다

❺ **black out**
(술에 취해) 필름이 끊기다

❹ **hangover**
숙취

❸ **be an obnoxious drunk**
주사가 있다

V 이 표현은 어떻게 말할까요?

❶ 주량이 얼마나 돼? ______

❷ 그 사람 술고래던데. ______

❸ 그 사람 주사가 있어. ______

❹ 숙취 때문에 죽겠어. ______

❺ 필름이 끊겼어. ______

29-1.mp3

1단계

핵심 표현 파헤치기

빈칸을 채운 후, 오디오를 들으며 핵심 표현을 익혀 보세요.

잠깐만요!

'주량'은 또한 drinking capacity나 drinking tolerance라고도 합니다.

❶ 주량이 얼마나 돼?
What's your limit?

limit은 '한계'라는 뜻이죠? 술을 마실 수 있는 한계, 즉 '주량'은 영어로 drinking limit 또는 간단하게 limit이라고 합니다.

❶ 주량을 넘기지 마. Don't push your ______.

❷ 내 주량은 소주 한 병이야. My drinking ______ is one bottle of soju.

❸ 더 못 마시겠어. 내 주량을 잘 알아. I can't have any more. I know my ______.

❷ 그 사람 술고래던데.
He drank like a fish.

drink like a fish는 '술고래'(a heavy drinker)처럼 술을 물처럼 많이 마신다는 뜻입니다.

❶ 어젯밤에 그 사람 주량이 장난 아니던데. Last night, he drank ______.

❷ 엄청 마셔대던데. 술고래 같더라구요.
You ______. You looked like a heavy drinker.

❸ 분위기 좋을 때는 난 주량이 장난 아니야.
I think I ______ when I am having a good time.

❸ 그 사람 주사가 있어.
He is an obnoxious drunk.

주사가 있어서 술버릇이 고약한 사람은 drunk(술주정뱅이) 앞에 '아주 불쾌한', '몹시 기분 나쁜'의 뜻이 있는 obnoxious를 붙여 표현합니다.

❶ 넌 주사가 있니? Are you an ______?

❷ 난 진수와 술 마시고 싶지 않아. 진수는 주사가 심해.
I don't want to drink with Jinsu. He is such an ______.

| 정답 |

❶ 1 limit
2 limit
3 limit

❷ 1 like a fish
2 drank like a fish
3 drink like a fish

❸ 그녀는 주사가 있어서 옆에 있는 사람을 엄청 괴롭혀.

She is such an ______________ that she bothers all the people around her.

❹ 숙취 때문에 죽겠어.
I have such a bad hangover that I feel like I'm going to die.

'숙취'는 hangover를 활용하면 되며, '죽을 것 같다'는 feel like I'm going to die로 표현할 수 있습니다.

❶ 숙취가 너무 심해서 죽을 것 같아.

I feel like I'm going to die because of this massive ________.

❷ 숙취 때문에 머리가 깨질 것 같아.

I feel like I'm going to die because I have a throbbing headache from this ________.

❸ 속이 너무 쓰려 죽을 거 같아.

My stomach hurts so bad that I feel like ______________.

❺ 필름이 끊겼어.
I blacked out.

black out은 '(술에 취해) 필름이 끊기다'라는 뜻입니다.

❶ 하나도 기억 못 하는걸 보니 넌 필름이 끊겼던 게 분명해.

It's obvious that you ____________ since you don't remember anything.

❷ 택시 탄 것밖에 기억이 안 나. 필름이 끊겼나봐.

I only remember getting into a taxi. I must have ____________.

❸ 기억나는 거 있어? 너도 필름 끊겼지?

Do you remember anything? You ____________ too, didn't you?

| 정답 |
❸ 1 obnoxious drunk
2 obnoxious drunk
3 obnoxious drunk
❹ 1 hangover
2 hangover
3 I'm going to die
❺ 1 blacked out
2 blacked out
3 blacked out

2단계
실전 회화 도전하기

빈칸을 채운 후, 오디오를 들으며 따라 하세요.

❶ 필름이 끊길 때까지 술을 마시다

29-2.mp3

Munkyu　How much did you drink anyway? You seemed like you were losing control.

Mincheol　[1]**Speak for yourself.** It's obvious that you ____________ since you don't remember anything.

Munkyu　Why didn't you stop me from ____________?

Mincheol　I tried to stop you. But you didn't listen. You were [2]**as stubborn as a mule.**

Munkyu　I was also worried about you, you know. I had never seen you drink so much before.

문규 도대체 얼마나 퍼마신 거야? 몸을 가누지 못할 정도였던 것 같던데.
민철 웃기시네. 너도 하나도 기억하지 못하는 거 보니까 필름이 완전히 끊겼던 게 분명해.
문규 어젯밤에 나 술 많이 마시는 것 좀 말려 주지 그랬어?
민철 말려 봤지. 그런데 네가 말을 안 듣던데. 당나귀처럼 고집이 세서 말이야.
문규 나도, 너 술을 그렇게 마셔대는걸 본 적이 없어서 걱정되더라.

1 구어 표현으로 '그건 네 생각이다', '이쪽 생각은 다르다'라는 의미로, 상대방의 의견에 동의하지 않을 때 자주 사용합니다.

2 '고집을 부리는'이라는 의미의 표현입니다. 고집 센 노새에 비유하여 mule을 사용한 점이 재미있죠.

❷ 주민, 숙취에 시달리다!

29-3.mp3

Jumin　Did I [1]**make a fool out of myself** last night?

Minji　Are you usually an ____________? You turned into a completely different person after you became drunk.

Jumin　I [2]**am sorry for** behaving so badly. [3]**Against my will,** I think I lose my mind once I start drinking.

Minji　Enough about that. How do you feel? You must have a splitting headache from drinking so much.

Jumin　I feel awful. Not only do I have a splitting headache, but I also have severe heartburn.

Minji　Oh no. You will get better. But you really ____________.

Jumin　Save me, please. This heartburn is killing me. Ouch!!!

주민 나 어젯밤에 이상한 행동하지 않았니?
민지 너 원래 주사가 있어? 술 취하니까 완전 다른 사람으로 변하더라고.
주민 너한테 추한 모습을 보여서 미안해. 본의 아니게 술만 마시면 내가 좀 이상해지는 거 같아.
민지 그건 그렇고, 어때? 그렇게 마셨으니 머리가 쪼개지지?
주민 죽을 것 같아. 머리가 쪼개지는 것처럼 아픈 데다 속도 많이 쓰려.
민지 아이고, 괜찮아지겠지. 그런데 진짜 주량이 세긴 하더라.
주민 나 좀 살려 줘. 속쓰려 죽겠다. 아이고!

1 make a fool out of oneself는 '바보 같은 짓을 하다'라는 의미의 표현으로, 같은 뜻의 make an ass out of oneself는 속어 표현입니다.

2 '~에 대해서 미안하게 생각한다'고 할 때 be sorry for를 쓰며, be sorry for 다음에 사람이 오면 '~을 안쓰럽게 여기다'라는 뜻이 됩니다. be sorry about은 '~에 대해 유감스럽다'라는 의미가 있습니다.

3 '본의 아니게'란 뜻입니다.

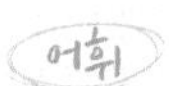

lose control 이성을 잃다, 자제력을 잃다

have a splitting headache 머리가 쪼개지듯이 아프다

severe heartburn 심한 속쓰림

❸ 필름이 끊기는 건 정말 싫어! 29-4.mp3

Jiyeong I hate it when guys drink too much. I was dating what I thought was a nice guy once, but I didn't like him after I found out he had bad drinking habits.

Nara So what happened?

Jiyeong He ________ and didn't have any self-control. One time I got up and left because I was so disgusted.

Nara [1] **Good for you.** You [2] **are entitled to** meet a much nicer person. I remember once feeling awful and having a heartburn after drinking too much.

Jiyeong Did you drink with your friends?

Nara Uh, huh. I must have ________ since I didn't remember anything the next day. I think I spent the whole day throwing up.

Jiyeong Isn't it really frustrating when you forget what happened? Because then you start to worry [3] **in case** you said something stupid or in case you acted in a strange way.

Nara Yup. Sometimes, people call me a [4] **party pooper** because I don't drink, but I don't care. My health is much more important.

1 Well done. 또는 Good job.과 같이 '잘했어.'라는 칭찬의 말입니다.

2 be entitled to는 '~에 대한 자격이 되다'의 의미로 deserve와 비슷한 의미입니다.

3 '만약 ~인 경우에는', '만일 ~이면'이라는 뜻으로 if보다 더 구어적인 표현입니다.

4 '파티의 흥을 깨는 사람'이라는 뜻으로, 동사 poop은 '똥을 싸다'라는 뜻이 있습니다.

지영 남자들이 지나치게 술을 마실 때 싫어. 참 괜찮은 사람일 거라고 생각한 남자랑 데이트 중이었는데 술버릇이 고약한 걸 알게 되어 싫었거든.

나라 어떻게 했는데?

지영 술을 물처럼 마시고 몸을 가누지 못하더라구. 한번은 그 사람한테 진절머리가 나서 일어나서 그냥 나와 버렸지 뭐.

나라 잘했어. 넌 훨씬 더 나은 사람을 만날 자격이 있는데. 나도 옛날에 한번 술을 너무 많이 마셔서 속이 쓰려 죽을 거 같았던 기억이 난다.

지영 친구들이랑 마셨어?

나라 응. 다음날 아무것도 기억나지 않는 걸 보면 분명 필름이 끊겼던 거야. 토하다가 하루 다 보낸 것 같아.

지영 뭔 일 있었는지 까맣게 잊어버리면 정말 짜증나지 않니? 혹시나 바보 같은 말은 하지 않았나, 이상한 행동은 하지 않았나 너무 걱정하게 되니까.

나라 그래. 어떤 때는 사람들이 내가 술을 마시지 않는다고 흥을 깨는 사람이라고 하는데, 상관 안 해. 내 건강이 훨씬 더 중요하니까.

disgusted 정떨어지는, 진저리나는

throw up 토하다

| 정답 |

❶ blacked out / drinking like a fish

❷ obnoxious drunk / drank like a fish

❸ drank like a fish / blacked out

한 박자 쉬어가기 술을 진탕 마시고 떠든다고 할 때는?

'술을 진탕 마시는 것'을 나타내는 말 bender를 써서 go on a bender라고 하면 '술 마시고 소란 피우다'라는 뜻이 됩니다. 이 표현은 속어 표현입니다.

He went on a massive bender. 그는 술 마시고 소란을 피웠다.

3단계
주요 표현 다시 보기

앞에서 익힌 모든 표현을 소리 내어 읽으며 복습하세요.

❶ 주량에 대해 말할 때

주량을 넘기지 마.	Don't push your limit.
내 주량은 소주 한 병이야.	My drinking limit is one bottle of soju.
더 못 마시겠어. 내 주량을 잘 알아.	I can't have any more. I know my limit.

❷ 술고래에 대해 말할 때

어젯밤에 그 사람 주량이 장난 아니던데.	Last night, he drank like a fish.
엄청 마셔대던데. 술고래 같더라구요.	You drank like a fish. You looked like a heavy drinker.
분위기 좋을 때는 난 주량이 장난 아니야.	I think I drink like a fish when I am having a good time.

❸ 주사에 대해 말할 때

넌 주사가 있니?	Are you an obnoxious drunk?
난 진수와 술 마시고 싶지 않아. 진수는 주사가 심해.	I don't want to drink with Jinsu. He is such an obnoxious drunk.
그녀는 주사가 있어서 옆에 있는 사람을 엄청 괴롭혀.	She is such an obnoxious drunk that she bothers all the people around her.

❹ 숙취가 심할 때

숙취가 너무 심해서 죽을 것 같아.	I feel like I'm going to die because of this massive hangover.
숙취 때문에 머리가 깨질 것 같아.	I feel like I'm going to die because I have a throbbing headache from this hangover.
속이 너무 쓰려 죽을 거 같아.	My stomach hurts so bad that I feel like I'm going to die.

❺ 필름이 끊겼을 때

하나도 기억 못 하는걸 보니 넌 필름이 끊겼던 게 분명해.	It's obvious that you blacked out since you don't remember anything.
택시 탄 것밖에 기억이 안 나. 필름이 끊겼나봐.	I only remember getting into a taxi. I must have blacked out.
기억나는 거 있어? 너도 필름 끊겼지?	Do you remember anything? You blacked out too, didn't you?

30 미용실에서 하는 말

What's the latest perm?

최신 파마가 어떤 거예요?

강의 및 예문듣기

머리 스타일 때문에 인물이 산다는 말 들어 보셨나요? 얼굴 모양에 맞게 커트를 한다거나 분위기 있게 파마를 하면 한껏 자신의 매력을 뽐낼 수 있겠죠. 이번 시간에는 미용실에서 자주 하는 말을 여러분의 것으로 만들어 보세요.

준비단계
핵심 표현 입력하기

이미지와 함께 오늘 배울 핵심 표현을 입력하세요.

❶ **the latest**
최신의

❷ **be damaged**
손상되다

❺ **get one's hair colored**
머리를 염색하다

❸ **leave the length**
길이를 놔 두다

❹ **have split ends**
머리카락 끝이 갈라지다

V 이 표현은 어떻게 말할까요?

❶ 최신 파마가 어떤 거예요?
❷ 염색하면 머리 많이 상하죠?
❸ 머리길이는 놔 두고 숱을 쳐 주세요.
❹ 머리카락 끝이 많이 갈라졌어요.
❺ 염색이랑 파마를 같은 날 해도 괜찮아요?

30-1.mp3

1단계
핵심 표현 파헤치기

빈칸을 채운 후, 오디오를 들으며 핵심 표현을 익혀 보세요.

❶ 최신 파마가 어떤 거예요?
What's the latest perm?

the latest는 '가장 최근의', '최신의'라는 뜻으로 명사 앞에 씁니다. 혹은 the latest를 명사로 쓰면 '가장 최근의 것[소식]'이라는 의미가 되죠.

❶ 이 최신 파마가 제게 어울릴까요? Would ____________ perm look good on me?

❷ 수지 같은 최신 파마를 해 주세요.
Please give me ____________ perm, just like Suji.

❸ 디지털 파마가 최신 유행인가요?
Is the digital perm ____________ thing in hairstyling?

❷ 염색하면 머리 많이 상하죠?
Will my hair be damaged by hair coloring?

머리카락이 '손상되다'는 get damaged를 씁니다. hair coloring은 '염색'의 뜻으로, dying도 같은 말입니다.

❶ 염색하면 머리가 얼마나 상할까요?
How much will my hair ____________ by hair coloring?

❷ 헤어 클리닉을 먼저 해 주면 머리가 덜 상할까요?
Will my hair ____________ less if I have my hair treated first?

❸ 머리 상하지 않으려면 염색하지 말아야 할까요?
Should I avoid hair coloring if I don't want my hair to ____________?

❸ 머리 길이는 놔 두고 숱을 쳐 주세요.
Please leave the length and just thin it out.

〈leave + 사람/물건〉의 형태의 쓰면 '(사람/물건)을 그대로 두다'의 뜻입니다. thin out은 '솎아 내다', 즉 '숱을 치다'라는 뜻입니다.

❶ 머리 기장은 그대로 두세요. Please ____________ of the hair as it is.

| 정답 |
❶ 1 the latest
2 the latest
3 the latest
❷ 1 be damaged
2 be damaged
3 be damaged

❷ 머리에 층을 내고 기장은 그대로 두고 싶어요.

Please just layer my hair and ______________ of the hair as it is.

❸ 기장은 그대로 두세요. 짧게 자르면 저한테 어울리지 않을 거예요.

______________ of my hair. If I have my hair cut short, it won't look good on me.

❹ 머리카락 끝이 많이 갈라졌어요.
You **have** a lot of **split ends.**

'머리카락 끝이 갈라진다'고 할 때는 have split ends의 표현을 쓰고, 머리카락이 '빠진다'는 fall out을 사용합니다.

❶ 머리카락 끝이 많이 갈라져서 지저분해 보여요.

Your hair looks unsightly because you ______ a lot of ________.

❷ 끝이 갈라지는 머리에는 트리트먼트를 해 줘야 하나요?

Should I use treatment on my ________?

❸ 요즘 상한 머리카락이 많이 빠져요. My damaged hair ________ a lot nowadays.

❺ 염색이랑 파마를 같은 날 해도 괜찮아요?
Is it safe to **get my hair colored** and permed on the same day?

'머리 염색을 하다'는 get one's hair colored[dyed]로 나타내며, '머리를 파마하다'는 get one's hair permed 또는 get a perm의 표현을 씁니다.

❶ 염색이랑 파마를 같이 하면 시간이 얼마나 걸리나요?

How long will it take to get ______________ and permed?

❷ 염색이랑 파마를 같이 하면 머리가 덜 상하나요?

Will my hair be damaged less if I ____ it ________ and permed on the same day?

❸ 파마랑 염색을 같이 할 때 뭘 먼저 하나요?

When I ______________ and dyed on the same day, which do I get done first?

| 정답 |

❸ 1 leave the length
2 leave the length
3 Leave the length

❹ 1 have / split ends
2 split ends
3 falls out

❺ 1 my hair colored
2 get / colored
3 get my hair permed

2단계
실전 회화 도전하기

빈칸을 채운 후, 오디오를 들으며 따라 하세요.

❶ 최신 유행 파마로 변신하려 했으나 좌절하다

30-2.mp3

Miran [1] **It's time that I got a perm.** Do you want to come with me?

Sujin Okay, let's go! I have to [2] **get my hair done**, too.

(after arriving at the hair salon)

Miran What is ________ thing in perms?

Stylist Digital perms are the latest thing in perms. However, you are likely to have a lot of ________ if you do get a perm because your hair is already severely ________.

Miran Oh, my god! Then I guess it isn't such a good idea to ________________ today.

Stylist Yes. I think it will be better if you have your hair permed in 2 to 3 months.

미란 나, 머리 파마할 때가 된 것 같은데. 나랑 같이 갈래?
수진 그래, 가자! 나도 머리 좀 해야 하거든.
(미용실에 도착 후)
미란 최신 파마가 어떤 게 있어요?
미용사 요즘 최신 유행하는 파마는 디지털 파마예요. 그런데 손님 머리카락이 이미 많이 상해서 파마하게 되면 머리카락 끝이 다 갈라질 것 같아요.
미란 맙소사! 그럼 오늘 파마하는 건 좋은 생각이 아니네요?
미용사 네, 2~3개월 후에 하는 게 좋을 것 같아요.

1 현재 사실과는 반대로 '지금 이미 ~해야 할 시간인데'라는 뜻으로 쓰는 〈It's time 가정법〉의 표현입니다. '머리 할 때인데 아직 못했다'는 어감이 느껴지죠?

2 '머리를 한다'는 의미로 미용사가 머리를 해 주어 '머리가 되는' 것이라서 〈get+목적어+p.p.〉의 형태로 씁니다.

❷ 머릿결 보호에는 트리트먼트가 특효!

30-3.mp3

Stylist [1] **How would you like** your haircut today?

Mincheol Today, I just need to ________________ and not cut.

Stylist Were you thinking of having your hair colored because of the few strands of white hair on the top of your head?

Mincheol Yes. When my hair is dyed, will the coloring seriously damage my hair?

Stylist It does damage your hair, but you can have treatment put on your hair after it is colored. This will [2] **prevent your hair from being** ________ too much.

Mincheol Are you sure that my hair will ____________ if I have my hair treated?

Stylist Of course. Your hair will be damaged a lot less.

미용사 오늘 머리 어떻게 자를까요?
민철 오늘은 그냥 염색만 하고 자를 필요는 없어요.
미용사 여기 윗부분에 있는 흰머리 때문에 염색을 생각하신 거죠?
민철 네, 염색하면 정말로 머리가 많이 상하나요?
미용사 머리가 상하지만 염색 후에 트리트먼트를 하시면 돼요. 그럼 머리카락이 너무 많이 상하지는 않을 거예요.
민철 트리트먼트를 하면 머리가 덜 상하는 게 확실한가요?
미용사 그럼요, 훨씬 덜 상하게 되죠.

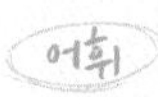

be likely to ~할 가능성이 있다, ~할 것 같다
severely 심각하게

1 '~을 어떻게 해 드릴까요?'라는 뜻으로 묻는 공손하고 부드러운 표현입니다.

2 prevent sb/sth from ~ing는 '누군가가 혹은 어떤 것이 ~하는 것을 막다'라는 의미의 표현입니다.

❸ 머리 스타일에 변화를 주다!

미용사 오늘도 매번 하던 대로 잘라 드릴까요?
지은 아뇨, 변화를 좀 주고 싶은데, 기장이 짧아지는 건 싫어서요.
미용사 그런데 머리 끝이 심하게 상해서 좀 잘라야 할 거 같아요.
지은 많이 상했죠? 드라이어 말고 선풍기로 말리는데도 불구하고 머리카락이 많이 상했더라구요.
미용사 머리카락이 건조해서 끝부분에 항상 영양제를 발라 주어야 해요.
지은 살짝 층을 내면 어떨까요?
미용사 흠, 얼굴 모양을 보니 층을 내서 자르고 자연스러운 컬은 놔두는 게 가장 좋을 것 같아요. 그리고 머리카락을 보호해 주는 헤어 클리닉 받는 걸 생각해 보세요.
지은 네, 그럴게요. 그럼 좀 좋아질까요? 시간은 얼마나 걸리나요?
미용사 음, 머리 끝 정리는 금방 해요. 그런데 헤어 클리닉은 다섯 단계가 있어서 시간이 오래 걸려요.
지은 저녁 약속이 있어서 늦어도 5시까지는 끝나야 해요.
미용사 그때까지는 끝날 거예요.

Stylist Do you want the usual haircut and style?

Jieun No, I would like a change, but I don't want the .... to be shorter.

Stylist I think I will have to cut off some of the length since the ends of your hair are severely ....

Jieun Tell me about it. My hair seems to be severely damaged even though I use a fan and not a blowdryer to dry my hair.

Stylist Hair can become very dry. It is important to apply some hair tonic to the ends of your hair all the time.

Jieun What do you think of slight layers?

Stylist Hmm, looking at the shape of your face, I think it would be best if we layer it and .... the natural curls as they are. And think about getting a hair treatment to protect your hair.

Jieun Yes, I'll do that. Then will my hair be healthier? [1] **How long will it take?**

Stylist Well, it will be very quick to trim your hair. However, since there are five stages to [2] **the hair treatment process**, it will take a long time.

Jieun It has to be finished by no later than 5 p.m. since I have a dinner engagement.

Stylist Yes, it will be finished by that time.

1 '얼마나 걸리니?'라고 소요 시간을 물어볼 때 쓸 수 있는 표현입니다.

2 직역하면 '머리 트리트먼트 과정'으로 hair clinic을 가리킵니다. 영어 표현이라기보다는 일반 미용실에서 사용되는 헤어 영양제 시술을 가리킵니다.

blowdryer 헤어드라이어
hair tonic 양모제
layer 층, 겹; 층을 내다
engagement 약속

| 정답 |
❶ the latest / split ends / damaged / get my hair permed
❷ have my hair colored / damaged / be damaged less
❸ length / damaged / leave

3단계
주요 표현 다시 보기

앞에서 익힌 모든 표현을 소리 내어 읽으며 복습하세요.

❶ 최신 파마를 할 때

이 최신 파마가 제게 어울릴까요?	Would the latest perm look good on me?
수지 같은 최신 파마를 해 주세요.	Please give me the latest perm, just like Suji.
디지털 파마가 최신 유행인가요?	Is the digital perm the latest thing in hairstyling?

❷ 머리가 상할까 염려될 때

염색하면 머리가 얼마나 상할까요?	How much will my hair be damaged by hair coloring?
헤어 클리닉을 먼저 해 주면 머리가 덜 상할까요?	Will my hair be damaged less if I have my hair treated first?
머리 상하지 않으려면 염색하지 말아야 할까요?	Should I avoid hair coloring if I don't want my hair to be damaged?

❸ 머리를 다듬을 때

머리 기장은 그대로 두세요.	Please leave the length of the hair as it is.
머리에 층을 내고 기장은 그대로 놔두고 싶어요.	Please just layer my hair and leave the length of the hair as it is.
기장은 그대로 두세요. 짧게 자르면 저한테 어울리지 않을 거예요.	Leave the length of my hair. If I have my hair cut short, it won't look good on me.

❹ 머리카락 끝이 갈라질 때

머리카락 끝이 많이 갈라져서 지저분해 보여요.	Your hair looks unsightly because you have a lot of split ends.
끝이 갈라지는 머리에는 트리트먼트를 해 줘야 하나요?	Should I use treatment on my split ends?
요즘 상한 머리카락이 많이 빠져요.	My damaged hair falls out a lot nowadays.

❺ 염색과 파마 등을 동시에 할 때

염색이랑 파마를 같이 하면 시간이 얼마나 걸리나요?	How long will it take to get my hair colored and permed?
염색이랑 파마를 같이 하면 머리가 덜 상하나요?	Will my hair be damaged less if I get it colored and permed on the same day?
파마랑 염색을 같이 할 때 뭘 먼저 하나요?	When I get my hair permed and dyed on the same day, which do I get done first?

: **넷째**마당 :

자주 나누는 대화, 영어로 어떻게 말할까?

31 옷 가게에서 하는 말

32 세탁소에서 하는 말

33 커피숍에서 하는 말

34 도서관에서 하는 말

35 학원에서 하는 말

36 택배 · 우편물을 맡기고 찾을 때 하는 말

37 여행을 예약할 때 하는 말

38 환불 · 교환을 요청할 때 하는 말

39 몸의 이상 증세를 설명할 때 하는 말

40 말다툼할 때 하는 말

31 옷 가게에서 하는 말

Does it look a little out of style?

좀 촌스러운가?

내 맘에 쏙 드는 옷을 골랐을 때 딱 내 스타일이라서 너무 좋았는데, 막상 입어 보니 팔뚝이 꽉 끼거나, 가격이 너무 비쌀 때 참 아쉽죠. 옷가게에서 옷을 살 때 자주 말하게 되는 표현을 영어로는 어떻게 말하는지 지금부터 함께 알아볼까요?

준비단계
핵심 표현 입력하기

이미지와 함께 오늘 배울 핵심 표현을 입력하세요.

❶ **it would be nice if ~**
~하면 좋을 텐데

❷ **be just one's style**
~의 스타일이다

❸ **be too tight**
너무 꽉 끼다

❹ **out of style**
유행이 지난

❺ **Do you have ~?**
~이 있나요?

V 이 표현은 어떻게 말할까요?

❶ 한 치수 큰 게 있으면 좋을 텐데. ____________

❷ 딱 내 스타일이야. ____________

❸ 팔뚝이 너무 끼네요. ____________

❹ 좀 촌스러운가? ____________

❺ 스판 바지는 없어요? ____________

31-1.mp3

1단계
핵심 표현 파헤치기

빈칸을 채운 후, 오디오를 들으며 핵심 표현을 익혀 보세요.

잠깐만요!

bummer는 '실망', '실망스러운 일'이란 뜻으로, '이런!', '아이고!'처럼 아쉬운 마음을 표현할 때 비격식적으로 쓰이는 표현입니다.

❶ 아쉽다! 한 치수 큰 게 있으면 좋을 텐데.
Bummer! It would be nice if they had it one size bigger.

아쉬운 마음에 '~하면 좋을 텐데'라고 말할 때는 It would be nice if ~의 표현을 씁니다. 사실과 반대되는 것을 가정하거나 상상할 경우에 If 가정법 구문을 사용하는데요. 가정법 과거는 현재 사실에 반대되는 것을 가정할 때 씁니다.

❶ 검정색이면 더 좋을 텐데. It would __________ it was black.

❷ 이 바지에 주름만 없으면 딱 좋을 텐데.
__________ there weren't any wrinkles in these pants.

❸ 이런! 길이가 조금만 길면 너한테 딱 맞을 텐데.
Bummer! __________ fit you perfectly if it was just a little bit longer.

❷ 딱 내 스타일이야.
This is just my style.

나에게 딱 어울리는 옷이라는 것을 강조하는 말입니다. just는 '틀림없이'라는 뜻으로 exactly로 바꿔 써도 됩니다.

❶ 잡지에서 내가 좋아하는 드레스를 하나 봤는데, 딱 내 스타일이었어.
I saw a dress in a magazine and it was just __________.

❷ 마네킹이 입은 옷 봤어? 딱 내 스타일이야.
Did you see the clothes on the mannequin? They __________.

❸ 저 귀걸이 완전 딱 내 스타일 아니니?
Don't you think those earrings __________?

❸ 팔뚝이 너무 끼네요.
It is too tight around the arms.

too 대신 very를 써서 It's very tight around the arms.라고 해도 됩니다.

| 정답 |
❶ 1 be nice if
2 It would be nice if
3 It would
❷ 1 my style
2 were just my style
3 are exactly my style

muffin top은 꽉 끼는 바지나 치마를 입어 위로 삐져나온 뱃살을 가리킵니다.

❶ 옷이 껴서 불편해요.

It feels uncomfortable because my clothes are ________.

❷ 허벅지 살이 하도 많아서 바지가 꽉 껴요.

The pants ________ because I have a lot of fat on my thighs.

❸ 뱃살 때문에 허리가 너무 끼네요.

It ____ very ____ around the waist because of my muffin top.

❹ 좀 촌스러운가?
Does it look a little **out of style**?

속된 말로 '촌닭 같다'는 말은 look like a hillbilly라고 합니다.

out of style은 '유행에 뒤떨어진'이란 의미입니다. countrified라고 해도 됩니다. inappropriately는 상황에 맞지 않는 옷차림일 때 사용할 수 있습니다.

❶ 너 오늘 너무 촌스러운 거 아니야? Don't you think you look a lot ________?

❷ 소개팅에 나갔는데 너무 촌스러운 남자가 나왔어.

I went out on a blind date with this guy who was dressed totally ________.

❸ 결혼식인데 어떻게 저렇게 어울리지 않게 입고 왔을까?

How come he came to a wedding dressed so ________?

❺ 스판 바지 있나요?
Do you have any spandex pants?

상점 등에서 어떤 물건을 판매하는지 물어볼 때 Do you have ~?의 표현을 쓸 수 있습니다.

❶ 회색 미디엄 사이즈 있나요? ________ a medium size in gray?

❷ 이 레깅스에 잘 어울리는 부츠가 있나요?

________ any boots that go well with these leggings?

❸ 나팔바지가 요즘 다시 유행하고 있다던데. 이 상점에 없나요?

I heard that bell-bottom pants are in fashion again. ________ them at this store?

| 정답 |

❸ 1 too tight
2 are too tight
3 feels / tight

❹ 1 out of style
2 out of style
3 inappropriately

❺ 1 Do you have
2 Do you have
3 Do you have

2단계
실전 회화 도전하기

빈칸을 채운 후, 오디오를 들으며 따라 하세요.

❶ 지은, 옷이 맞지 않아 좌절하다 (31-2.mp3)

Jieun Why don't you try this on? It's exactly ________.

Jiyeong No, I think it's more your style, Jieun. Why don't you try it on?

Jieun (*after trying it on*) Bummer! ________ they had one that was one size bigger.

Jiyeong Does it feel tight? Where does it feel most uncomfortable?

Jieun It feels tight everywhere. You see, I recently gained about 5 kg. Now I feel frustrated.

Jiyeong Maybe you should skip dinners from now on.

Jieun [1]**Nonsense.** I [2]**had better** look for it in a bigger size.

지은 너 이거 입어 봐라. 딱 네 스타일이야.
지영 아니야. 내가 보기엔 그건 더 언니 스타일 같네. 언니가 한번 입어 봐.
지은 (옷을 입어 본 후) 아쉽다! 한 치수 큰 게 있으면 좋을 텐데.
지영 꽉 껴? 어디가 제일 불편해?
지은 전체가 다 꽉 껴. 요즘 살이 5킬로나 불었거든. 짜증이 난다.
지영 언니, 이제부터 저녁 굶어.
지은 말도 안 돼. 차라리 큰 사이즈를 찾아보는 게 낫겠어.

1 '말도 안 돼.'라는 뜻으로 상대방의 의견이나 언급에 대해 '어이없음'을 나타낼 때 사용합니다. 바꿔 쓸 수 있는 표현으로 It doesn't make any sense.가 있습니다.
2 '~하는 것이 더 낫다'는 의미의 표현입니다.

❷ 눈물을 머금고 신상을 포기할 수밖에 없었던 사연 (31-3.mp3)

Salesperson Do you like it? It's ________. It is one of the newest styles. This is the only one left.

Customer I like it a lot. But it is very ____ around the arms.

Salesperson Please wait over there. I will go to the storage room and double-check to see if we have one that is one size bigger. (*a few minutes later*) [1]**I am sorry, but** all the larger sizes are [2]**all sold out**.

Customer Do you think it will be possible for me to order one in a bigger size online?

Salesperson No, I am sorry. Bigger sizes are completely out of stock. And we change our product line constantly. We won't manufacture more.

판매원 맘에 드세요? 딱 손님 스타일인 거 같은데요. 신상품 중 하나예요. 요거 딱 하나 남았어요.
손님 너무 맘에 들어요. 그런데 팔뚝이 너무 끼네요.
판매원 저기서 잠깐 기다리세요. 창고에 내려가서 한 치수 큰 게 있나 다시 찾아볼게요. (잠시 후) 아쉽게도 치수 큰 것은 모두 빠졌네요.
손님 인터넷으로 한 치수 큰 거 주문할 수 있을까요?
판매원 아니요, 죄송합니다. 큰 사이즈는 완전 품절이에요. 그리고 제품 라인을 계속 변경해서 더 이상 생산하지 않아요.

1 상대방이 원하는 것을 해 주지 못했을 때 사과의 말과 함께 그 이유를 덧붙여 말할 때 쓸 수 있는 표현입니다. I'm sorry 뒤에 to, about, for를 써서 '~해서 미안해', '~한 것은 미안해', '~해서 미안해'와 같은 의미를 나타낼 수 있습니다.
2 '매진'이라는 의미로, sold out, out of stock의 뜻이 다 포함되어 있는 표현입니다.

try on ~을 입어 보다
bummer 실망스러운 일
skip dinner 저녁을 건너뛰다
manufacture 제조하다, 생산하다

❸ 수지와 지은, 쇼핑을 즐기다

31-4.mp3

수지 이 바지 딱 네 스타일이야. 너처럼 마르면 좋겠다. 그러면 내가 원하는 거 다 입을 수 있으니까.

지은 색깔이랑 스타일은 맘에 드는데 엉덩이 부분이 좀 낀다. 그래도 안 사면 후회할 게 뻔하니까 그냥 살 거야.

(잠시 후 또 다른 옷가게에 도착한다)

지은 이 바지랑 어울릴 만한 셔츠를 찾고 있어요.

판매원 딱 원하시는 셔츠가 있습니다. 탈의실은 저쪽에 있어요.

지은 (입어 본 후) 정말 좋고, 딱 제 스타일인데, 그다지 편안하지는 않네요. 어깨 부분이 좀 꽉 껴요.

수지 팔뚝이 껴서 그럴 거야.

지은 내 말이.

판매원 사이즈 하나 큰 게 있는지 확인해 볼게요. (잠시 후) 여기 있네요.

수지 다행이다. 이걸로 살 거야?

지은 응. 근데 이거 입으니까 좀 촌스러워 보이지 않니?

수지 아니, 전혀. 감각 있는 여자처럼 보여. 아주 세련되어 보이고.

지은 그래? 그럼 나 여기서 셔츠 하나 더 사야겠다.

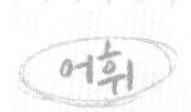

skinny 마른
whatever 무엇이든
match ~와 어울리다
sophisticated 세련된

Suji	This pair of pants is ______. I wish I was skinny like you, then I could wear whatever I wanted to wear.
Jieun	I like the color and the style, but it feels a little ______ around the hips. But I am still going to buy it because I know I will regret it if I don't.

(They arrive at a different store a few minutes later.)

Jieun	I am looking for a shirt that matches these pants.
Salesperson	I have just the shirt that you are looking for. The dressing room is over there.
Jieun	*(after trying it on)* I really like it and it's ______, but it doesn't feel very comfortable. It feels a little tight around the shoulders.
Suji	It's probably because of your arms.
Jieun	[1] **You read my mind.**
Salesperson	I can check to see if we have a shirt that is one size bigger. *(a few minutes later)* Here it is.
Suji	That's great. Are you going to buy this one?
Jieun	Yes, but do you think it looks a little ______ when I wear it?
Suji	Not at all. You look like a fashionable woman. You also [2] **look very sophisticated,** too.
Jieun	You really think so? Then I might just buy another shirt while I am here.

1 말 그대로 '내 마음을 읽었다', 즉 상대방의 의견 등에 완전히 동감할 때 사용합니다.

2 매우 '세련되어 보인다'는 뜻이죠. sophisticated look은 '세련된 모습'의 의미입니다.

| 정답 |

❶ your style / It would be nice if

❷ just your style / tight

❸ just your style / tight / just my style / out of style

3단계
주요 표현 다시 보기

앞에서 익힌 모든 표현을 소리 내어 읽으며 복습하세요.

❶ 바라던 것이 없을 때

검정색이면 더 좋을 텐데.	It would be nice if it was black.
이 바지에 주름만 없으면 딱 좋을 텐데.	It would be nice if there weren't any wrinkles in these pants.
이런! 길이가 조금만 길면 너한테 딱 맞을 텐데.	Bummer! It would fit you perfectly if it was just a little bit longer.

❷ 나에게 딱 어울리는 옷일 때

잡지에서 내가 좋아하는 드레스를 하나 봤는데, 딱 내 스타일이었어.	I saw a dress in a magazine and it was just my style.
마네킹이 입은 옷 봤어? 딱 내 스타일이야.	Did you see the clothes on the mannequin? They were just my style.
저 귀걸이 완전 딱 내 스타일 아니니?	Don't you think those earrings are exactly my style?

❸ 옷이 꽉 낄 때

옷이 껴서 불편해요.	It feels uncomfortable because my clothes are too tight.
허벅지 살이 하도 많아서 바지가 꽉 껴요.	The pants are too tight because I have a lot of fat on my thighs.
뱃살 때문에 허리가 너무 끼네요.	It feels very tight around the waist because of my muffin top.

❹ 유행이 지난 스타일일 때

너 오늘 너무 촌스러운 거 아니야?	Don't you think you look a lot out of style?
소개팅에 나갔는데 너무 촌스러운 남자가 나왔어.	I went out on a blind date with this guy who was dressed totally out of style.
결혼식인데 어떻게 저렇게 어울리지 않게 입고 왔을까?	How come he came to a wedding dressed so inappropriately?

❺ 원하는 것을 취급하는지 물을 때

회색 미디엄 사이즈 있나요?	Do you have a medium size in gray?
이 레깅스에 잘 어울리는 부츠가 있나요?	Do you have any boots that go well with these leggings?
나팔바지가 요즘 다시 유행하고 있다던데. 이 상점에 없나요?	I heard that bell-bottom pants are in fashion again. Do you have them at this store?

32 세탁소에서 하는 말

Can I get my sneakers dry-cleaned here?

운동화를 빨아 주시나요?

강의 및 예문듣기

세탁소에 옷을 맡길 때 꼭 드라이클리닝만 부탁하는 건 아니죠? 수선을 맡길 때도 있고 얼룩 제거 같은 것도 요청하게 되잖아요. 이번 단원에서는 세탁소에 가서 하게 되는 말 중 자주 쓰는 말을 배워 보기로 하죠.

준비단계
핵심 표현 입력하기

이미지와 함께 오늘 배울 핵심 표현을 입력하세요.

❶ **get ~ dry-cleaned**
~을 드라이클리닝하다

❷ **When will it be ready?**
언제 되나요?

❸ **remove the stain**
얼룩을 제거하다

❹ **starch**
풀을 먹이다

❺ **shorten the length**
기장을 줄이다

V 이 표현은 어떻게 말할까요?

❶ 운동화를 빨아 주시나요? ____________

❷ 언제 가지러 오면 돼요? ____________

❸ 이 얼룩 뺄 수 있어요? ____________

❹ 이 셔츠에 풀 좀 먹여 주세요. ____________

❺ 기장 줄여 줄 수 있나요? ____________

32-1.mp3

1단계
핵심 표현 파헤치기

빈칸을 채운 후, 오디오를 들으며 핵심 표현을 익혀 보세요.

❶ 운동화를 빨아 주시나요?
Can I get my sneakers dry-cleaned here?

세탁소에서 옷이나 신발 등의 드라이클리닝을 요청할 때는 get ~ dry-cleaned의 표현을 씁니다. get 대신 have, let, make를 쓸 수도 있습니다.

❶ 이불 빨래도 해 주시나요? Can I get my blankets ________ here?

❷ 커튼이나 큰 카펫도 드라이클리닝 해 주시나요?
Is it possible to ____ curtains and large carpets ________?

❸ 가죽 재킷을 드라이클리닝 하고 싶어요.
I want to ____ my leather jacket ________.

❷ 언제 가지러 오면 돼요?
When will it be ready to be picked up?

be ready to는 '~할 준비가 되다'라는 뜻으로 세탁이 완료되어 찾아갈 수 있게 되었을 때 이 표현을 씁니다. 세탁소에 세탁물을 맡기면서 언제 되는지 물을 때는, 세탁물이 완료되는 시점이 미래이므로 will을 사용해서 묻습니다. 가서 찾아올 때는 pick up을 쓸 수 있습니다.

❶ 아침 9시에 바지를 드라이클리닝 맡기면 언제 되나요?
If I bring my pants at 9 a.m. to be dry-cleaned, ____ will they ________ to be picked up?

❷ 이 스웨터에 얼룩이 묻었는데, 오늘 저녁에 찾을 수 있을까요?
This sweater has a stain on it. Will it ________ to be picked up this evening?

❸ 제 블라우스, 드라이클리닝을 바로 해야 하는데요, 언제 가져갈 수 있나요?
I want my blouse dry-cleaned right away. When can I ________?

| 정답 |
❶ 1 dry-cleaned
2 get / dry-cleaned
3 have / dry-cleaned
❷ 1 when / be ready
2 be ready
3 pick it up

❸ 이 얼룩 뺄 수 있어요?
Can you remove the stain?

remove 대신 '얼룩을 빼다'라는 뜻의 숙어 take out the stain[spot]을 써서 Can you take out the stain?이라고 말해도 됩니다. '립스틱 자국'은 lipstick smudge, '기름 자국'은 oil stain입니다.

❶ 이 립스틱 자국을 뺄 수 있어요? Can you ________ this lipstick smudge?

❷ 치마의 이 얼룩을 뺄 수 있을까요? Can you ________________ on my skirt?

❸ 이 기름 자국을 뺄 수 있어요? Can you ________ this ________?

❹ 이 셔츠에 풀 좀 먹여 주세요.
Please starch this shirt.

starch는 '(옷 · 시트에) 풀을 먹이다'라는 뜻으로 have ~ starched로 말하기도 합니다. Please spray some starch on this shirt.와 같이 말해도 같은 의미입니다.

❶ 이 셔츠에 풀을 먹이고 싶어요. I want to have this shirt ________.

❷ 셔츠 모두 약하게 풀을 먹여서 박스에 넣어 주세요.
Please place all the shirts in the box after ________ them lightly.

❸ 셔츠에 풀을 많이 먹여서 옷걸이에 하나씩 걸어 주세요.
Spray some heavy ________ on the shirts and then hang them on hangers one by one.

❺ 기장 좀 줄여 줄 수 있나요?
Can you shorten the length?

바지나 치마 등의 '기장을 줄이다'라고 할 때는 shorten the length를 씁니다. I need to have the length shortened.라고 해도 됩니다.

❶ 기장을 이만큼 줄여 주시겠어요? Can you ________________ by this much?

❷ 기장을 3센티 줄여 주세요. Please ________________ by three centimeters.

❸ 기장 좀 줄이고 싶어요. I want to ________ the length ________.

| 정답 |
❸ 1 remove
2 remove this spot
3 take out / oil stain
❹ 1 starched
2 starching
3 starch
❺ 1 shorten the length
2 shorten the length
3 have / shortened

2단계
실전 회화 도전하기

빈칸을 채운 후, 오디오를 들으며 따라 하세요.

❶ 운동화 세탁을 맡기다

32-2.mp3

Jiho Can I get my sneakers __________ here?

Clerk Of course. How many pairs do you have?

Jiho Three pairs altogether. The upper part of these sneakers is [1] **made out of leather**. Can I have this kind of sneaker dry-cleaned, too?

Clerk Of course. It only costs a little more to have it __________.

Jiho By the way, there is gum stuck on the bottom of one of the shoes. Could you please ________ it as best as you can?

Clerk Of course. We will [2] **do our best** to remove all traces of the gum.

1 '가죽으로 만들어진'이라는 의미로, be made out of는 '~으로 만들어지다'라는 의미의 표현입니다.

2 do one's best는 '최선을 다하다'라는 의미로 try one's best / do the max / do everything possible / do the best I can으로 바꿔 표현할 수 있습니다.

지호 여기서 운동화 드라이클리닝 해 주시나요?
점원 그럼요. 몇 켤레죠?
지호 모두 세 켤레요. 이 운동화는 위쪽이 가죽으로 되어 있는데, 이런 것도 다 드라이클리닝이 가능한 건가요?
점원 그럼요. 가격만 조금 더 비쌉니다.
지호 참, 신발 한쪽 바닥에 껌이 붙어 있어요. 깨끗하게 제거해 주세요.
점원 네, 가능하면 모두 떼어 내 볼게요.

❷ 세탁소에 얼룩 제거를 맡기다

32-3.mp3

Sumi There is a button missing from this shirt. Please find a similar color button and sew it on the shirt. I would also like to _____ the shirt __________.

Owner Is there anything else?

Sumi There is also a stain on the apron. [1] **Can you take this stain out?**

Owner Let's see. This looks like a coffee stain and I will do my best to remove it [2] **as much as possible**.

Sumi Oh, I forgot. There is also gum stuck on the inside of one of the pockets. Can you ________ this gum, too?

Owner Well, we will give it a try, but there are no guarantees.

1 Can you take out this stain?으로 말해도 됩니다. 또는 this stain을 대명사 it으로 받아 Can you take it out?이라고도 할 수 있습니다.

2 '가능한 한 많이'라는 의미입니다. as ~ as ...는 '…만큼 ~한'이란 뜻의 표현입니다.

수미 이 셔츠의 단추가 떨어졌는데 단추 색깔 맞춰서 달아 주세요. 드라이클리닝도 해 주세요.
주인 다른 건 또 없고요?
수미 앞치마에 얼룩이 있는데요. 이 얼룩을 뺄 수 있어요?
주인 어디 봅시다. 커피 자국인 거 같은데 최대한 빼 볼게요.
수미 아 맞다. 한 주머니 속에 껌도 붙어 있는데요. 이 껌을 뗄 수 있을까요?
주인 음, 해 보겠지만 장담은 못합니다.

trace 흔적
sew 꿰매다, 바느질하다
apron 앞치마
stain 자국, 얼룩
guarantee 보장, 보증

❸ 드라이클리닝과 기장 수선을 맡기다 32-4.mp3

민수 안녕하세요. 이 셔츠 드라이클리닝 할 수 있는지 봐 주세요.
점원 네, 됩니다. 이 바지도 드라이클리닝 해 드릴까요?
민수 네, 그런데 바지 기장이 좀 길어서 줄여야 해요. 여기서 수선도 하시나요?
점원 그럼요.
민수 3센티 줄여 주시면 될 것 같은데요.
점원 그러면 바지가 너무 짧아 보일 거 같아요. 2.5센티 줄여 드릴게요.
민수 네, 감사합니다. 알아서 잘해 주세요. 바지 밑에 단은 만들지 말아 주세요.
점원 알겠어요. 이 바지는 수선하는 데 시간이 좀 걸립니다. 셔츠는 내일 오전에 찾아가실 수 있도록 해 드릴 수 있어요.
민수 계산은 미리 하고 갈게요. 모두 얼마죠?
점원 잠시만요. 모두 25,000원입니다.

Minsu Hi, could you please check if I can ______ this shirt ______?

Clerk Yes, you can have it dry-cleaned. Do you want these pants dry-cleaned, too?

Minsu Yes. But I need to have the length shortened first because they're a little too long on me. Do you [1]**do alterations** here?

Clerk Of course.

Minsu I think it will be okay if you ______ of the pants by 3 centimeters.

Clerk If I do that, I think the pants will look too short on you. I will shorten the length by 2.5 centimeters instead.

Minsu Okay, thank you. I will [2]**leave it up to** you. Please do not make any cuffs at the bottom of the pants.

Clerk Alright. These pants will take some time to alter. I can have the shirt ______ by tomorrow morning.

Minsu Okay. I will pay for everything now. How much is the total?

Clerk Wait a minute, please. [3]**The total comes out to be 25,000 won.**

| 정답 |
❶ dry-cleaned / dry-cleaned / remove
❷ have / dry-cleaned / remove
❸ have / dry-cleaned / shorten the length / ready

1 alteration은 '개조', '수선'의 뜻이고, '수선하다'는 do alterations입니다. 참고로 건물, 기계, 물건을 수선하거나 고친다고 할 때는 repair를 쓰므로 alteration과 구분해서 사용하세요.

2 leave ~ up to는 '…에게 ~을 맡기다'라는 의미의 표현이죠. Leave it up to me.라고 하면 '내게 맡겨', '내가 할게'의 의미가 됩니다.

3 The total comes out to 25,000 won.이라고 해도 됩니다. come out은 '(비용 · 총액이 얼마가) 되다'의 뜻으로, come out to 다음에 금액을 말하면 됩니다.

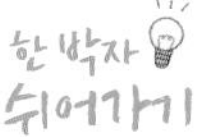

흔히 실수하는 표현(1)

틀린 표현	맞는 표현
in real (×)	in reality (O) 사실은
I went to fitness. (×) I went to health. (×)	I went to the gym. (O) 나는 헬스클럽에 갔어.
Mama boy (×)	Mama's boy (O) 마마보이
I'm so stressful. (×)	I'm so stressed out. (O) 스트레스를 너무 받고 있어.

3단계
주요 표현 다시 보기

앞에서 익힌 모든 표현을 소리 내어 읽으며 복습하세요.

❶ 드라이 클리닝을 맡길 때

이불 빨래도 해 주시나요?	Can I get my blankets dry-cleaned here?
커튼이나 큰 카펫도 드라이클리닝 해 주시나요?	Is it possible to get curtains and large carpets dry-cleaned?
가죽 재킷을 드라이클리닝 하고 싶어요.	I want to have my leather jacket dry-cleaned.

❷ 세탁 완료 시기를 물을 때

아침 9시에 바지를 드라이클리닝 맡기면 언제 되나요?	If I bring my pants at 9 a.m. to be dry-cleaned, when will they be ready to be picked up?
이 스웨터에 얼룩이 묻었는데, 오늘 저녁에 찾을 수 있을까요?	This sweater has a stain on it. Will it be ready to be picked up this evening?
제 블라우스, 드라이클리닝을 바로 해야 하는데요, 언제 가져갈 수 있나요?	I want my blouse dry-cleaned right away. When can I pick it up?

❸ 얼룩 제거를 요청할 때

이 립스틱 자국을 뺄 수 있어요?	Can you remove this lipstick smudge?
치마의 이 얼룩을 뺄 수 있을까요?	Can you remove this spot on my skirt?
이 기름 자국을 뺄 수 있어요?	Can you take out this oil stain?

❹ 풀 먹여 달라고 할 때

이 셔츠에 풀을 먹이고 싶어요.	I want to have this shirt starched.
셔츠 모두 약하게 풀을 먹여서 박스에 넣어 주세요.	Please place all the shirts in the box after starching them lightly.
셔츠에 풀을 많이 먹여서 옷걸이에 하나씩 걸어 주세요.	Spray some heavy starch on the shirts and then hang them on hangers one by one.

❺ 기장을 줄일 때

기장을 이만큼 줄여 주시겠어요?	Can you shorten the length by this much?
기장을 3센티 줄여 주세요.	Please shorten the length by three centimeters.
기장 좀 줄이고 싶어요.	I want to have the length shortened.

33 커피숍에서 하는 말

Please add some cream.

크림 얹어 주세요.

남녀노소에서 어린아이들을 제외한 나머지 사람들은 이미 너무나 친숙한 '별다방'이나 '콩다방'을 많이 이용하죠. 커피의 종류도 다양하고 컵의 크기를 골라 주문할 수도 있습니다. 사실 비싼 로열티 내고 마시는 커피다 보니 적립되는 포인트 같은 것도 꼭 챙기게 되는데요. 커피 주문과 관련된 이런저런 영어 표현들을 집어 보기로 하겠습니다.

준비단계
핵심 표현 입력하기

이미지와 함께 오늘 배울 핵심 표현을 입력하세요.

❶ **add**
추가하다

❷ **hold**
빼다

❺ **would like to have ~**
~을 주문하고 싶다

❸ **for here / to go**
여기서 / 포장으로

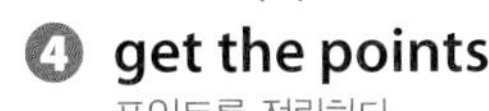

❹ **get the points**
포인트를 적립하다

✓ 이 표현은 어떻게 말할까요?

❶ 크림 얹어 주세요. ....
❷ 제 커피에 크림은 빼 주세요. ....
❸ 커피 여기서 드실 건가요, 아니면 가져가실 건가요? ....
❹ 이것에 제 포인트가 적립되나요? ....
❺ 톨 사이즈 토피넛 라테로 주세요. ....

33-1.mp3

1단계
핵심 표현 파헤치기

빈칸을 채운 후, 오디오를 들으며 핵심 표현을 익혀 보세요.

❶ 크림 얹어 주세요.
Please add some cream.

크림이나 시럽 등을 추가할 때 '더하다', '추가하다'라는 뜻의 add를 쓸 수 있습니다.

❶ 커피에 헤이즐넛 맛을 첨가해 주세요. Please ______ hazelnut syrup to my coffee.

❷ 제 커피에 시럽을 넣어 주실래요? Could you please ______ syrup to my coffee?

❸ 제 커피에는 일반 우유 대신 두유를 넣어 주세요.
Please ______ soymilk instead of regular milk to make coffee.

❷ 제 커피에 크림은 빼 주세요.
Hold the cream on the coffee, please.

크림을 빼 달라고 할 때는 hold the cream의 표현을 씁니다.

❶ 제 커피에 크림은 빼 주세요. Can you ______ on my coffee?

❷ 아이스커피 레귤러로 주세요. 크림은 빼 주세요.
Give me a regular ice coffee. ______, please.

❸ 샌드위치에 양파는 빼 주세요.
I would like you to ______ the onions on my sandwich.

❸ 커피 여기서 드실 건가요, 아니면 가져가실 건가요?
Is this coffee for here or to go?

가져간다고 할 때 to go 대신 take out도 사용합니다. for here는 '이곳에서' 먹고 가겠다는 말입니다.

❶ 여기서 커피 마시고 갈래? 아니면 가져갈까? Coffee ______?

❷ 카페인 없는 커피 한 잔 가져가려고 주문했는데요.
I ordered one cup of decaffeinated coffee ______.

| 정답 |
❶ 1 add
2 add
3 add
❷ 1 hold the cream
2 Hold the cream
3 hold

❸ 가져갈 거예요. 박스 안에 넣는 거 잊지 마세요.

______, please. Don't forget to put the coffee drinks in the carrier.

❹ 이것에 제 포인트가 적립되나요?
Can I get the points on my account for this purchase?

get the points는 '점수를 얻다'는 의미로, 커피를 구매하면서 포인트 적립이 되는지를 물은 것입니다. add up to는 '합계가 ~이 되다', '결국 ~이 되다'라는 의미로 쓰입니다.

❶ 포인트를 적립하려면 뭘 주문해야 하나요?

What should I order to ______?

❷ 마시는 커피 한 잔에 포인트를 얻고 그 포인트로 머그잔을 공짜로 얻어요.

You ______ for each cup of coffee you drink and the points add up to a free mug.

❸ 적립된 포인트로 커피 한 잔이 공짜, 맞아요?

The points ______ a free cup of coffee, right?

❺ 톨 사이즈 토피넛 라떼로 주세요.
I would like to have a tall toffee nut latte, please.

커피나 음식을 주문할 때 제일 흔히 쓰는 표현이 I'd like to have ~입니다. order(주문하다)보다는 동사 have를 자주 쓰니까 이 표현을 익혀 두세요.

❶ 바닐라맛 라떼 그란데 사이즈로 주문할게요.

I ______ a grande vanilla latte, please.

❷ 핫초코 큰 거랑 치즈 케이크 한 조각 주문할게요.

I ______ a large hot choco with a piece of cheesecake.

❸ 난 벤티 사이즈로 아이스 커피 주문해 줘. 얼음은 조금만.

Please ______ a venti ice coffee for me, but ask them to go easy on the ice.

| 정답 |

❸ 1 for here or to go
2 to go
3 To go

❹ 1 get the points
2 get a point
3 add up to

❺ 1 would like to have
2 would like to have
3 order

2단계
실전 회화 도전하기

빈칸을 채운 후, 오디오를 들으며 따라 하세요.

❶ 지은, 커피숍에서 커피를 주문하다

33-2.mp3

Staff	Welcome to the Zoo Cafe. [1] **What can I get for you** today?
Jieun	Hi. [2] **I would like to** order one grande latte, please.
Staff	Is this for here or ______?
Jieun	______, please.
Staff	Would you like to ______ some cream on your coffee?
Jieun	Yes, just a little, please.
Staff	Okay. Please come and pick up your coffee when your pager vibrates.

직원 주 카페에 오신 것을 환영합니다. 주문하시겠어요?
지은 안녕하세요. 라테 그란데로 하나 주세요.
직원 여기서 드실 거예요, 가져가실 거예요?
지은 여기서 마실 거예요.
직원 크림 얹어 드릴까요?
지은 네, 아주 조금만 얹어 주세요.
직원 네. 호출기가 울리면 커피 가지러 오세요.

1 '무엇을 드릴까요?'라는 말로 What would you like to order? 또는 What would you like to have?와 비슷한 뜻입니다. 주문 받는 사람이 하는 말이죠.

2 I would like to ~는 '~하고 싶다'라고 할 때 쓰는 표현으로 want보다 정중하고 부드러운 어감이 있으니까 I would like to를 자주 사용합니다.

❷ 적립 포인트로 주문하려고 하다

33-3.mp3

Jiyeong	I [1] **feel like** a cup of coffee today. Let's talk over a cup of coffee.
Minsu	That's a great idea.
	(after arriving at the cafe)
Jiyeong	Can you ______ one grande toffee nut latte for me, please?
Minsu	Okay. Do you have a point rewards card?
Jiyeong	Yes, [2] **here it is**. Can you please also ask the staff if I can ______ for today's coffee?
Minsu	Alright. But, [3] **as far as I know**, I think we can pay for our coffee with our saved points today.
Jiyeong	Wow! That means we will be drinking free cups of coffee today.

지영 오늘은 커피가 땡기는데. 커피 마시면서 얘기 좀 하자.
민수 좋은 생각이야.
(카페에 도착한 후)
지영 난 그란데 사이즈 토피넛 라떼 주문해 줘.
민수 알았어. 너 포인트 적립 카드 있어?
지영 응, 여기 있어. 오늘의 커피에 포인트 적립되는지 직원에게 물어봐.
민수 알았어. 그리고 내가 알기엔, 오늘은 적립된 포인트로 계산할 수 있을 것 같아.
지영 우와! 그럼 우리 오늘 공짜로 커피 마시겠네.

1 '~할 기분이다'라는 의미의 말로 be in the mood for와 비슷한 표현이고, 반대 의미를 나타낼 때는 be not in the mood for(~할 기분이 아니다)로 말합니다.

2 물건을 건네주면서 '여기 있어요'라는 뜻으로 말하는 표현입니다. Here you go.라고도 합니다.

3 '내가 알기로는', '내가 보기에는', '내가 기억하기로는'이란 뜻으로, 이 표현에 쓰인 as far as는 '~하는 한'이라는 의미입니다.

pager 삐삐, 무선 호출기
vibrate 진동하다
point rewards card 포인트 적립 카드

❸ 커피 주문하면서 포인트 적립, 와이파이 사용에 대해 물어보다 33-4.mp3

Staff	[1] **Next customer, please.** What can I get for you today?
Sumin	I would like to ______ two cups of tall caramel macchiato and one piece of tiramusu cake, please.
Staff	[2] **Anything else?**
Sumin	Please ______ on both cups of macchiato.
Staff	Do you have a point rewards card?
Sumin	I forgot to bring it with me, can I still enter my phone number?
Staff	Yes, please enter your phone number. Is this for here or ______?
Sumin	______, please.
Staff	[3] **The total will be** 18,000 won. (*gives back change*)
Sumin	[4] **Is it possible to** get a glass of water but without any ice?
Staff	Water is self-service. The water is in the back, together with the straws and napkins. Please, [5] **help yourself**.
Sumin	Thank you. One more thing, please. Is there Wi-Fi here? Can you please tell me the password?
Staff	You will find the password on the bottom of your receipt.

직원 다음 손님. 주문하시겠어요?
수민 캐러멜 마키아토 작은 거 두 잔과 티라미슈 케이크 한 조각 주문할게요.
직원 다른 건요?
수민 마키아토 두 잔 다 크림은 빼 주세요.
직원 포인트 카드 있으세요?
수민 깜빡 잊고 안 갖고 왔는데요. 전화번호 입력하면 되죠?
직원 네. 전화번호 눌러 주세요. 여기서 드시나요, 가져가시나요?
수민 여기서 마실 거예요.
직원 총 18,000원입니다. (직원이 잔돈을 돌려준다.)
수민 혹시 얼음 빼고 물 한 잔 주실 수 있나요?
직원 물은 셀프입니다. 빨대와 냅킨과 함께 뒤쪽에 있으니까 사용하시면 돼요.
수민 네. 감사합니다. 한 가지 더요. 여기 와이파이 되나요? 비밀 번호 알려 주세요.
직원 비밀 번호는 영수증 아래 보시면 있어요.

on the bottom of ~의 아래에, ~의 바닥에
receipt 영수증

1 Next, please.와 같이 customer(손님)를 생략하고 말하기도 하며, '다음 분', '다음 손님'이란 뜻으로 쓰입니다.

2 Anything else?는 Would you like anything else?의 줄임말입니다.

3 '총 합계가 ~입니다'라는 뜻으로, That will be ~의 표현을 사용할 수도 있습니다.

4 '~하는 것이 가능할까요?'라는 뜻의 표현입니다. Is it possible to remove the stain?이라고 하면 '얼룩을 제거하는 게 가능할까요?'라는 말이 되죠.

5 식사 시 음식을 권유할 때 '(음식 등을) 마음대로 드세요'라는 의미로 쓰는 표현인데, 여기서는 '(식당 등의) 셀프 서비스를 이용하라'는 뜻으로 말한 것입니다.

| 정답 |
❶ to go / For here / add
❷ order / get points
❸ order / hold the cream / to go / For here

3단계
주요 표현 다시 보기

앞에서 익힌 모든 표현을 소리 내어 읽으며 복습하세요.

❶ 취향에 맞춰 커피를 주문할 때

커피에 헤이즐넛 맛을 첨가해 주세요.	Please add hazelnut syrup to my coffee.
제 커피에 시럽을 넣어 주실래요?	Could you please add syrup to my coffee?
제 커피에는 일반 우유 대신 두유를 넣어 주세요.	Please add soymilk instead of regular milk to make coffee.

❷ 크림 등을 빼고 싶을 때

제 커피에 크림은 빼 주세요.	Can you hold the cream on my coffee?
아이스커피 레귤러로 주세요. 크림은 빼 주세요.	Give me a regular ice coffee. Hold the cream, please.
샌드위치에 양파는 빼 주세요.	I would like you to hold the onions on my sandwich.

❸ 커피 가져갈지 여부에 대해 말할 때

여기서 커피 마시고 갈래? 아니면 가져갈까?	Coffee for here or to go?
카페인 없는 커피 한 잔 가져가려고 주문했는데요.	I ordered one cup of decaffeinated coffee to go.
가져갈 거예요. 박스 안에 넣는 거 잊지 마세요.	To go, please. Don't forget to put the coffee drinks in the carrier.

❹ 포인트 적립에 대해 말할 때

포인트를 적립하려면 뭘 주문해야 하나요?	What should I order to get the points?
마시는 커피 한 잔에 포인트를 얻고 그 포인트로 머그잔을 공짜로 얻어요.	You get a point for each cup of coffee you drink and the points add up to a free mug.
적립된 포인트로 커피 한 잔이 공짜, 맞아요?	The points add up to a free cup of coffee, right?

❺ 커피 주문 사이즈에 대해 말할 때

바닐라맛 라떼 그란데 사이즈로 주문할게요.	I would like to have a grande vanilla latte, please.
핫초코 큰 거랑 치즈 케이크 한 조각 주문할게요.	I would like to have a large hot choco with a piece of cheesecake.
난 벤티 사이즈로 아이스 커피 주문해 줘. 얼음은 조금만.	Please order a venti ice coffee for me, but ask them to go easy on the ice.

34 도서관에서 하는 말

Do I need my library card to check out books?

책을 대출하려면 회원증이 필요한가요?

도서관에서 하는 일들로 무엇이 있을까요? 책을 빌렸다가 반납하고, 가끔은 공부를 하기도 하죠. 책을 빌릴 때, 반납할 때, 친구 자리를 맡아 놓을 때 등 도서관에서 쓸 수 있는 표현들을 알아볼까요?

준비단계
핵심 표현 입력하기

이미지와 함께 오늘 배울 핵심 표현을 입력하세요.

❶ **check out**
(책을) 대출하다

❷ **overdue**
(반납, 지불) 기한이 지난

❺ **save a seat**
자리를 맡아 주다

❹ **return**
반납하다

❸ **pay for**
~을 지불하다

V 이 표현은 어떻게 말할까요?

❶ 책을 대출하려면 회원증이 필요한가요? ________________

❷ 이 책이 연체되었나요? ________________

❸ 책이 찢어졌는데 제가 보상해야 하나요? ________________

❹ 이 책을 반납하고 싶어요. ________________

❺ 도서관에서 내 자리 좀 맡아 줘. ________________

34-1.mp3

1단계
핵심 표현 파헤치기

빈칸을 채운 후, 오디오를 들으며 핵심 표현을 익혀 보세요.

❶ 책을 대출하려면 회원증이 필요한가요?
Do I need my library card to check out books?

check out은 '(호텔에서) 체크아웃하다', '(일 상황 등에서) 뭔가를 확인하다'라는 뜻 외에 '책을 대출하다'라는 의미로도 쓰입니다.

❶ 책 대출 가능 시간은 언제인가요? What are the hours for ________ books?

❷ 한 번에 몇 권 대출할 수 있나요?
How many books can ________ at one time?

❸ 요청한 책을 언제 대출할 수 있나요?
When can I ________ the book that I put a hold on?

❷ 이 책이 연체되었나요?
Is this book overdue?

overdue는 '지급 기한이 지난'이란 뜻으로 도서가 반납되지 않고 연체되었을 때도 쓰입니다.

❶ 연체된 책에 연체료가 있나요? Is there a fine for this ________ book?

❷ 연체된 책은 연체료가 청구될지도 몰라요.
You might be charged a fine for an ________ book.

❸ 대출한 책이 연체되었는데 며칠 더 연장할 수 있나요?
My library book is ________. Is it possible to renew it for a few more days?

❸ 책이 찢어졌는데 제가 보상해야 하나요?
Do I have to pay for the book, if I tore a few pages?

pay for는 여기서 '(물건 값 · 서비스 비용 · 일의 대가 등을) 지불하다'의 의미로 쓰였는데, 이외에 '(자신의 신념 · 행동에 대한) 대가를 치르다'의 뜻도 있습니다. compensate은 '메우다', '보상하다'라는 의미입니다.

| 정답 |
❶ 1 checking out
2 check out
3 check out
❷ 1 overdue
2 overdue
3 overdue

❶ 책이 이미 찢어져 있었으니까 제가 보상할 수는 없죠.

I don't think I should have to ________ the book since the pages were already torn.

❷ 책에 한 페이지가 아예 없었어요. 제가 보상할 수는 없죠.

There was already one page missing from the book. I don't think I have to ________ the book.

❸ 이 책에 커피를 엎질러 표지에 자국이 남았는데, 보상해야 해요?

There is a stain on the cover of this book because I spilled coffee on it. Do I have to ________ the library?

❹ 이 책을 반납하고 싶어요.

I would like to return this book, please.

책을 반납할 때는 '돌려주다', '반환하다'라는 뜻의 동사 return을 사용합니다. bring back으로 바꿔 말할 수도 있죠.

❶ 언제까지 이 책들을 반납해야 하나요? By when should I ________ these books?

❷ 진작에 이 책 반납하는 것을 완전히 깜빡했어.

I completely forgot to ________ this book earlier.

❸ 지난주에 대출한 책을 오늘 반납했어.

Today, I ________ a book that I checked out last week.

❺ 도서관에서 내 자리 좀 맡아 줘.

Please save a seat for me at the library.

save a seat은 '자리를 맡아 놓다'라는 의미의 표현입니다. 참고로 seats are taken은 자리가 찼다'는 의미로 seats are occupied처럼 말할 수도 있습니다.

❶ 네 자리 잡아 놨어. I have already ________ for you.

❷ 누구 자리를 맡아 놓은 거야? Who are you ________ for?

❸ 그가 약 한 시간 동안 우리가 앉을 자리를 맡아 놨어.

He ________ for about an hour.

| 정답 |

❸ 1 pay for
2 pay for
3 compensate

❹ 1 return
2 return
3 returned

❺ 1 saved a seat
2 saving this seat
3 saved our seats

2단계
실전 회화 도전하기

빈칸을 채운 후, 오디오를 들으며 따라 하세요.

❶ 지은, 난생 처음으로 도서관에서 책을 빌리다

34-2.mp3

Jieun	How many books can I check out at one time?
Librarian	Five books.
Jieun	Do I need my library card when I ________ a book?
Librarian	(*after scanning all the books*) Here are the books.
Jieun	[1] **When are the books due?**
Librarian	You have to ________ these books by [2] **August 16th.** Have a nice day.
Jieun	Thank you very much.

지은 한번에 몇 권 대출할 수 있나요?
사서 다섯 권이요.
지은 책 대출할 때 회원증이 필요한가요?
사서 (책을 모두 스캔한 뒤) 여기 있어요.
지은 이 책들을 언제까지 반납해야 하나요?
사서 8월 16일까지 반납해야 합니다. 좋은 하루 보내세요.
지은 네, 감사합니다.

1 '예정된 기한이 언제인지' 물어볼 때는 When is ~ due?의 표현을 쓸 수 있습니다. 예를 들어 When is your baby's due date? 또는 When is the baby due?라고 하면 '출산 예정일이 언제인가요?'라는 뜻이 됩니다.

2 8월 16일은 August 16th 또는 16th of August로 나타냅니다. 날짜를 말할 때는 서수로 말한다는 것을 잊지 마세요.

❷ 책 반납일을 넘겨 연체료를 물다

34-3.mp3

Jieun	I would like to ________ these books, please.
Librarian	These books have been overdue for one week. Did you know that they were ________?
Jieun	Yes, I did. Sorry, but I didn't have any time to return the books.
Librarian	It looks like you still have some more overdue books.
Jieun	Really? I [1] **must have left** them at home.
Librarian	There is a fine for these ________ books.
Jieun	[2] **You must be kidding!** How much is the [3] **fine**?

지은 이 책들을 반납하고 싶어요.
사서 일주일 연체됐네요. 이 책들이 연체된 걸 알았어요?
지은 네. 죄송하지만, 반납할 시간이 없었어요.
사서 연체된 책들이 아직 더 있는 것 같네요.
지은 정말요? 집에 두고 왔나 봐요.
사서 연체된 이 책들에는 연체료가 있습니다.
지은 말도 안 돼! 연체료가 얼마예요?

1 must have p.p.로 쓰면 '~였음에 틀림없다'는 뜻으로 강한 추측을 나타내며, must be는 '~임에 틀림없다'라는 뜻이 됩니다. 시제가 다른 형태이므로 사용할 때 주의하세요.

2 You must be kidding!은 '농담이겠죠!'라는 뜻으로 You are joking. 또는 You must be joking.으로도 말할 수 있습니다.

3 '벌금'이라는 뜻으로 쓰인 명사입니다. 형용사로 쓰일 때는 very good, 즉 '좋은', '멋진'이란 뜻으로 쓰입니다.

어휘
at one time 한번에, 동시에
librarian (도서관) 사서

❸ 친구를 위해 도서관 자리를 맡아 주다

34-4.mp3

진수 민지야, 도서관 가면 내 자리 맡아 줘. 난 30분 후에 갈게.
민지 알았어. 그런데 너 반납할 책 연체된 거 있지 않아?
진수 있어. 다섯 권쯤 연체됐을 거야. 이전에 반납하려고 했는데, 계속 다른 일이 생겨 잊어 버렸어. 참, 한 권에 찢어진 페이지들이 있는데, 내가 도서관에 보상해야 할까?
민지 아마도. 그런데 도서관 책을 왜 찢었냐?
진수 내가 그런 게 아니라 내 강아지 말리가 내가 화장실 간 사이에 책을 찢어 놨더라구.
민지 맙소사! 사서한테 네가 사정을 이야기하고 파손에 대해 보상을 해야 하는지 물어봐.
진수 민지야, 너는 도서관에서 빌린 책을 다 읽었어?
민지 다섯 권 중에 겨우 세 권 읽었어. 나머지 두 권은 읽지 못했어.
진수 나는 다섯 권 중에 한 권 읽기 시작했는데, 말리가 책을 찢는 바람에 한 권도 다 읽지 못했어.
민지 맙소사! 그럼 한 권도 안 읽었는데 연체료를 내야 하는 거야?
진수 그렇지. 내가 미쳤지. 책을 한 권만 빌릴걸 그랬나봐. 용돈도 거의 다 써서 없는데 말이야.

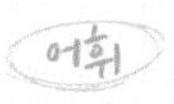

overdue fee 연체료
pocket money 용돈

| 정답 |
❶ check out / return
❷ return / overdue / overdue
❸ save a seat / overdue / compensate / compensate / pay / for

Jinsu	Minji, if you are going to the library, can you ________ for me, please? I will be there in 30 minutes.
Minji	Okay. But Jinsu, don't you have any ________ books to return?
Jinsu	I do. I must have about five overdue books. [1]**I meant to** return the books before now, but something kept coming up and then I forgot. By the way, there are some torn pages in one book. Do you think I might have to ________ the library?
Minji	Probably. But why did you tear some pages of a library book?
Jinsu	I didn't tear the pages. My dog, Mali, tore some pages in the book while I was in the bathroom.
Minji	[2]**Good heavens!** Why don't you tell the librarian your story, and ask her whether you have to ________ the library for the damage or not?
Jinsu	Minji, did you read all the books that you borrowed from the library?
Minji	No, I only read three of the five books. I didn't have a chance to read the other two.
Jinsu	I started to read one book, and then Mali tore the pages from the book, so I couldn't even finish reading it.
Minji	Oh, no! Does that mean that you have to ____ overdue fees ____ the books, even if you haven't had a chance to read them?
Jinsu	That's right. I must be crazy. I [3]**should have just borrowed** one book, you know. I don't even have much pocket money left because I have spent almost all of it.

1 I mean to ~는 '~할 의도였다'는 의미를 나타낼 때 쓸 수 있습니다. to 다음에는 동사원형을 씁니다.
2 Good heavens!는 '(하느님) 맙소사!'라는 뜻으로 놀라움이나 짜증스러움을 나타낼 때 사용하며, Gracious heavens!라고도 합니다.
3 should have p.p.는 '~했어야 했는데'라는 후회를 나타낼 때 사용하는 표현입니다.

3단계
주요 표현 다시 보기

앞에서 익힌 모든 표현을 소리 내어 읽으며 복습하세요.

❶ 책을 대출할 때

책 대출 가능 시간은 언제인가요?	What are the hours for checking out books?
한 번에 몇 권 대출할 수 있나요?	How many books can I check out at one time?
요청한 책을 언제 대출할 수 있나요?	When can I check out the book that I put a hold on?

❷ 도서 연체료에 대해 말할 때

연체된 책에 연체료가 있나요?	Is there a fine for this overdue book?
연체된 책은 연체료가 청구될지도 몰라요.	You might be charged a fine for an overdue book.
대출한 책이 연체되었는데 며칠 더 연장할 수 있나요?	My library book is overdue. Is it possible to renew it for a few more days?

❸ 파손된 책의 보상에 대해 말할 때

책이 이미 찢어져 있었으니까 제가 보상할 수는 없죠.	I don't think I should have to pay for the book since the pages were already torn.
책에 한 페이지가 아예 없었어요. 제가 보상할 수는 없죠.	There was already one page missing from the book. I don't think I have to pay for the book.
이 책에 커피를 엎질러 표지에 자국이 남았는데, 보상해야 해요?	There is a stain on the cover of this book because I spilled coffee on it. Do I have to compensate the library?

❹ 책을 반납할 때

언제까지 이 책들을 반납해야 하나요?	By when should I return these books?
진작에 이 책 반납하는 것을 완전히 깜빡했어.	I completely forgot to return this book earlier.
지난주에 대출한 책을 오늘 반납했어.	Today, I returned a book that I checked out last week.

❺ 도서관에서 자리 맡아 줄 때

네 자리 잡아 놨어.	I have already saved a seat for you.
누구 자리를 맡아 놓은 거야?	Who are you saving this seat for?
그가 약 한 시간 동안 우리 자리를 맡아 놨어.	He saved our seats for about an hour.

35 학원에서 하는 말

What is the deadline to cancel a class?

언제까지 수업 취소가 가능한가요?

강의 및 예문듣기

영어 때문에 학원 한 번쯤 안 가 본 사람 없을 것 같은데요. 학원에 등록할 때 가장 먼저 염두에 두는 게 무엇인가요? 잘 나가는 강사? 학원비? 아니면 내 수준에 맞는지 여부? 이번 시간에는 학원에서 수강 신청을 하거나 등록 취소 요청을 할 때 필요한 영어 표현들을 알아보죠.

준비단계
핵심 표현 입력하기

이미지와 함께 오늘 배울 핵심 표현을 입력하세요.

❶ **cancel a class**
수업[수강]을 취소하다

❷ **What is the deadline ~?**
~의 마감일이 언제인가요?

❸ **take a class**
수업을 듣다

❹ **start a class**
수업을 시작하다

❺ **make an exception**
예외로 하다

V 이 표현은 어떻게 말할까요?

❶ 강사가 맘에 들지 않으면 취소해도 돼요?

❷ 언제까지 수업 취소가 가능한가요?

❸ 잘 나가는 강사 수업을 듣는 게 좋아.

❹ 내일부터 수업 들을 수 있죠?

❺ 예외로 할 수 없나요?

35-1.mp3

1단계
핵심 표현 파헤치기

빈칸을 채운 후, 오디오를 들으며 핵심 표현을 익혀 보세요.

❶ 강사가 맘에 들지 않으면 취소해도 돼요?
Can I cancel this class, if I don't like the instructor?

cancel a class는 '수업[수강]을 취소하다'의 뜻입니다. quit a class, drop out of a class 역시 '수업을 그만두다'라는 뜻의 표현입니다.

1 원할 때 언제든지 수업을 취소할 수 있나요? Can I ________ a ________ anytime I want?
2 이 수업을 취소하고 싶어요. 잘나가는 강사 수업이 아니네.
I want to ________________. It is not taught by a top-notch instructor.
3 수업 시간에 강사가 성의 없이 수업을 해서 그만두고 싶어요.
I would like to ____________ this class because the instructor teaches rather half-heartedly.

❷ 언제까지 수업 취소가 가능한가요?
What is the deadline to cancel a class?

Until when can I cancel a class?로 바꿔 물어도 같은 의미입니다.

1 등록 마감일이 언제인가요? ________________ for registration?
2 납부금 마감일이 언제죠? ________________ for sending in payment?
3 거긴 마감일이 언제예요? What are ____________ there?

❸ 잘 나가는 강사 수업을 듣는 게 좋아.
It is best if you take classes with a top-notch instructor.

take classes는 '수업을 듣다'라는 뜻입니다. '수업에 들어간다'고 할 때는 get into a class라고 합니다.

1 잘 나가는 강사의 수업을 듣고 싶어.
I want to ____________ with a top-notch instructor.
2 이번 달에는 일류 강사 수업을 들어야 해.
I only want to ____________ with top-notch instructors.

| 정답 |
❶ 1 cancel / class
2 cancel this class
3 drop out of
❷ 1 What is the deadline
2 What is the deadline
3 the deadlines

❸ 잘 나가는 강사의 수업에 들어가기가 하늘에 별 따기야.

It is like getting blood from a stone to try and ______________ with a top-notch instructor.

❹ 내일부터 수업 들을 수 있죠?
Can I start classes tomorrow?

right away는 '곧', '즉시'라는 의미로 immediately도 같은 뜻입니다.

'수업을 시작한다'고 할 때는 start classes의 표현을 씁니다. when classes will start는 '수업이 언제 시작하는지'의 의미입니다.

❶ 수업을 바로 시작할 수 있고 두 달 정도 들을 수 있어.

You can ____________ right away and attend classes for two months.

❷ 수업이 언제 시작되는지 알고 싶어요.

I would like to know when ________ will ______.

❸ 아직 수업 일정표를 받지 못해서 언제 시작하는지 몰라.

I don't know when ________________ because I haven't gotten a class schedule yet.

❺ 예외로 할 수 없나요?
Can you please make an exception?

'예외로 하다'는 make an exception으로 나타냅니다. 등록 마감일이 지난 후지만 그래도 등록해 줄 수 없는지 물어볼 때 이 표현을 쓸 수 있죠.

❶ 예외로 해 줄 수 있는 방법이 없을까요?

Is there any way you can __________________ for me?

❷ 어제가 등록 마감일이었지만, 등록할 수 없을까요?

Even though yesterday was the last day to register, can you please __________________ for me?

❸ 어제가 등록하는 마지막 날이었기 때문에, 난 등록할 수 없어.

Yesterday was the last day to register and I cannot ____________ ____________.

| 정답 |

❸ 1 take a class
2 take classes
3 get into a class

❹ 1 start classes
2 classes / start
3 classes will start

❺ 1 make an exception
2 make an exception
3 make any exceptions

2단계
실전 회화 도전하기

빈칸을 채운 후, 오디오를 들으며 따라 하세요.

❶ 수업 환불 규정을 묻다

35-2.mp3

Mina Yesterday was the last day to register. Is there anything that can be done?

Receptionist I am sorry, but [1] **there are no exceptions**. Please wait until next month to register again.

Mina Alright. I have one more thing to ask. If I register for a class and it [2] **turns out** that I don't like the instructor, is it possible to ____________?

Receptionist It is possible to get a full refund if you ____________ within one week of registration.

Mina Until when is it possible to transfer into a different instructor's class?

Receptionist It also has to be done within one week of registration.

1 '예외가 없다'는 의미입니다. 참고로 make an exception은 '예외로 하다'의 뜻입니다.

2 '~인 것으로 드러나다'라는 뜻의 표현입니다.

미나 어제 등록 마지막 날이었지만 어떻게 안 될까요?

접수원 죄송하지만, 예외는 없어요. 다음 달까지 기다렸다가 다시 등록하세요.

미나 알겠어요. 그리고 하나 물어볼 게 있어요. 수업 등록 후에 강사가 맘에 들지 않으면 취소해도 되나요?

접수원 등록한 후 일주일 안에 취소하면 전액 환불 가능해요.

미나 다른 강사 수업으로 옮기는 건 언제까지 가능한가요?

접수원 그것도 일주일 안에 해야 합니다.

❷ 유학을 위해 영어 회화 벼락치기를 결심하다

35-3.mp3

Jinsu I have to enroll in an English conversation class for at least a month, before I leave to study abroad. Do you know of a well-known instructor?

Sujin Of course. But do you really think that you will be able to speak English fluently after one month?

Jinsu But don't you think [1] **it is better than doing nothing**? And I will definitely improve quickly if I ____________ with a top-notch instructor.

Sujin Yes, you are right. It will be best if you ____________ with a top-notch instructor. And you should start [2] **sweating your guts out** by speaking in English starting now.

Jinsu Yes, I will do that.

1 '아무것도 안 하는 것보다는 낫다'라는 뜻으로 '없는 것보다는 낫다'라는 better than nothing과 구분해서 사용하세요.

2 sweat[slog, work] one's guts out은 '열심히 일하다'라는 의미의 표현입니다.

진수 유학 가기 전에 한 달이라도 영어 회화 반에 들어가야 해. 아는 유명한 강사 있어?

수진 물론이지. 그런데 한 달 한다고 유창하게 되겠어?

진수 그래도 안 하는 것보다는 낫지 않겠어? 그리고 일류 강사한테 배우면 분명히 빨리 늘 거야.

수진 그래, 네 말이 맞다. 잘 나가는 강사 수업을 듣는 게 제일 낫겠지. 그럼 오늘부터 죽어라 열심히 영어로 떠들어 봐.

진수 그래야지.

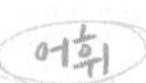

instructor 강사, 교사
register 등록, 등록하다
full refund 전액 환불
enroll 등록하다
well-known 잘 알려진
definitely 분명히, 틀림없이

③ 일타 강사의 수업 등록을 놓치다!

35-4.mp3

민지 아이고, 맙소사. 어제가 ESL 수업 등록 마지막 날이었네. 어떡해.
진수 학원에 가서 알아봐. 어제가 등록 마지막 날이라도, 때론 예외로 해 주니까.
민지 어떤 거 등록했어? 강사는 어때? 잘 나가는 선생한테 등록해야 해.
진수 우리 강사 꽤 유명해. 지나 김이라고 하고 15년 넘게 성인에게 ESL을 가르쳐 왔거든.
민지 수업이 언제 시작하는지 알아?
진수 9월 13일에 시작해서 아마 11월 15일에 끝날 거야.
민지 수업이나 강사가 맘에 안 들면, 관둘 수 있나?
진수 그럼. 그냥 사무실에 미리 알려 주면 돼.
민지 잘됐다. 빨리 실력을 키워서 유창하게 영어로 말할 수 있게 되면 좋겠어. 그런데 이미 수업 등록이 마감되었다고 하면, 나 어떡하지? 어떻게 할까?
진수 아마, 예외가 있을지도 몰라. 네 집안 사정을 이야기하고 한 번 특별히 부탁해 봐.
민지 알았어. 제발 수업 등록할 수 있으면 좋겠다.

Minji Oh, no. Yesterday was the last day of registration for ESL classes. [1]**What am I going to do?**

Jinsu Why don't you go to the academy and find out? Although yesterday was the last day of registration, sometimes they ....

Minji Which class did you register for? How is the instructor? You have to have a class with a top-notch instructor, you know.

Jinsu Our instructor is quite famous, you know. Her name is Gina Kim and she has been teaching ESL to adults for over 15 years.

Minji Do you know when .... ?

Jinsu They start on September 13th and they will probably end on November15th.

Minji Do you know if we can quit if we don't like the class or the instructor?

Jinsu Of course. You just have to let the office know ahead of time.

Minji That's great. [2]**I wish I could** quickly develop my ability to speak English fluently. But what if they say that registration is finished now? What am I going to do?

Jinsu There might be an .... Why don't you tell the receptionist about your family situation and [3]**make a special request**?

Minji Okay. It would be really nice if I could still register for a class.

academy 학원
quite 꽤, 아주, 많이
ahead of time 미리
receptionist 접수원

1 What am I supposed to do? 또는 What should I do?로 바꿔 쓸 수 있습니다. 모두 조언을 구할 때 쓰는 표현으로 '나 어떡해?', '어떻게 해야 하지?'라는 의미로 말할 때 써 보세요.
2 〈I wish I could+동사원형 ~〉은 '~할 수 있으면 얼마나 좋을까'라는 뜻의 표현입니다.
e.g. I wish I could come with you.(너와 함께 갈 수 있으면 좋을 텐데.)
3 '특별한 요청을 하다'의 의미로 쓰인 것입니다.

| 정답 |
① cancel the class / cancel a class
② take a class / take a class
③ make exceptions / classes start / exception

3단계
주요 표현 다시 보기

앞에서 익힌 모든 표현을 소리 내어 읽으며 복습하세요.

❶ 수업을 취소할 때

원할 때 언제든지 수업을 취소할 수 있나요?	Can I cancel a class anytime I want?
이 수업을 취소하고 싶어. 잘나가는 강사 수업이 아니네.	I want to cancel this class. It is not taught by a top-notch instructor.
수업 시간에 강사가 성의 없이 수업을 해서 그만두고 싶어요.	I would like to drop out of this class because the instructor teaches rather half-heartedly.

❷ 수업 취소 가능 여부를 확인할 때

등록 마감일이 언제인가요?	What is the deadline for registration?
납부금 마감일이 언제죠?	What is the deadline for sending in payment?
거긴 마감일이 언제예요?	What are the deadlines there?

❸ 어떤 수업을 듣고 싶은지 말할 때

잘 나가는 강사의 수업을 듣고 싶어.	I want to take a class with a top-notch instructor.
이번 달에는 일류 강사 수업을 들어야 해.	I only want to take classes with top-notch instructors.
잘 나가는 강사의 수업에 들어가기가 하늘에 별 따기야.	It is like getting blood from a stone to try and get into a class with a top-notch instructor.

❹ 수업 시작에 대해 말할 때

수업을 바로 시작할 수 있고 두 달 정도 들을 수 있어.	You can start classes right away and attend classes for two months.
수업이 언제 시작되는지 알고 싶어요.	I would like to know when classes will start.
아직 수업 일정표를 받지 못해서 언제 시작하는지 몰라.	I don't know when classes will start because I haven't gotten a class schedule yet.

❺ 특별히 예외로 한다고 말할 때

예외로 해 줄 수 있는 방법이 없을까요?	Is there any way you can make an exception for me?
어제가 등록 마감일이었지만, 등록할 수 없을까요?	Even though yesterday was the last day to register, can you please make an exception for me?
어제가 등록하는 마지막 날이었기 때문에, 난 등록할 수 없어.	Yesterday was the last day to register and I cannot make any exceptions.

36 택배 · 우편물을 맡기고 찾을 때 하는 말

Could you please hold onto my mail for me?

우편물 좀 맡아 주실래요?

미국은 우리나라처럼 택배 서비스가 활성화되어 있지는 않습니다. 하지만 우편물을 맡기거나 찾을 때 하는 말들은 알아 두어야겠죠? 이번 단원에서는 택배로 보낼 물건이나 우편물을 아파트 경비실에 맡길 때, 또는 택배를 찾을 때 하게 되는 말들을 배워 보죠.

준비단계
핵심 표현 입력하기

이미지와 함께 오늘 배울 핵심 표현을 입력하세요.

❶ **pick up one's package**
소포를 찾아가다

❷ **missing mail**
분실된 우편물

❸ **registered mail**
등기 우편물

❺ **mailman**
우체부

❹ **hold onto one's mail**
~의 우편물을 보관하다

✓ 이 표현은 어떻게 말할까요?

❶ 택배 온 거 찾아가세요.

❷ 몇 개의 우편물이 분실됐어요.

❸ 오늘 등기 우편 받으신 거 있나요?

❹ 우편물 좀 맡아 주실래요?

❺ 우체부가 아저씨한테 소포를 맡겼다고 했어요.

36-1.mp3

1단계
핵심 표현 파헤치기

빈칸을 채운 후, 오디오를 들으며 핵심 표현을 익혀 보세요.

❶ 택배 온 거 찾아가세요.
Please pick up your package.

pick up은 '집어 올리다'의 뜻 외에도 '가져가다', '찾아가다'의 뜻이 있습니다. 택배 온 것을 찾는다고 할 때 바로 pick up을 쓸 수 있죠.

❶ 택배 찾아야 해. I need to pick up ________.

❷ 종일 외출 중이었어요. 지금 소포 가지러 가도 될까요?
I was out all day. Can I ________ my package?

❸ 설마 누가 벌써 제 소포를 찾아간 것은 아니겠죠.
Please don't tell me someone already ________.

❷ 몇 개의 우편물이 분실됐어요.
I have some missing mail.

'분실된 우편물'은 missing mail이라고 합니다.

❶ 우편물 분실하면 어떻게 처리하시나요? How do you handle ________?

❷ 분실된 우편물이 있는지 궁금해서요.
I am wondering if I have some ________.

❸ 도착한 우편물이 없어지면 아파트 경비 아저씨가 책임지시나요?
Is the apartment's superintendent responsible for ________?

❸ 오늘 등기 우편 받으신 거 있나요?
Did you get any registered mail today?

registered mail은 '등기 우편'을 가리킵니다. 단순히 받았는지 확인하는 질문이기 때문에 단순 과거 의문문으로 물었습니다.

❶ 집에 사람이 없으면 등기 우편을 받을 수 없는 거죠?
Can I still get ________ if no one is at home?

| 정답 |
❶ 1 my package
2 pick up
3 picked up my package
❷ 1 missing mail
2 missing mail
3 missing mail

❷ 오늘 등기 우편 받기로 했어요.

I was supposed to get some __________ today.

❸ 배달부가 오늘 제 등기 편지를 배달했다고 하던데요.

The postman said he delivered a __________ to you today.

❹ 우편물 좀 맡아 주실래요?
Could you please hold onto my mail for me?

hold onto는 '보관하다'라는 의미로, 우편물을 맡아 달라고 할 때 유용하게 쓸 수 있는 표현입니다.

❶ 수고스럽지 않으시면, 저희 우편물을 맡아 주시겠어요?

If it won't be too much of a bother, can you __________ our mail?

❷ 혹시 괜찮으시면 저희 없는 동안 우편물을 좀 보관해 주시겠어요?

We were wondering if you could hold onto __________ while we are away.

❸ 도둑이 우리가 집에 없는 것을 알지도 모르니까 저희 우편물 좀 보관해 주시겠어요?

Could you please __________ while we are away? Burglars might know we are not home.

❺ 우체부가 아저씨한테 소포를 맡겼다고 했어요.
The mailman said he gave the package to you.

mailman(우체부)은 deliveryman으로도 바꿔 말할 수 있습니다.

❶ 확실히 우체부가 아저씨에게 소포를 전했다고 했어요.

I am pretty sure the __________ said he gave the package to you.

❷ 우체부가 아저씨 책상에 소포를 올려놨다고 했거든요.

I was told by the __________ that he put the package on top of your desk.

❸ 우체부가 아저씨께 소포를 주었다고 했어요. 지금 가지러 가도 될까요?

The __________ said he gave the package to you. Can I go to pick that up now?

| 정답 |

❸ 1 registered mail
2 registered mail
3 registered letter

❹ 1 hold onto
2 our mail
3 hold onto our mail

❺ 1 mailman
2 mailman
3 mailman

2단계 실전 회화 도전하기

빈칸을 채운 후, 오디오를 들으며 따라 하세요.

❶ 경비실에서 택배를 찾다 36-2.mp3

Doorman This is the security guard's station. There is a package for you. Please come and pick it up.

Jieun I will be there in 10 minutes.

Doorman Please be sure to ______________ [1] **by the end of the day**.

Jieun Alright.

(30 minutes later)

Jieun You said there was a package for apt number 1406, right?

Doorman Just a minute, please. Here it is. Please sign here. You have to confirm that you picked it up.

Jieun Yes, thank you. [2] **Have a good day.**

경비원 경비실입니다. 택배 온 게 있네요. 어서 와서 찾아가세요.
지은 10분 후에 내려갈게요.
경비원 오늘 안으로 찾아가세요.
지은 네 그럴게요.
(30분 후)
지은 아저씨, 1406호 택배 온 거 있다고 하셨죠?
경비원 잠깐만요. 여기 있어요. 여기 사인하세요. 찾아갔다는 확인을 해 주셔야 합니다.
지은 네, 감사합니다. 수고하세요.

1 by the end of는 '~의 끝 무렵에'라는 뜻으로, 여기서는 day가 붙어 '하루가 끝날 무렵에'라는 뜻으로 쓰였습니다. 참고로 at the end of the day는 '결국 가장 중요한 것은'이란 뜻입니다

2 인사말로 보통 헤어질 때 '좋은 하루 되세요.'라는 의미로 말할 때 쓸 수 있습니다.

❷ 여행에서 돌아와 경비실에서 택배를 찾다 36-3.mp3

Suji Could you please ______________ for us? We will be [1] **going out of town** next week and we won't be home for two weeks.

Doorman Yes, of course.

Suji Our apartment number is 1201. Thank you.

(returning from the trip)

Suji Hello. We are wondering if there is a package for us to pick up.

Doorman There was no delivery of a package, but here is your mail.

Suji Also, there should be a ______________ for me. The postman said he left a registered letter with you today.

Doorman With me? Well, there must be a mistake. Please call the post office and find out exactly what happened.

수지 우편물을 좀 맡아 주실 수 있을까요? 저희가 다음 주에 2주 동안 집을 비울 거예요.
경비원 물론이죠.
수지 1201호입니다. 감사합니다.
(여행에서 돌아와)
수지 안녕하세요. 찾아갈 소포 온 거 있나 해서요.
경비원 소포 배달 온 것은 없었고요. 여기 우편물이요 .
수지 그리고, 등기 우편 하나가 와야 하는데요. 우체부가 오늘 아저씨한테 등기 우편 드렸다고 하던데요.
경비원 나한테요? 뭔가 착오가 있는 것 같군요. 우체국에 전화해서 어떻게 된 건지 정확하게 알아보세요.

1 go out of town은 출장, 여행 등으로 도시 밖으로 나간다고 할 때 쓸 수 있는 표현입니다. 참고로 '종일 밖에 있다'고 할 때는 be out all day라고 표현합니다.

confirm 확인하다
postman 우체부

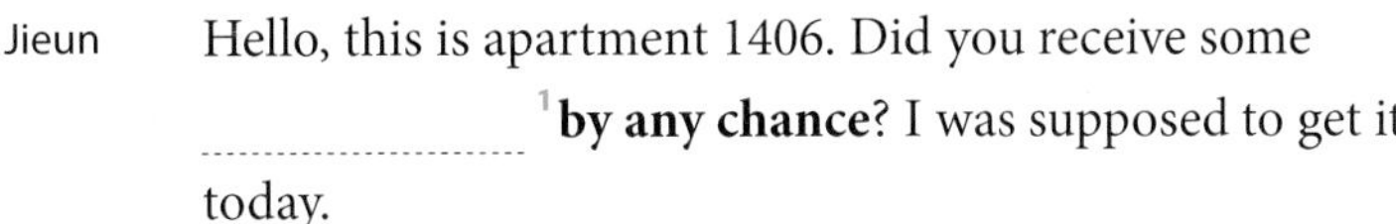

❸ 잃어버린 등기 우편을 찾아서

36-4.mp3

지은 안녕하세요. 1406호인데요. 혹시 등기 우편 받으신 거 있나요? 오늘 받기로 되어 있는데요.

경비원 아니, 미안하지만, 받은 게 없는데요. 1406호 앞으로 온 소포만 몇 개 받았는데.

지은 이상하네요. 우체부가 아저씨한테 맡겼다던데.

경비원 거, 이상하네. 다른 경비원에게 맡겼는지도 모르겠네요. 내가 430동 경비원에게 가 볼게요.

(오후에)

지은 1406호 등기 우편 찾으셨나요?

경비원 이를 어쩌나! 430동에서도 찾지 못했어요. 우체국에 전화해서 다시 확인을 해 보시는 게 좋겠어요. 혹시 우리 아파트가 아니라 다른 아파트에 배달한 게 아닐까요?

지은 설마요! 암튼 내일 오전에 우체국에 직접 가서 어떻게 된 건지 알아봐야겠어요. 뭔가 잘못된 것 같아요. 어쨌든, 고맙습니다.

경비원 그래요. 잘 알아봐요. 어떻게 된 건지 알게 되면 좋겠네요.

Jieun Hello, this is apartment 1406. Did you receive some ______________ [1] **by any chance**? I was supposed to get it today.

Doorman No, I am sorry I didn't get any registered mail. I just received some packages for apartment 1406.

Jieun [2] **That's odd.** The ____________ said that he gave it to you.

Doorman That's weird. I don't know if the mailman delivered the mail to a different doorman. Let me run over to the doorman for building 430.

(in the afternoon)

Jieun Did you get a chance to find the registered mail for apt 1406?

Doorman Oh, no! I couldn't find the ______________ at building 430, either. I think it's best if you call the post office and ask them to find out for you. Maybe they delivered it to a different apartment building instead of our building?

Jieun No way! I think I will have to go directly to the post office tomorrow morning and find out what happened. [3] **Something doesn't seem right.** Anyhow, thank you.

Doorman Okay, then. [4] **I hope** you are able to find out what happened.

| 정답 |

① pick up the package

② hold onto our mail / registered letter

③ registered mail / mailman / registered mail

1 '혹시'라는 뜻으로 perhaps와 같은 의미입니다.

2 '이상하다'는 뜻으로 That's weird. 또는 That's strange.라고 해도 됩니다.

3 Something smells fishy.와 같은 뜻으로 무언가 석연찮은 낌새가 느껴질 때 이와 같이 표현합니다.

4 '희망' 또는 '단순한 바람'을 의미하여 '~라면 좋겠다'라는 의미를 전할 때 쓸 수 있습니다.
e.g. I hope I don't end up regretting this.(내가 이걸 후회하지 않게 되면 좋겠어.)

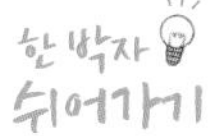

흔히 실수하는 표현(2)

틀린 표현	맞는 표현
I'm in an English study. (×)	I'm in an English study group. (O) 나는 영어 스터디 모임에 들어가 있어.
Teach me slang. (×)	Teach me slangs. (O) 내게 속어를 가르쳐 줘.
It's service. (×)	It's on the house. (O) 그것은 서비스입니다.
I went to abroad. (×)	I went abroad. (O) 나는 해외로 갔어.
I took subway. (×)	I took the subway. (O) 나는 지하철을 탔어.

3단계
주요 표현 다시 보기

앞에서 익힌 모든 표현을 소리 내어 읽으며 복습하세요.

① 택배를 찾을 때

택배 찾아야 해.	I need to pick up my package.
종일 외출 중이었어요. 지금 소포 가지러 가도 될까요?	I was out all day. Can I pick up my package?
설마 누가 벌써 제 소포를 찾아간 것은 아니겠죠.	Please don't tell me someone already picked up my package.

② 우편물 분실에 대해 말할 때

우편물 분실하면 어떻게 처리하시나요?	How do you handle missing mail?
분실된 우편물이 있는지 궁금해서요.	I am wondering if I have some missing mail.
도착한 우편물이 없어지면 아파트 경비 아저씨가 책임지시나요?	Is the apartment's superintendent responsible for missing mail?

③ 등기 우편을 받을 때

집에 사람이 없으면 등기 우편을 받을 수 없는 거죠?	Can I still get registered mail if no one is at home?
오늘 등기 우편 받기로 했어요.	I was supposed to get some registered mail today.
배달부가 오늘 제 등기 편지를 배달했다고 하던데요.	The postman said he delivered a registered letter to you today.

④ 우편물 보관을 요청할 때

수고스럽지 않으시면, 저희 우편물을 맡아 주시겠어요?	If it won't be too much of a bother, can you hold onto our mail?
혹시 괜찮으시면 저희 없는 동안 우편물을 좀 보관해 주시겠어요?	We were wondering if you could hold onto our mail while we are away.
도둑이 우리가 집에 없는 것을 알지도 모르니까 저희 우편물 좀 보관해 주시겠어요?	Could you please hold onto our mail while we are away? Burglars might know we are not home.

⑤ 우체부에 대해 말할 때

확실히 우체부가 아저씨에게 소포를 전했다고 했어요.	I am pretty sure the mailman said he gave the package to you.
우체부가 아저씨 책상에 소포를 올려놨다고 했거든요.	I was told by the mailman that he put the package on top of your desk.
우체부가 아저씨께 소포를 주었다고 했어요. 지금 가지러 가도 될까요?	The mailman said he gave the package to you. Can I go to pick that up now?

37

여행을 예약할 때 하는 말

Do you have one-day tour packages?

당일치기 여행 상품 있어요?

강의 및 예문듣기

주말에 여행 가는 것을 좋아하는 사람들이 많을 텐데요. 경제적인 여행을 원한다면 미리미리 예약하거나 패키지 상품, 땡처리 상품을 찾아보는 것이 좋다고 합니다. 여행 상품을 예약할 때 쓰는 영어 표현들을 미리 익혀 두면 훨씬 알찬 여행이 가능하지 않을까요?

준비단계

핵심 표현 입력하기

이미지와 함께 오늘 배울 핵심 표현을 입력하세요.

❶ **What local place would be best ~?**
~에 국내 어떤 곳이 가장 좋을까요?

❷ **one-day tour package**
1일 관광 패키지

❸ **additional surcharge**
할증료

❹ **depending on**
~에 따라

❺ **make a reservation ahead of time**
미리 예약하다

V 이 표현은 어떻게 말할까요?

❶ 주말에 국내 여행 어디가 좋을까요? ______

❷ 당일치가 여행 상품 있어요? ______

❸ 할증료가 포함된 거예요? ______

❹ 환율에 따라 차이가 있나요? ______

❺ 2주 먼저 예약하면 비행기 값이 좀 싼가요? ______

37-1.mp3

1단계
핵심 표현 파헤치기

빈칸을 채운 후, 오디오를 들으며 핵심 표현을 익혀 보세요.

❶ 주말에 국내 여행 어디가 좋을까요?
What local place would be best for a weekend getaway?

'~에 국내 어떤 곳이 좋을까?'라고 할 때는 What local place would be best ~?라고 하면 됩니다.

❶ 운전하고 갈 만한 국내 여행지가 어디예요?
_______________ would be best to travel to by car?

❷ 신혼여행으로 갈 만한 국내 여행지는 어디가 좋을까요?
What local place _______________ for a honeymoon?

❸ 주중에 갈 만한 국내 여행지는 어디가 좋은지 알아볼까?
Shall we find out _______________ to travel to during the week?

❷ 당일치기 여행 상품 있어요?
Do you have one-day tour packages?

Do you have same day tour packages?로 물어봐도 같은 의미입니다.

❶ 당일 여행 상품을 찾고 있어요. We are looking for a _______________ tour package.

❷ 당일 여행 상품 뭐 없나요?
Do you have any one-day _______________ available?

❸ 2일 여행에 어디가 좋은지 추천해 줄래요?
Can you recommend the best place for a _______________?

❸ 할증료가 포함된 거예요?
Is the additional surcharge included, too?

surcharge는 '추가 요금', '할증료'를 말합니다. '할증료를 추가하다'는 add a surcharge라고 합니다.

| 정답 |
❶ 1 What local place
2 would be best
3 what local place would be best
❷ 1 one-day
2 tour packages
3 two-day tour

❶ 주말에 여행하면 할증료가 붙나요?

Will there be an ______________ for traveling on the weekend?

❷ 여행 시즌에 여행을 하면 할증료가 붙는다는 거 알아요?

Did you know that there is an ______________ for traveling during the vacation season?

❸ 휴가철이라 항공료에 할증료가 붙어요.

Since it's vacation time, they ______________ to the plane ticket.

❹ 환율에 따라 차이가 있나요?

Is there a slight difference depending on the exchange rate?

depending on은 '~에 따라'이며, according to도 같은 뜻의 표현입니다.

❶ 가격은 환율에 따라 다를 수 있죠.

The prices can vary ______________ the exchange rate.

❷ 여행지에 따라 세금 차이가 있겠죠.

There will be a difference in taxes ______________ the destination.

❸ 세계 경제 사정에 따라 환율이 변하나요?

Does the exchange rate change ______________ events in the global economy?

잠깐만요!

'미리' 또는 '먼저'라는 뜻의 ahead of time은 in advance로 바꿔 말할 수 있습니다.

❺ 2주 먼저 예약하면 비행기 값이 좀 싼가요?

Is it cheaper to make reservations 2 weeks ahead of time?

'미리 예약하다'는 make a reservation ahead of time의 표현을 씁니다.

❶ 미리 예약하면 비행기 값이 저렴해요.

The airfare is cheaper if you ______________ ahead of time.

❷ 3주 전에 미리 예약하면 더 싸요?

Is it cheaper if I make reservations three weeks ______________?

❸ 사실, 미리 예약한다 해도 비행기 값에 별 차이가 없어요.

Actually, there is not much of a difference in the airfare, even if you ______________.

| 정답 |

❸ 1 additional surcharge
2 additional surcharge
3 add a surcharge

❹ 1 depending on
2 depending on
3 according to

❺ 1 make reservations
2 ahead of time
3 make reservations ahead of time

2단계
실전 회화 도전하기

빈칸을 채운 후, 오디오를 들으며 따라 하세요.

① 주말엔 여행이 최고!

37-2.mp3

Mija It's dangerous to go on a trip by yourself. How about taking a trip together?

Jieun Really? __________ would be best for a weekend getaway?

Mija [1] **Do you prefer the ocean or the mountains** for a weekend getaway?

Jieun I usually prefer the ocean, but I think it will be better if we find a place by the mountain, since I have started walking.

Mija Okay, let's look for a place with lots of trails. Why don't you make some calls and find out which place __________ the __________?

Jieun Okay. I will look for information, but you should do some research, too.

미자 혼자 여행은 좀 위험해. 함께 여행 갈래?
지은 정말? 주말 여행에 국내 여행지 어디가 좋을까?
미자 주말 여행에 바다가 좋아, 아니면 산이 좋아?
지은 난 보통은 바다가 좋긴 한데, 걷는 거 시작해서 아무래도 산 쪽 여행지를 찾는 게 나을 것 같아.
미자 그럼, 산책로가 많은 곳을 찾아보자. 전화해서 어디가 제일 좋을지 찾아봐.
지은 알겠어. 내가 찾아보겠지만, 너도 좀 찾아봐.

1 Do you prefer A or B?는 'A가 더 좋아, 아니면 B가 더 좋아?'의 뜻으로 선호도를 물을 때 사용합니다.

② 여행사에 비행기 티켓 날짜 변경을 요청하다

37-3.mp3

Jieun I made a reservation to travel to JeJu Island on Thursday, March 15th. However, we cannot travel on that day due to my daughter's sudden illness. [1] **Can I change the travel date?**

Agent Yes, but if you travel on the weekend, there will be an __________ of 20,000 won per person. You __________ for a __________. I'm sorry, but unfortunately Saturday is already fully booked.

Jieun Yes. Could you please make a reservation for us on the Wednesday which is two weeks from today? There will probably be seats at that time, [2] **right**?

Agent Yes. I will make a new reservation for that day.

지은 3월 15일 목요일에 제주도 여행가는 거 예약했는데요, 그런데 애가 갑자기 아파서 그날 여행갈 수가 없어요. 여행 날짜를 변경할 수 있을까요?
직원 네, 하지만 주말에 가시게 되면 한 사람당 2만원씩 할증료가 붙어요. 당일 여행으로 예약하셨군요. 죄송한데, 토요일은 이미 자리가 꽉 찼어요.
지은 그럼, 2주 후 수요일로 다시 예약해 주세요. 그때는 자리가 있겠죠?
직원 네, 그날로 다시 예약을 해 드리겠습니다.

1 Is it possible to change the travel date?로 좀 더 부드럽게 물어볼 수 있습니다. Is there any chance we can change the date?라고 해도 같은 뜻입니다.

2 문장 끝에 right을 붙여 물으면, 앞에 한 말이 맞는지 확인하려고 묻는 것입니다.

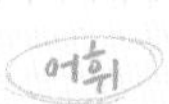

getaway (단기) 여행
make a reservation 예약하다
fully booked 예약이 꽉 찬

③ 여행사에 당일치기 여행을 예약하다

37-4.mp3

수미 2월15일에 제주도 여행 가는 거 예약 가능한가요? 두 사람이에요.

직원 2월15일면 토요일인데, 주말에 가시면 할증료가 있다는 거 아시나요?

수미 아니요, 몰랐는데요. 그래도 그날 가고 싶어요. 할증료 낼게요. 그런데 2주 미리 예약하면 훨씬 싸다고 들었는데요. 맞나요?

직원 네, 2주 빨리 예약하시면 훨씬 저렴합니다. 게다가 비행 시간도 직접 고르실 수 있어요. 당일 여행과 2일짜리 여행 상품 중 어느 것을 예약하시겠어요?

수미 당일 상품 남은 게 아직 있나요? 있으면, 당일 여행 상품을 예약하고 싶어요. 패키지에 식사가 포함되나요?

직원 네, 조식과 중식 둘 다 포함됩니다. 이메일로 전자 티켓을 보내드릴게요. 이름 철자 확인하시고요. 즐거운 여행 되세요.

| 정답 |

① What local place / would be / best

② additional surcharge / made a reservation / one-day tour package

③ additional surcharge / make reservations / ahead of time / same day tour packages

Sumi Is it possible to make a reservation to travel to JeJu Island on February 15th? This will be for two people.

Agent February 15th is Saturday. Did you know that there will be an ________________ if you travel on the weekend?

Sumi No, I didn't know that. But we would still like to travel on that day. We will pay the additional surcharge. But I also heard that it is much cheaper if we ______________ two weeks ahead of time. [1] **Is this true**?

Agent Yes, the ticket price is much cheaper if you make reservations two weeks ____________. In addition, you can also select the flight times yourself. [2] **Which tour package would you like?** The one-day tour package or two days tour package?

Sumi Do you still have any ________________ left? If you do, we would like to make a reservation, please. Are meals included in this package?

Agent Yes, breakfast and lunch are both included. I will send you the e-tickets by e-mail. Please check the spelling of your names on the ticket. Hope you have a nice trip.

1 자신이 들은 내용에 대해 '사실이에요?'라고 물을 때 이 표현을 쓸 수 있습니다.

2 어느 관광 상품을 원하는지 묻는 말이죠. 여러 개 중 어느 것을 원하는지 물어볼 때는 Which ~ would you like?의 표현을 활용해 보세요.

한 박자 쉬어가기 흔히 실수하는 표현(3)

틀린 표현	맞는 표현
I came to here. (×)	I came here. (O) 나는 여기에 왔어.
I lost my weight. (×)	I lost weight. (O) 나는 체중이 줄었어.
The same with you. (×)	The same to you. (O) 너도 그러길 바라.
My hobby is collecting coin. (×)	My hobby is collecting coins. (O) 내 취미는 동전 수집이야.
My condition is not good. (×)	I'm not in good condition. (O) 나는 컨디션이 좋지 않아.

3단계
주요 표현 다시 보기

앞에서 익힌 모든 표현을 소리 내어 읽으며 복습하세요.

❶ 여행지 추천을 부탁할 때

운전하고 갈 만한 국내 여행지가 어디예요?	What local place would be best to travel to by car?
신혼여행으로 갈 만한 국내 여행지는 어디가 좋을까요?	What local place would be best for a honeymoon?
주중에 갈 만한 국내 여행지는 어디가 좋은지 알아볼까?	Shall we find out what local place would be best to travel to during the week?

❷ 여행 패키지에 대해 문의할 때

당일 여행 상품을 찾고 있어요.	We are looking for a one-day tour package.
당일 여행 상품 뭐 없나요?	Do you have any one-day tour packages available?
2일 여행에 어디가 좋은지 추천해 줄래요?	Can you recommend the best place for a two-day tour?

❸ 할증료에 대해 말할 때

주말에 여행하면 할증료가 붙나요?	Will there be an additional surcharge for traveling on the weekend?
여행 시즌에 여행을 하면 할증료가 붙는다는 거 알아요?	Did you know that there is an additional surcharge for traveling during the vacation season?
휴가철이라 항공료에 할증료가 붙어요.	Since it's vacation time, they add a surcharge to the plane ticket.

❹ 환율 등에 따른 금액 차이가 있을 때

가격은 환율에 따라 다를 수 있죠.	The prices can vary depending on the exchange rate.
여행지에 따라 세금 차이가 있겠죠.	There will be a difference in taxes depending on the destination.
세계 경제 사정에 따라 환율이 변하나요?	Does the exchange rate change according to events in the global economy?

❺ 예약에 대해 말할 때

미리 예약하면 비행기 값이 저렴해요.	The airfare is cheaper if you make reservations ahead of time.
3주 전에 미리 예약하면 더 싸요?	Is it cheaper if I make reservations three weeks ahead of time?
사실, 미리 예약한다 해도 비행기 값에 별 차이가 없어요.	Actually, there is not much of a difference in the airfare, even if you make reservations ahead of time.

38

환불 · 교환을 요청할 때 하는 말

I would like to exchange this for a new one.

새 걸로 바꿔 주세요.

물건을 구입했는데 불량품이라거나, 잘 어울릴 것 같아 사온 옷이 막상 집에 와서 보니 촌스러울 때 있죠? 외국에서는 영수증만 있으면 거의 교환과 환불이 가능합니다. 지금부터 내 돈 주고 산 물건이 맘에 안 들거나 불량품일 때 어떻게 영어로 말해야 하는지 배워 볼까요?

준비단계
핵심 표현 입력하기

이미지와 함께 오늘 배울 핵심 표현을 입력하세요.

❶ **Do I need ~?**
~이 필요한가요?

❷ **exchange A for B**
A를 B로 교환하다

❸ **get a refund**
환불 받다

❹ **give ~ a refund in cash**
~에게 돈으로 돌려주다

❺ **one day late**
하루 늦게

V 이 표현은 어떻게 말할까요?

❶ 영수증이 필요한가요?

❷ 새 걸로 바꿔 주세요.

❸ 3일 안에 갖고 오면 환불되죠?

❹ 대신 돈으로 돌려주시는 게 가능한가요?

❺ 하루 늦었지만 이 원피스 바꿔 주세요.

38-1.mp3

1단계
핵심 표현 파헤치기

빈칸을 채운 후, 오디오를 들으며 핵심 표현을 익혀 보세요.

❶ 영수증이 필요한가요?
Do I need a receipt?

Do I need a receipt?은 직역하면 '내가 영수증이 필요한가요?'라는 뜻이죠? 즉 영수증을 가져와야 하는지를 묻는 표현입니다. 영수증 없이 교환 가능한지 물을 때는 정중하게 묻는 표현 Is it possible to ~?(~이 가능할까요?)를 사용하세요.

❶ 교환하려면 영수증 있어야 해요? ______ a receipt if I want to exchange it?

❷ 이 물품을 환불해야 하는데, 영수증이 필요한가요?
______ a receipt if I want to return this item?

❸ 영수증 없는데 교환 가능한가요?
______ exchange this item without a receipt?

❷ 새 걸로 바꿔 주세요.
I would like to exchange this for a new one.

exchange A for B는 'A를 B로 교환하다'라는 뜻의 표현입니다.

❶ 이거 작동이 안 되네요. 다른 걸로 바꿀 수 있나요?
It is not working. Could I please ______ it ___ another one?

❷ 이거 말고 다른 회사의 물건으로 바꿔 줄 수 있죠?
Can you ______ this one ___ another one from a different company?

❸ 어떤 것으로 교환이 가능한가요? What can I ______ this item with?

❸ 3일 안에 갖고 오면 환불되죠?
Can I get a refund if I return this item within 3 days?

'환불을 받다'는 get a refund, '환불을 해 주다'는 give a refund라고 표현합니다.

❶ 이 바지 구입한 지 일주일 됐는데 환불 가능한가요?
Can I ______ if I bought the pants about one week ago?

| 정답 |
❶ 1 Do I need
2 Do I need
3 Is it possible to
❷ 1 exchange / for
2 exchange / for
3 exchange

❷ 3주 안에 이 카메라를 갖고 오면 환불 받을 수 있나요?

Can I ________ if I bring back the camera within three weeks?

❸ 이 잠옷 입어 보고 맞지 않으면 환불 받을 수 있죠?

Can I ________ for these pyjamas if I try them on at home and they don't fit?

❹ 환불하는 게 가능한가요?

Is it possible to give me a refund in cash instead?

물건을 교환하지 않고 '현금으로 환불을 받는다'고 할 때는 give ~ a refund in cash의 표현을 쓰세요.

잠깐만요!

instead는 '~ 대신'이란 뜻으로 What was there instead?라고 하면, '그것 말고 무엇이 있었죠?'라는 의미가 됩니다.

❶ 교환하기 싫어요. 대신 현금으로 돌려주세요.

I don't want to exchange it. Please ________ in cash instead.

❷ 맞는 사이즈를 찾을 수 없어서요. 대신 현금으로 돌려주시겠어요?

Since I couldn't find the right size, could you please give me a refund ________ instead?

❸ 엄마가 믹서기를 다른 걸로 교환하기 싫어하시네요. 대신 현금으로 돌려주세요.

My mom doesn't want to exchange the blender for anything else. Please give her ________ instead.

❺ 하루 늦었지만 이 원피스 바꿔 주세요.

Could you please exchange this for me, even if it is one day late?

a [one] day late은 '하루 늦게'라는 뜻으로 one day behind time[schedule]으로도 표현할 수 있습니다.

❶ 하루 늦었지만 환불해 주세요. Can I get a refund, even if it is ________?

❷ 하루 늦었어도 옷으로 바꿀 수 있어요?

Even if it is ________, can I exchange it for clothes instead?

❸ 환불 가능한 날이 3일 지났지만, 바꿔 주실래요?

Could you please exchange this for me, even if it is ________?

| 정답 |

❸ 1 get a refund
2 get a refund
3 get a refund

❹ 1 give me a refund
2 in cash
3 a refund in cash

❺ 1 one day late
2 one day late
3 three days late

2단계 실전 회화 도전하기

빈칸을 채운 후, 오디오를 들으며 따라 하세요.

❶ 교환 및 환불 방침 숙지는 필수! 38-2.mp3

Jiho	What is the return and exchange policy of this store? ________ a receipt? [1] **Is it possible to** exchange this item without a receipt?
Salesperson	Yes, you can get either a refund or exchange the item for something else. [2] **That is**, if you return the item within three days.
Jiho	Are you saying that this is possible without a receipt?
Salesperson	If you bring back the item within three days with its price tag on, you can ________ it ____ something else. However, we cannot give you a refund.

1 상대방에게 '가능성'의 여부를 묻는 표현으로 Is there any way to ~?로 바꿔 말하기도 합니다.

2 '다시 말하자면', '즉'이란 뜻으로 앞에서 언급한 내용에 대해 부연 설명을 할 때 씁니다.

지호 이 가게 교환 및 환불 방침이 어떻게 되나요? 영수증이 필요한가요? 이 물건 영수증이 없는데 교환 가능한가요?

판매원 네, 환불을 받거나 다른 물건으로 교환을 하실 수 있어요. 3일 안에 물건을 갖고 오시면요.

지호 영수증 없어도 된다는 건가요?

판매원 3일 안에 물건의 가격표를 떼지 않고 갖고 오시면 교환은 가능합니다. 그런데 환불은 안 돼요.

❷ 하자가 있는 블라우스를 환불하다 38-3.mp3

Jieun	Excuse me. I bought this blouse from this store yesterday. When I went home to try it on, I found a hole in the under part of the right sleeve. I would like to ________ it ____ a new one, please.
Salesperson	Of course, we will exchange it for you. Please go and choose a new blouse in the same size and then come back to this desk. [1] **I will be glad to exchange** it for you.

(a few minutes later)

Jieun	I can't seem to find the same size.
Salesperson	Then would you like me to order one for you? But I think if it is not on the rack, then it [2] **is** probably not **in stock**, either.
Jieun	Please just ____________. It's possible to get a refund in cash, right?
Salesperson	Of course. I sincerely apologize.

1 be glad to는 '기꺼이 ~하다'라는 의미로, '기꺼이 교환해 주겠다'고 말한 것입니다.

2 be in stock은 '재고가 있다'라는 뜻이고, 반대 표현은 be out of stock(재고가 없다)입니다.

지은 실례합니다. 제가 이 블라우스를 어제 여기서 샀는데 집에 가서 입어 봤더니 오른쪽 겨드랑이쪽에 구멍이 나 있더군요. 새것으로 바꿔 주세요.

판매원 교환해 드려야죠. 가셔서 같은 사이즈의 새 블라우스를 골라 계산대로 돌아오세요. 기꺼이 교환해 드릴게요.

(잠시 후)

지은 같은 사이즈가 없는 것 같아요.

판매원 그럼 주문해 드릴까요? 그런데 선반에 없는 거면 재고도 없을지도 몰라요.

지은 그냥 환불해 주세요. 현금으로 환불 가능하죠?

판매원 물론이죠. 정말 죄송합니다.

policy 규정, 정책

either A or B A나 B 둘 중 하나

try on ~을 입어 보다

on the rack 선반에

sincerely apologize 정중히 사과하다

③ 교환과 환불은 3일 이내로!

38-4.mp3

종민 안녕하세요. 이 지갑과 벨트를 금요일에 여기서 구입했거든요. 지갑을 다른 걸로 바꾸고 싶어요. 집에 가져갔더니 지퍼가 불량이더라구요.

판매원 정말 죄송합니다. 벨트는요? 벨트는 그냥 갖고 계실 건가요?

종민 아뇨. 벨트는 환불해 주세요. 환불 받으려면 영수증 있어야 하나요?

판매원 네. 영수증을 봐야 환불과 지갑 교환을 해 드릴 수 있습니다.

종민 3일 안에 갖고 와야만 환불이 되는 건가요? 아, 이런. 4일 전에 샀네요.

판매원 가게 방침이 모든 품목은 3일 안에 반품되어야 환불 또는 다른 물건으로 교환하실 수 있습니다.

종민 하루 늦었는데 그래도 좀 바꿔 주세요.

판매원 잠깐만 기다려 보세요. 제가 매장 매니저님께 여쭈어 보고 오겠습니다.

(잠시 후)

판매원 교환해 드리겠습니다. 불량 지퍼가 달린 이 지갑을 판매한 저희 잘못도 있기 때문에 특별히 교환해 드리는 것입니다.

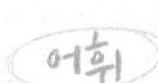

wallet (남성용) 지갑
cf. purse (여성용) 지갑
defective 결함이 있는
fault 결점, 실수
privilege 특권

Jongmin	Hello. I bought this wallet and belt from this store on Friday. I would like to ________ the wallet ___ something else. When I brought it home, I [1] **noticed** that the zipper was defective.
Salesperson	I am really sorry. What about the belt? Are you going to keep the belt?
Jongmin	No. Could I ________ for the belt? Do I need the receipt to get one?
Salesperson	Yes. I can only give you a ________ and exchange your wallet for you only after I see your receipt.
Jongmin	Is the refund only possible if I bring the item back within three days? Oh, no. I bought it four days ago.
Salesperson	According to the store policy, in order to get a refund or exchange it for something else, all items have to be returned within three days.
Jongmin	Is there any way you could still exchange the wallet for me since it's only ________?
Salesperson	Please, wait a few minutes. [2] **I will be right** back after I speak with my store manager.

(after a few minutes)

Salesperson	Your wallet can be exchanged for a new one. since it is our store's fault for selling this wallet with a defective zipper, we are going to allow this special exchange privilege for you.

1 notice는 의식해서 보거나 듣고 알게 됐을 때 쓸 수 있는 동사입니다. pay attention(주의하다, 주목하다)이 비슷한 의미의 표현입니다.

2 상대방이 무엇을 요구하거나 요청했을 때 즉시 응하겠다는 자신의 의지를 나타내어 '~을 곧 하겠습니다'라는 뜻으로 사용됩니다.

| 정답 |

① Do I need / exchange / for

② exchange / for / give me a refund

③ exchange / for / get a refund / refund / a day late

3단계
주요 표현 다시 보기

앞에서 익힌 모든 표현을 소리 내어 읽으며 복습하세요.

❶ 반품 교환시 영수증에 대해 말할 때

교환하려면 영수증 있어야 해요?	Do I need a receipt if I want to exchange it?
이 물품을 환불해야 하는데, 영수증이 필요한가요?	Do I need a receipt if I want to return this item?
영수증 없는데 교환 가능한가요?	Is it possible to exchange this item without a receipt?

❷ 교환을 요청할 때

이거 작동이 안 되네요. 다른 걸로 바꿀 수 있나요?	It is not working. Could I please exchange it for another one?
이거 말고 다른 회사의 물건으로 바꿔 줄 수 있죠?	Can you exchange this one for another one from a different company?
어떤 것으로 교환이 가능한가요?	What can I exchange this item with?

❸ 환불 가능 여부를 물을 때

이 바지 구입한 지 일주일 됐는데 환불 가능한가요?	Can I get a refund if I bought the pants about one week ago?
3주 안에 이 카메라를 갖고 오면 환불 받을 수 있나요?	Can I get a refund if I bring back the camera within three weeks?
이 잠옷 입어 보고 맞지 않으면 환불 받을 수 있죠?	Can I get a refund for these pyjamas if I try them on at home and they don't fit?

❹ 현금 환불을 요청할 때

교환하기 싫어요. 대신 현금으로 돌려주세요.	I don't want to exchange it. Please give me a refund in cash instead.
맞는 사이즈를 찾을 수 없어서요. 대신 현금으로 돌려주시겠어요?	Since I couldn't find the right size, could you please give me a refund in cash instead?
엄마가 믹서기를 다른 걸로 교환하기 싫어하시네요. 대신 현금으로 돌려주세요.	My mom doesn't want to exchange the blender for anything else. Please give her a refund in cash instead.

❺ 환불 · 교환 기한이 지났을 때

하루 늦었지만 환불해 주세요.	Can I get a refund, even if it is one day late?
하루 늦었어도 옷으로 바꿀 수 있어요?	Even if it is one day late, can I exchange it for clothes instead?
환불 가능한 날이 3일 지났지만, 바꿔 주실래요?	Could you please exchange this for me, even if it is three days late?

39

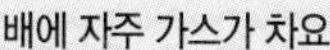

몸의 이상 증세를 설명할 때 하는 말

My stomach often gets bloated with gas.

배에 자주 가스가 차요.

몸에 조금이라도 이상이 있으면 빨리 병원에 가서 진찰을 받는 것이 건강을 지키는 방법입니다. 병원에 가면 담당 의사에게 통증이나 상처에 관해서 자세히 설명할 필요가 있죠? 증상에 대해 영어로 어떻게 말해야 할지 난감해서 머리가 아프다면 지금부터 그 두통을 싹 사라지게 해 볼까요?

준비단계
핵심 표현 입력하기

이미지와 함께 오늘 배울 핵심 표현을 입력하세요.

❶ **get bloated with gas**
가스가 차다

❷ **get the runs**
설사가 나다

❺ **hear a buzzing sound**
귀에서 윙윙 소리가 나다

❸ **have a stiff neck**
목이 뻣뻣하다

❹ **have a splitting headache**
머리가 깨질듯이 아프다

V 이 표현은 어떻게 말할까요?

❶ 배에 자주 가스가 차요.
❷ 우유만 마시면 설사가 나요.
❸ 뒷골이 당기고 목이 뻣뻣해요.
❹ 머리가 깨질 듯이 아파요.
❺ 귀에서 윙윙거리는 소리가 나요.

39-1.mp3

1단계
핵심 표현 파헤치기

빈칸을 채운 후, 오디오를 들으며 핵심 표현을 익혀 보세요.

❶ 배에 자주 가스가 차요.
My stomach often gets bloated with gas.

'배에 가스가 차다'는 get bloated with gas로 표현하기도 하고 have gas in one's stomach으로 말하기도 합니다. feel bloated는 '속이 거북하다'라는 뜻입니다.

❶ 배에 가스가 자주 차니? Does your stomach often get bloated ______?

❷ 밥 먹고 눕기만 하면 배에 가스가 차네.
I think my stomach ______ with gas whenever I lie down right after eating dinner.

❸ 먹는 거 때문인지 뭔지 모르겠지만 배에 가스가 자주 차요.
I don't know if it's because of the food I am eating or another problem, but my stomach ______ frequently.

❷ 우유만 마시면 설사가 나요.
I get the runs every time I drink milk.

'설사'는 diarrhea인데 속어로 the runs라고도 합니다.

❶ 언니가 국수만 먹으면 설사가 나요.
My sister ______ every time she eats noodles.

❷ 치즈만 먹으면 설사가 나고 속이 부글부글 끓어요.
I ______ and heartburn every time I have cheese.

❸ 땅콩만 먹으면 알레르기 때문에 설사가 나요.
Since I have a peanut allergy, I always ______ whenever I eat peanuts.

❸ 뒷골이 당기고 목이 뻣뻣해요.
I have a stiff neck together with a sharp pain in the back of my head.

'뻣뻣한'은 stiff이며, 뒷골(뒤통수)은 back of one's head입니다.

| 정답 |
❶ 1 with gas
2 gets bloated
3 gets bloated with gas
❷ 1 gets the runs
2 get the runs
3 get the runs

❶ 뒷목이 뻣뻣하면 혈압이 높을지도 몰라.

You might have high blood pressure if you have a ________.

❷ 핸드폰을 매일 들여다보고 있으니까 뒷목이 뻣뻣하지.

You probably ________ from looking at your cell phone every day.

❸ 평소에도 뒷목이 뻣뻣하면 뇌졸중이 의심됩니다.

If you usually ________, then I would suspect that it is a warning sign of a stroke.

❹ 머리가 깨질 듯이 아파요.
I have a splitting headache.

잠깐만요!

'쪼개지는 듯이'라는 뜻의 splitting 대신 bad나 racking, severe를 사용하기도 합니다.

'머리가 쪼개지는 듯'이 아프다고 하려면 splitting을 넣어 표현하면 됩니다.

❶ 아침에 눈뜨자마자 머리가 쪼개질 것같이 아팠어요.

I ________ as soon as I woke up.

❷ 머리가 깨질 듯이 아프곤 했어요. I used to get a lot of ________.

❸ 머리가 빠개질 듯이 아파서 집중하기가 어려워.

It is difficult to concentrate with this ________.

❺ 귀에서 윙윙거리는 소리가 나요.
I hear a buzzing sound in my ear.

귀에서 '윙윙거리는' 소리가 난다고 할 때는 buzzing으로 표현하면 됩니다.

❶ 귀에서 윙윙거리는 소리가 나고 어지러워요.

I feel dizzy and I hear a ________ in my ear.

❷ 왼쪽 귓속에 벌레가 들어간 것처럼 윙윙 소리가 나요.

I ________ in my left ear as if there were an insect inside.

❸ 귀에서 윙윙 소리가 나기 시작하면 두통이 더 심해져요.

My headache gets worse when I start ________ the ________ in my ear.

| 정답 |

❸ 1 stiff neck
2 have a stiff neck
3 have a stiff neck

❹ 1 had a splitting headache
2 splitting headaches
3 splitting headache

❺ 1 buzzing sound
2 hear a buzzing sound
3 hearing / buzzing sound

2단계
실전 회화 도전하기

빈칸을 채운 후, 오디오를 들으며 따라 하세요.

❶ 고기만 먹으면 방귀를 뀌는 이유는?

39-2.mp3

Mom　Why are you farting so much?

Minsu　I don't know. My stomach ______________ whenever I eat meat.

Mom　Oh, no! I wonder why that's happening. Do you think you might [1]**have gastrointestinal problems**?

Minsu　I don't know, but I think I should go to the hospital to find out why my stomach keeps feeling bloated.

Mom　When did you start feeling this way? Why didn't you tell me sooner?

Minsu　Well, I thought it would get better after a while. And mom, I also __________ whenever I drink milk.

Mom　I don't think this can wait any longer. Let's go to the hospital the first thing tomorrow morning.

1　have trouble with one's intestines로 바꿔 표현할 수 있습니다.

엄마 너, 왜 그렇게 계속 방귀를 뀌니?
민수 몰라요. 고기만 먹고 나면 이렇게 배에 가스가 차요.
엄마 이런! 왜 그럴까? 장이 좋지 않은가?
민수 모르겠어요. 그런데 왜 속이 계속 거북한지 병원에 가서 알아봐야 할 거 같아요.
엄마 언제부터 그런 거야? 왜 일찍 말을 안 했어?
민수 그냥 이러다 괜찮아지겠지 하고 생각했어요. 그리고 엄마, 나 우유 먹으면 계속 설사도 해요.
엄마 안 되겠다. 내일 당장 병원에 가 보자.

❷ 두통으로 병원에서 진찰을 받다

39-3.mp3

Doctor　[1]**What brought you to the hospital today?**

Sujin　Um, I have been having ______________ for several weeks now. I have a ________, too.

Doctor　What were you doing before you had these symptoms?

Sujin　I was jogging today when I suddenly felt dizzy for several minutes. I also heard a ____________ in my ear.

Doctor　[2]**It sounds like** you might have anemia. When did you start having these symptoms?

Sujin　It started about two weeks ago.

Doctor　First I will check your blood pressure. Please roll up your sleeve.

1　'오늘 왜 병원에 오셨습니까?'라는 뜻으로 What brings you here today?라고 해도 됩니다.
2　'듣고 보니 ~인 것 같다'라는 뜻의 표현입니다.

의사 오늘 왜 병원에 오셨습니까?
수진 음, 몇 주 동안 머리가 깨질 듯이 아파서요. 뒷목도 뻣뻣하구요.
의사 이 증상이 생길 만한 뭔가를 하고 계셨습니까?
수진 오늘 조깅을 하고 있었는데 갑자기 몇 분 동안 어지러웠어요. 그리고 귀에서 윙윙 소리도 났어요.
의사 빈혈이 있으신 것 같은데요. 언제부터 이 증상이 있었던 건가요?
수진 한 2주 정도 됐어요.
의사 우선, 혈압부터 재어 볼게요. 소매를 걷어 보세요.

fart 방귀를 뀌다 (= pass gas)
gastrointestinal problem 위장 장애
feel dizzy 어지럽다
anemia 빈혈
blood pressure 혈압

❸ 기찬, 응급실에서 진찰 받다

39-4.mp3

지은 안색이 별로네. 괜찮아?
기찬 음. 어젯밤에 먹은 거 때문인지 모르겠는데, 하루 종일 컨디션이 안 좋았어. 지금은 숨쉬는 것도 힘들어.
지은 응급실에 가야겠다. 빨리 가자.
(응급실에 도착한다. 의사가 기찬을 진찰하고 있다.)
의사 간단하게 무슨 일인지, 지금 상태가 어떤지 말씀해 주세요.
기찬 음, 배에 가스가 많이 차고 방귀를 많이 뀌어요. 그리고 바로 여기 머리가 빠개지듯이 아프고요.
의사 귀에서 윙윙 소리가 나나요?
기찬 아니요, 그냥 어지럽기만 했어요. 참, 뒷목도 뻣뻣해요.
의사 증상의 원인이 무엇인지 몇 가지 검사를 해야겠어요. 시간이 걸릴 테니 저기에서 기다리세요.

| 정답 |
❶ gets bloated with gas / get the runs
❷ splitting headaches / stiff neck / buzzing sound
❸ have a splitting headache / hear a buzzing sound / have a stiff neck

Jieun You don't look so good. Are you feeling okay?

Gichan Hmm, I don't know if it's because of something I ate last night, but I have not been feeling well all day. I even [1] **have shortness of breath** now.

Jieun I think you need to go to the emergency room. Come on, hurry up, let's go.

(They arrive at the emergency room. A doctor is doing some tests on Gichan.)

Doctor Please tell me in a few words what the problem is and how you feel at the moment.

Gichan I feel like I have a lot of gas in my stomach and I [2] **keep farting a lot**. In addition, I also ________________ right here.

Doctor Do you ________________ in your ear?

Gichan No, I just feel dizzy, that's all. By the way, I ________________, too.

Doctor I have to order several tests to find out what is causing your symptoms. This will take some time, so please wait over there.

1 숨이 가쁠 때 shortness of breath의 표현을 사용할 수 있습니다. have shortness of breath라고 하면 '숨이 차다'의 뜻이 됩니다.
2 keep passing gas로 바꿔 표현할 수 있습니다. fart a lot은 '방귀를 자주 뀌다'라는 의미죠.

한 박자 쉬어가기

흔히 실수하는 표현(4)

틀린 표현	맞는 표현
It was my first time to go there. (×)	It was the first time I had gone there. (○) 거기에 간 게 그게 처음이었어.
This is my first time to come here. (×)	This is my first time here. (○) This is the first time I've been here. (○) 여기에 온 게 이번이 처음이야.
She had a promise with him. (×)	She had plans with him. (○) 그녀는 그와 계획 잡힌 게 있었어.
Dear my friend (×)	My dear friend (○) 내 소중한 친구

3단계
주요 표현 다시 보기

앞에서 익힌 모든 표현을 소리 내어 읽으며 복습하세요.

❶ 배에 가스 찰 때

배에 가스가 자주 차니?	Does your stomach often get bloated with gas?
밥 먹고 눕기만 하면 배에 가스가 차네.	I think my stomach gets bloated with gas whenever I lie down right after eating dinner.
먹는 거 때문인지 뭔지 모르겠지만 배에 가스가 자주 차요.	I don't know if it's because of the food I am eating or another problem, but my stomach gets bloated with gas frequently.

❷ 설사가 날 때

언니가 국수만 먹으면 설사가 나요.	My sister gets the runs every time she eats noodles.
치즈만 먹으면 설사가 나고 속이 부글부글 끓어요.	I get the runs and heartburn every time I have cheese.
땅콩만 먹으면 알레르기 때문에 설사가 나요.	Since I have a peanut allergy, I always get the runs whenever I eat peanuts.

❸ 뒷목이 뻣뻣할 때

뒷목이 뻣뻣하면 혈압이 높을지도 몰라.	You might have high blood pressure if you have a stiff neck.
핸드폰을 매일 들여다보고 있으니까 뒷목이 뻣뻣하지.	You probably have a stiff neck from looking at your cell phone every day.
평소에도 뒷목이 뻣뻣하면 뇌졸중이 의심됩니다.	If you usually have a stiff neck, then I would suspect that it is a warning sign of a stroke.

❹ 머리가 아플 때

아침에 눈뜨자마자 머리가 쪼개질 것같이 아팠어요.	I had a splitting headache as soon as I woke up.
머리가 깨질 듯이 아프곤 했어요.	I used to get a lot of splitting headaches.
머리가 빠개질 듯이 아파서 집중하기가 어려워.	It is difficult to concentrate with this splitting headache.

❺ 귀에서 윙윙 소리가 날 때

귀에서 윙윙거리는 소리가 나고 어지러워요.	I feel dizzy and I hear a buzzing sound in my ear.
왼쪽 귓속에 벌레가 들어간 것처럼 윙윙 소리가 나요.	I hear a buzzing sound in my left ear as if there were an insect inside.
귀에서 윙윙 소리가 나기 시작하면 두통이 더 심해져요.	My headache gets worse when I start hearing the buzzing sound in my ear.

40 말다툼할 때 하는 말

You have betrayed my trust.

배신이야, 배신.

강의 및 예문듣기

믿었던 친구가 내 비밀을 누설했을 때, 제대할 때까지 기다리겠다던 여자 친구가 변심했을 때, 애인이 바람을 피웠을 때, 그때마다 흥분하고 자제력을 잃는다면 지성인이 아니겠죠? 흥분하지 않고도 영어로 말다툼 제대로 할 수 있는 표현을 배워 봅시다.

준비단계
핵심 표현 입력하기

이미지와 함께 오늘 배울 핵심 표현을 입력하세요.

❶ **betray**
배신하다

❷ **How could you ~?**
어떻게 ~할 수가 있어?

❸ **Claw me and I'll claw thee.**
오는 말이 고와야 가는 말이 곱지.

❹ **break off one's friendship with**
~와 상종하지 않다

❺ **mess with**
~에게 당치 않은 말[짓]을 하다

V 이 표현은 어떻게 말할까요?

❶ 배신이야, 배신. ______________________

❷ 어떻게 나한테 그럴 수 있어? ______________________

❸ 오는 말이 고와야 가는 말이 곱지. ______________________

❹ 너하고 이제 다시는 상종 안 해. ______________________

❺ 까불지 마. ______________________

40-1.mp3

1단계
핵심 표현 파헤치기

빈칸을 채운 후, 오디오를 들으며 핵심 표현을 익혀 보세요.

❶ 배신이야, 배신.
You have betrayed my trust.

'배신하다'는 betray이고, 구어체에서는 go behind one's back이란 관용적인 표현을 쓰기도 합니다.

❶ 제발 배신하지 마. 난 널 믿어. Please don't ______ me. I trust you.

❷ 넌 내 전부인데. 널 배신할 수는 없어.
You are everything to me. I can't ______ you.

❸ 왜 날 배신했어? How come you ______?

❷ 어떻게 나한테 그럴 수 있어?
How could you do this to me?

brazen-faced는 '철면피의', '뻔뻔스러운'이란 뜻입니다.

'무슨 소리야?', '어떻게 이럴 수가 있어?'라는 말을 할 때는 How could you ~?의 표현을 써 보세요.

❶ 어떻게 그렇게 철면피일 수 있어? ______ be so brazen-faced?

❷ 마음이 너무 아프다. 어떻게 네가 나한테 이럴 수 있어?
I'm so hurt. ______ do this to me?

❸ 어떻게 사람이 이런 상황에서 욕을 할 수 있어?
______ speak ill of others under these circumstances?

❸ 오는 말이 고와야 가는 말이 곱지.
Claw me and I'll claw thee.

직역하면 '네가 할퀴면 나도 할퀼 테다.'죠. 우리말 '오는 말이 고와야 가는 말이 곱다.'에 해당합니다. Tit for tat.은 '보복', 즉 '이에는 이, 눈에는 눈'이라는 의미의 속담입니다.

❶ "오는 말이 고와야 가는 말이 곱다"는 옛말 알지?
Do you know the saying, "______ and I'll claw thee?"

| 정답 |
❶ 1 betray
2 betray
3 went behind my back
❷ 1 How could you
2 How could you
3 How could you

❷ 말조심해! "오는 말이 고와야 가는 말이 곱다."고 하잖아.

Watch your mouth! They say, "Claw me and ______."

❸ 이에는 이, 눈에는 눈.

______ for tat.

❹ 너하고 이제 다시는 상종 안 해.
I am going to **break off my friendship with** you.

break off one's friendship with는 '~와 상종하지 않다'라는 뜻으로 not associate with와 같은 의미의 표현입니다.

잠깐만요!

blunt는 '직설적인'이라는 뜻입니다.

❶ 누가 너랑 상종한다고 했니? 너는 너무 직설적이야.

Who said I won't break off ______? You are too blunt.

❷ 넌 인간이 덜 됐어. 아무도 너랑 상종 안 할 거야.

You are a good-for-nothing fellow. Everybody will ______ their friendships with you.

❸ 상종 못할 인간들이 세상에는 참 많아.

There are many people in this world, who I ______ want to ______ ______.

❺ 까불지 마.
Don't **mess with** me.

mess with는 '~에게 당치 않은 말[짓]을 하다'는 의미의 표현으로, '까불지 마.'라고 말할 때 쓸 수 있죠. Stop messing around. 또는 Stop being so childish.(애처럼 굴지 마라.)로도 비슷한 뜻을 전달할 수 있습니다.

❶ 나를 뭘로 보는 거야? 그만 까불어라.

Who do you think I am? Stop ______ me.

❷ 그렇게 계속 까불다가 큰 코 다칠 거야.

You will pay dearly if you keep ______ me.

❸ 까불지 마라. 감히 어디다 말대꾸야?

Don't ______ me. How dare you talk back to me?

| 정답 |

❸ 1 Claw me
2 I'll claw thee
3 Tit

❹ 1 my friendship with you
2 break off
3 don't / associate with

❺ 1 messing with
2 messing with
3 mess with

2단계
실전 회화 도전하기

빈칸을 채운 후, 오디오를 들으며 따라 하세요.

❶ 믿었던 친구에게 배신당하다

Jieun　I [1]**am in a rotten mood.**

Yumi　Why, is something wrong? What's eating you?

Jieun　Suji told my boyfriend that she liked him and hit on him. She has ________ my trust.

Yumi　That's an act of treachery. ________ she do that to you? You must have [2]**felt a sense of betrayal.**

Jieun　I'm about to blow my top. I really want to slap her in the face, the next time I see her.

Yumi　________ a person do such a thing like that?

Jieun　I am not going to associate with Suji ever again. [3]**No way** is it ever going to happen.

1 '기분이 정말 안 좋다'의 의미죠. be in a good mood라고 하면 '기분이 좋다'는 반대 뜻이 됩니다.

2 feel a sense of betrayal은 '배신감을 느끼다'라는 뜻이죠. feel betrayed / feel screwed over / get conned / get deceived 등도 비슷한 뜻의 표현입니다.

3 '절대 안 된다'는 강한 부정의 표현으로 over one's dead body(누가 뭐라 해도, 절대로)도 같은 뜻입니다. no way를 강조하여 먼저 말할 때는 대화에서처럼 주어와 동사를 도치시켜 말해야 합니다.

지은 나 기분 더러워.
유미 왜, 뭐가 문제야? 무슨 걱정거리라도 있어?
지은 수지가 내 남자 친구한테 좋아한다고 하면서 작업을 걸었대. 날 배신한 거야.
유미 완전 배신이다, 배신. 어떻게 걔가 너한테 그럴 수가 있어? 배신감 느꼈겠다.
지은 뚜껑이 열리기 직전이야. 다음에 만나면 빰을 때려 주고 싶은 마음이야.
유미 인간이 어떻게 그럴 수 있어?
지은 수지와 다시는 상종도 하지 않을 거야. 아니 절대 못 해.

❷ 세상엔 믿을 사람 하나 없다!

40-3.mp3

Minsu　You were hitting on my girlfriend, weren't you? Don't ________ me or you might have to [1]**pay dearly** later on.

Junho　Oh, my. [2]**Look who's talking**. You spoke rudely to my girlfriend and treated her with disrespect.

Minsu　Get a hold of yourself. Your girlfriend flirted with me first and I just ignored her, that's all.

Junho　Why would my girlfriend flirt with you when she has no need to?

Minsu　What a loser you must be for your girlfriend to flirt with me? I mean she already knows that I have a girlfriend.

Junho　I am going out of my mind. Who am I supposed to believe?

1 '큰 코 다치다'라는 뜻으로 have a bitter experience / have the worst of it와 같은 뜻의 표현입니다.

2 '사돈 남 말하네.'라는 뜻이죠. 즉 말할 자격이 안 된다는 뜻이므로, 풀어서 말하면 You shouldn't be the one to talk.이 됩니다.

민수 너, 내 여자 친구한테 수작 걸었지? 까불지 마라. 그러다 나한테 큰 코 다친다.
준호 아이고, 사돈 남 말하고 있네. 넌 내 여자 친구한테 반말하면서 예의 없이 굴었잖아.
민수 정신 차리셔. 네 여자 친구가 나한테 먼저 꼬리쳐서 무시했던 것뿐이야.
준호 내 여자 친구가 뭐가 아쉬워서 너한테 작업을 걸어?
민수 네가 오죽 못났으면 나를 넘봤겠냐. 내가 여자 친구가 이미 있다는 걸 알면서도 말이야.
준호 미치겠군. 누구 말을 믿어야 하는 거야?

hit on ~을 유혹하다
treachery 배반, 배신
blow one's top 발끈하다, 머리가 돌다
slap ~ in the face ~의 얼굴을 찰싹 때리다
flirt with (이성) ~와 시시덕거리다, ~에게 작업 걸다

❸ 종로에서 뺨 맞고 한강에서 화풀이하다!

40-4.mp3

Mincheol [1]**What a drag!** She [2]**stood me up** again.

Minju Are you talking about your girlfriend? How can she stand you up all the time? Maybe it's time you split up with her?

Mincheol We have been dating for ten years now. How can I split up with her because of that?

Minju If it were up to me, I would give up on someone like that. It could mean that she doesn't love you any more.

Mincheol ________ say something so heartless to me?

Minju I am saying this to you because I care about you.

Mincheol [3]**Your heart might be in the right place.** But I feel angry right now after hearing you talk.

Minju Mincheol, I am saying this for you. Aren't you being a little harsh on me?

Mincheol You have really hurt my feelings and I don't want to ________ you any more.

Minju Do you know the saying, '____ me and I'll ____ thee'? You have to learn to choose your words wisely.

민철 맥 빠지는군! 또 날 바람 맞혔어.
민주 네 여자 친구 말하는 거야? 어떻게 매번 그럴 수 있을까? 이참에 헤어지는 게 어때?
민철 사귄 지 벌써 10년이야. 어떻게 그런 이유 때문에 헤어질 수 있겠어?
민주 나라면, 그런 상대는 일찌감치 차버릴 거야. 날 더 이상 사랑하지 않는다는 의미일 수 있으니까.
민철 너, 어떻게 나한테 그렇게 심한 말을 할 수 있어?
민주 널 생각하니까 말할 수 있는 거야.
민철 의도는 좋았는지 모르지. 그런데 네가 그런 식으로 말하니까, 난 지금 화가 난다.
민주 다 널 위해서 한 말인데, 나한테 좀 심한 거 아니니?
민철 나도 너 때문에 정말 기분 상한다. 이제 더 이상 너도 상종 못하겠다.
민주 "오는 말이 고와야 가는 말이 곱다"는 속담 아니? 말을 가려 해야지.

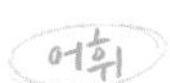

split up with ~와 헤어지다
heartless 매정한, 냉혹한

1 '맥 빠지네!'라는 의미로 말한 감탄문이죠. 여기서 drag는 '진력나는 것'을 의미합니다.
2 stand someone up은 '바람맞히다'라는 뜻입니다. '또 바람맞히면 끝장이야.'라고 한다면 Stand me up again and you are history.라고 할 수 있습니다.
3 직역하면 '마음은 맞는 곳에 있을지 모른다', 즉 '의도는 좋았다'의 뜻으로 쓸 수 있는 표현입니다. 참고로 have one's heart in the right place는 '상냥하고 인정이 많은 사람이다', '본심은 착한 사람이다'라는 뜻을 나타냅니다.

| 정답 |
❶ betrayed / How could / How can
❷ mess with
❸ How can you / associate with / Claw / claw

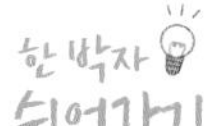

회사에 있다고 할 때는?

우리말로 '난 회사에 있어요.'는 I'm at my company.일까요, 아니면 I'm at work.일까요? '나는 ~에 있다'고 할 때는 I'm at ~의 표현을 쓰므로 I'm at my company.가 아주 틀린 말은 아니지만, 정확한 영어 표현은 I'm at work.입니다. 콩글리시 표현을 사용하지 않도록 평소에 정확한 영어 표현을 익혀 두도록 하세요.

3단계
주요 표현 다시 보기

앞에서 익힌 모든 표현을 소리 내어 읽으며 복습하세요.

❶ 배신에 대해 말할 때

제발 배신하지 마. 난 널 믿어.	Please don't betray me. I trust you.
넌 내 전부인데. 널 배신할 수는 없어.	You are everything to me. I can't betray you.
왜 날 배신했어?	How come you went behind my back?

❷ 어떻게 그럴 수 있는지 물을 때

어떻게 그렇게 철면피일 수 있어?	How could you be so brazen-faced?
마음이 너무 아프다. 어떻게 네가 나한테 이럴 수 있어?	I'm so hurt. How could you do this to me?
어떻게 사람이 이런 상황에서 욕을 할 수 있어?	How could you speak ill of others under these circumstances?

❸ '오는 말이 고와야 가는 말이 곱다'고 말할 때

"오는 말이 고와야 가는 말이 곱다"는 옛말 알지?	Do you know the saying, "Claw me and I'll claw thee?"
말 조심해! "오는 말이 고와야 가는 말이 곱다."고 하잖아.	Watch your mouth! They say, "Claw me and I'll claw thee."
이에는 이, 눈에는 눈.	Tit for tat.

❹ 상종 안 한다고 할 때

누가 너랑 상종한다고 했니? 너는 너무 직설적이야.	Who said I won't break off my friendship with you? You are too blunt.
넌 인간이 덜 됐어. 아무도 너랑 상종 안 할 거야.	You are a good-for-nothing fellow. Everybody will break off their friendships with you.
상종 못할 인간들이 세상에는 참 많아.	There are many people in this world, who I don't want to associate with.

❺ 까불지 말라고 할 때

나를 뭘로 보는 거야? 그만 까불어라.	Who do you think I am? Stop messing with me.
그렇게 계속 까불다가 큰 코 다칠 거야.	You will pay dearly if you keep messing with me.
까불지 마라. 감히 어디다 말대꾸야?	Don't mess with me. How dare you talk back to me?

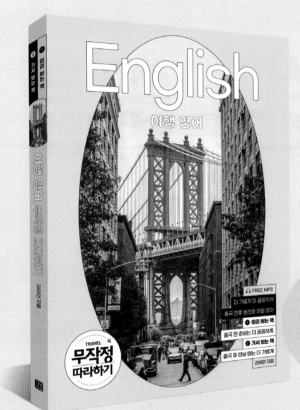

쓰이는 영문법 1, 2

김수영(셀리) 지음, Thomas W. Selley 감수 | 1권 292쪽, 2권 270쪽 | 21,000원

28만 구독자 1600만뷰! 화제의 영문법 강의, 책으로 출간

한국인의 영어 실수 빅데이터에서 탄생한

네이티브처럼 말하고 쓰이는 영문법의 비밀!

- **난이도** 첫걸음 | 초급 | 중급 | 고급
- **기간** 30일, 하루 30분
- **대상** 영문법을 단순 암기가 아니라 제대로 이해해서 써먹고 싶은 분
- **목표** 영어의 원리를 이해해서 실제로 영어회화와 영작에 활용하기